八幡神万華鏡

神託とはなにか　加護とはなにか

木下博民

創風社出版

扉写真
宇和島市伊吹八幡神社拝殿と国指定天然記念物・イブキの木

八幡神《やわたのおおかみ》 万華鏡《まんげきょう》

神託とはなにか　加護とはなにか

――目次――

八幡神《やわたのおおかみ》　万華鏡《まんげきょう》

神託とはなにか　加護とはなにか

序章　産土の神　伊吹八幡

名付け親の八幡さま

産土神《うぶすなのかみ》八幡さまが名付け親の、折角の名前を、ご辞退したとは、責任は両親ですが、気がかりです。これが、わたしの苦難人生のはじまりかもしれません。

父の生家は、愛媛県の西南端、宇和島からさらに東北へ三十キロばかり山の中、蕨生《わらびよう》村（松野町蕨生）延引《のびき》の菖蒲《しょうぶがたね》ヶ谷です。ここから奥には、人家なく、裏山の尾根に土佐へ連なるわずかな馬道がある程度で、しかも宇和島藩の支藩吉田三万石の領地、和紙原料の楮《こうぞ》を栽培して細々と糊口を凌《しの》いでいました。

父は三男でしたから、義務教育の小学三年を終えると家には残れません。土佐川口へ養子に出されたそうですが勤まらず、すぐ戻されてしまいます。そのころ、大正六年（一九一七）に宇和島ご城下に隣接の八幡村《やわたむら》で、南予製糸なる大工場が出来、男女工を大量に募集しました。早速、父は缶場《かまば》の見習いに応募しました。村を出ることは大変勇気のいることで、四人兄弟のうち宇和島へ出稼ぎしたのは父一人、長兄以外の男は近隣の他家へ養子に入りました。

一方、母の生家は、父とは逆方向の宇和島から南へ十六キロ、松尾峠を越えた清満村（宇和島市津島町清満）

です。父の生家より多少便利で、四国遍路が四十番札所観自在寺から宇和島城下へ入る三つの道、中道《なかみち》沿にある集落吉井《よしい》でした。兄と妹・弟がいましたから、母のご城下へ出稼ぎは、都会を夢見る娘心で、南予製糸工場の糸繰りに、早速、集団応募したのです。

そんな無学な両親の長男がわたしで、生れても名付けに困ったようです。

工場正門の道を北へ、八幡河原に架る橋を渡れば、参道奥に八幡さまのお社があります。日頃無信心の父でも、頼るは神さまだけ、だったのでしょう、何がしかを奉納して名前を頂戴しました。

なにはともあれ、役場へ届ける前に、実家と母の里（わたしはここで生れました）へ命名を知らせました。蕨生には、やや学があり小理屈をいう桂太郎祖父《じい》さんがいて、「なんじゃこれは、子供は男一人のつもりか、家が潰れるぞ」とケチを付けました。

「一男」と書いて「カズオ」と読むのだといっても、聞き入れません。隠居の一言には一族誰も逆らえず、出生届け期限の一週間が過ぎ、父は「祖父さんが決めろ」と投げ出してしまいました。

何代か前の人に、家を繁盛させた「博」の字のある先祖がいる、これに民を付けろと、変った名を祖父がふと思い出し、これを授けるということになりました。先祖の成功者名を受け継ぐのは、至って平凡な命名といえましょう。

母方の里は、早々と「一男《かずお》」とやさしい名前で呼んでいたのに、こむずかしい「ヒロタミ」と替えられて呆れるばかり、お城下を挟んで南北でわたしの命名が行ったり来たりしました。何処でどう聞き違えたのか、母方の親戚には十数年経っても「ヒロトミ」と呼ぶ古老がおられました。そればかりか、遅れた届けを修正するため、出生日五月五日を六月十七日にずらしたといいます（後年、なにかのはずみの、母のぐちっぽい証言）から、いい加減なものです。

八幡さまの神託を蹴った罰当たり、無学両親の命名譚ですが、当人のわたしは、それなりに、八幡さまに済まぬことをしてしまった、と生涯思いつづけてきました。

寺坂君の災難

宇和島町が八幡村《やわたむら》を併合して市制をしいたのが大正十年（一九二一）八月一日ですから、その翌年生まれのわたしは、七歳（当時は数え年呼称で八歳）には当然宇和島市の小学校へ入りました。

旧八幡村の柿原・中間《なかいだ》・下村《しもむら》・藤江《ふじえ》の四区を束ねて学区とし、旧八幡尋常高等小学校から高等科をはずして、宇和島市四番目の小学校、「第四尋常小学校《だいしじんじょう》」と称しました。大人たちはこの序数表示を嫌い、縁起悪い田舎者学校と軽蔑しました。

学区内には海浜の干拓地が広く、造成されて、人口が見る見る増え、一学年三百人、総児童数二千人に迫ろうという多人数小学校になりつつありました。

わたしが三年生のとき、学区でもっとも有名な和霊《われい》神社の名を頂戴して「和霊尋常小学校」と改められました。校名が変わっても、校舎があるのは旧中間村の、町名もここに鎮座される伊吹《いぶき》八幡神社（神社名由来は後述）から頂戴した伊吹町でしたから、こどもたちは誰もが、氏神さまは和霊神社ではなく伊吹八幡だと思っていました。校外授業といえば、人出のすくない静かな八幡神社へよく参りました。

二年生のとき、担任の大内利雄先生に引率されて行ったあの日のことは、いまも忘れません。

南予製糸工場の前を通るとき、正門脇の二股の松の大木に注連縄《しめなわ》があるのを見付けて不思議だと思ったのか、「なぜ、注連縄が張ってあるの」と尋ねると、先生は丁寧に教えてくれました。「春日宮《かすがのみや》の神木で、『金輪松《かなわのまつ》』というのだよ」と。ただ、わたしには、根元から分かれて、二本の大木のようになっているのが不思議で、しばらく見上げていました（神木にも寿命があるのでしょう、いまはありません）。

神木のすぐ先が八幡川原で、伊吹橋があります。橋も昭和初期のこの頃は、木の緩やかな太鼓橋で、欄干に擬宝珠《ぎぼし》までありました。このあたりの川にはいつも水がなく、小石ゴロゴロの川原で、ちょうど橋を渡り終える真下だけが、濃紺の淵になっていました。われさきに橋を渡ろうと、皆が走りました。と、なんと、橋板が割れていて穴が開いているではないですか。皆がその周りに立ち止って、真下の深く澄んだ水を恐ろしげに覗き込みました。「こりゃ危ない」先生はすぐにわたしたちを遠ざけようとしました。ところが、おろおろするこどもの輪へ、橋の中ほどから勢いよく駆け下ってきた子が、あっという間もなく、穴に踏み込んでしまったのです。穴が小さかったのか、敏捷だったのか、腕の両脇が穴の支えになってぶら下がりました。先生が反射的に、その子の手を捕まえたのが先かもしれません。淵には落ちず、引き上げられました。腕白坊主寺坂武男君のドングリ頭を撫でながら、

「ああ、有り難い。八幡さまのご加護じゃ」

と、大内先生がつぶやきました。そして、すぐ穴の周囲に小石を並べて、危険なことを渡る人に知らせようとされました。

参道では、女の子たちが先生にすがりつき、群れて歩いていました。わたしは先生を追いかけながら、

「先生、ゴカゴってなに?」

と尋ねました。先生はちょっと戸惑われたようでしたが、すぐにっこり笑いました。

「神さまをお参りすることかな」

神さまにお参りするから、乱暴者《らんぼうもん》の寺坂君が川に落ちなんだ? すぐまた「なぜ」がわたしの口から出そうになりました。

やけに「なぜ、なぜ…」「どうして…」を連発させて、親には「ええかげんにせえ」と怒られ、先生には「この子、ちょっと変っとる。判らんことは、とことん聴きよる」といわれました。

理屈っぽい少年には、氏神の八幡神社って一体どんな神さまなのかという問いが、消えません。いまも、子供っぽい小さな疑問ばかりです。

九州の宇佐神宮（通称　宇佐八幡）を総本社として、全国に四万四千も分霊社があるという八幡さまとは、どんな神さまなのか?

これから、その他愛ない旅に出ようと思います。

第一章　古代人と神々

この国の古代人

日本《にっぽん》という国名も、倭国《わこく》や邪馬台国《やまたいこく》など雑多な名前すら、まだなかった東海の小さな列島に、楽天地を求めて人が住み着きはじめたのは、何時からでしょうか。大陸と陸続きだった時代に、西北から辿り付いたとも、南から列島を東へ流れる大洋の潮のままに、獲物とともにやってきたともいいます。

人類学者埴原和郎は「日本人は単一種族ではなく、共存と融和で構成された雑種族だ」（『日本人の誕生』）といいます。生活環境が違った南や北の人々が、ここではじめて合体し、融合できたわけです。まだ国名などない楽天地ですから、文豪司馬遼太郎の口癖を真似て、「この国」として考えてみます。

ずっと下った八世紀の本、記紀《きき》（『古事記』『日本書紀』）神話では、この国は混沌としたなかから顕われた、とあります。昨今は、縄文時代（紀元前一万年〜前四世紀）に、はやくも狩猟人がいて、弥生時代（紀元前四世紀〜後三世紀）になると、大陸の稲作や銅・鉄器の文化をつぎつぎと取り込み、この国の形がようやくできたと、説いています。

国家らしく大王《おおぎみ》があらわれるのは四世紀半《なか》ばだそう

で、十四代仲哀天皇以前は神話の時代、実在すら怪しいという学者が、いるほどです。十五代応神天皇は五世紀前後といわれますが、その誕生も伝説的です。なにしろ『古事記』では百三十歳（『日本書紀』百十歳）の長命天皇で、何とも常識外れです。とはいえ、この大王が、本書の主題八幡神《やわたのおおかみ》であったというのですから、古代史から神話的範疇を抜け出すのは至難です。

この国はそれなりの楽天地で、大陸の北、寒冷地を生き抜いた「北アジア系集団」が、北部九州や本州西端部に大勢やって来て住み着きます。大王の権力が強くなる六世紀中頃には、彼等の集落が速いスピードで列島の西域に広がってゆきました。この時期、縄文時代からいた九州南部に隼人《はやと》族、東北に蝦夷《えぞ》族が、すでに独自の集落をつくっていました。先住の彼等は、「原アジア人」という沖縄・具志頭村《ぐしかみそん》で発見された一万七千年前の人骨化石港川人《みなとがわじん》の子孫で、列島を東北へ移動していった「東南アジア系集団」でした。

弥生時代（紀元前四世紀〜後三世紀）から古墳時代（三〜七世紀）になると、朝鮮半島の小国家興亡の影響をうけて渡来がますます激しく、彼らとの共存・融和・混血が盛んになって、日本民族が形成されていったといわれます。

そこで、民族とはなにか？　改めて考えますと、「長い時間をかけて、伝統文化を共有する集団で、単一人種であろうと、混血であろうと、民族には相違ありません」。すなわち、アイヌ・沖縄人を含めて日本民族は、東南アジア系と北アジア系が混血した一個の集族だといえましょう。

古代人を支えた神々

群《むれ》を離れて人は生きられません。群はまた何かの支えなくしては壊れてしまいます。その何かをこの国の古代人は「カム」といって崇めました。

その古代人の先祖たちのいた大陸、こんにちの古代中国では、国のことを「社稷《しゃしょく》」といいました（『論語・先臣』）。「社」とは土地の神、「稷」とは五穀の神を祀る祭壇です。また都城《みやこ》の中心には、必ず社稷と宗廟（祖霊神を祀る場所）を設け（『周礼・考工記』）、人は神とともにあると信じたのです。

神に護られこの国で生きるためには、まずは群なる集落を造り、土地神・五穀神・祖霊神を祀り、未知の世界は神々が補って頂けると思ったのです。

古代人には、人智の届かない無限の力こそ、森羅万象に宿る神々でした。記紀神話では、それら神々に人のような名前を付けました。混沌としたなかにある「葦牙《あしかび》」のようなものまで神と崇めます。『古事記』では天地主宰神を「天之御中主神《あめのみなかぬしのかみ》」、生成力象徴神を「高御産巣日神《たかみむすひのかみ》」「神産巣日神《かみむすひのかみ》」と名付け、姿形《すがたかたち》なく、性別なく、独り身として伝えています。『日本書紀』でも、「国常立尊《くにのとこたちのみこと》」「国狭槌尊《くにのさつちのみこと》」「豊斟渟尊《とよくむぬのみこと》」と呼び名は変えますが、同じ神々がおられると信じました。

また古代人は、「カミ」とはいわず、「カム」と発音したようです。祝詞《のりと》で、男神《おがみ》の尊称を「神漏岐《かむろき》」、女神《めがみ》を「神漏美《かむろみ》」という「カム」でして、単純に「上《かみ》」と祭上げたのではありません。古語の「神《かむ》さび」は、「神神《こうごう》しい・厳《おごそ》か・年功（年来の功労）・多年の熟練・古くなる」などに使われますが、基《もと》は「時・時流・途切れることのないより長い現象」で、さらに「右左に偏らず・中心・太極・無・宇宙」まで「カム」としたのです。

超人的威力「カム」に、漢字の「神」を宛てましたが、元々、「神」の偏《へん》「示」は、捧げ物を載せる台、旁《つくり》の「申」は、雷光の象形で、脅威に捧げモノをする意ですから、カム（転訛してカミ）とは、同意義だったのです。

平安時代（八世紀）になると、神仏の習合が進み、神は仏の化身と看做されるようになりました。それまで神は、「荒々しい神」、「威力の神」、「恐れ戦《おのの》く神」でしたが、それに、禁止や許可を与え、救いや教えを期待する、「頼る神」、「好意・親愛の神」へと変容してゆきました。

人々は、脅威を除こうと神に頼り、祈りました。それによって、「神託」を授かるのです。俗にいえば、「占い」の根源とでもいいましょうか。

ここで、この国の神について、整理しますと、

①　この国には、八百万《やおよろず》の神がおられます。

森羅万象すべてが成《な》る、生《な》る、為《な》るというように、神を感じます。風や嵐や水の流れにまで、それぞれを

司る神の現象だと信じました。絶対唯一神の世界では、共存する他の神々は認められないようですが。

② この国の神には、姿形がありません。

原始信仰では、円錐形の美しい山や巨石、巨瀑、巨木などを、神の鎮座する岩座《いわくら》（磐座《いわくら》・天関《いわくら》）といい、周囲に常磐木《ときわぎ》を植えて、斎垣《いかき》（神籬《ひもろぎ》）としました。後世、仏教が伝来し、その寺院を真似た社殿に、鏡や剣、勾玉《まがたま》などで神の宿る依代《よりしろ》（憑代）を設けるようになりましたが、これは神の腰掛のようなもので、ご神体ではありません。あくまでも神は姿なく、空であり、無であって、人には見えません。

ツバキ科の常緑小高木「さかき」は、土地の境界表示に使われ「境木《さかき》」といいましたが、神の依代にしたため、「榊《さかき》」なる国字まで創りました。国字といえば、山頂の神に供物を手向けて通過許可を希《こいねが》う「手向《たむ》け」の習俗から、峠《とうげ》ということばと国字まで生《な》したほどです。

③ この国の神は、漂動します。

一瞬にして無限の距離を飛び、天つ神は天界から降臨し、国つ神は地底や海底から現われます。

神官が異様な声を発せられる地鎮祭などの降神や昇神の儀、あの瞬間に神は依代に憑着され、離脱されます。

しかも、神の分霊勧請《かんじょう》は可能で、無限に分裂しても摩滅は一切ありません。

④ この国の神は、あたかも人のように人格化されます。

神には、森羅万象の天神地神《てんじんちじん》と実在人を祀る人神《じんしん》があります。人は死ねば、神と同じで見えなくなりますから、まずは「穏《おん》」または「鬼《おに》」として供養され、歳月と共に浄化された霊魂が、祖霊神、産土神《うぶすながみ》になります。土地の守護神や国魂神《くにたまのかみ》・靖国神《やすくにのかみ》がこれです。

⑤ この国の神は、他宗教と比較的安易に習合してきました。

元来、集落を守護する祖霊・土地・五穀の純粋神のせいか、他教の教理でも納得すれば、折衷・調和を厭いませんでした。例えば、崇神手段に好適と看做せば、道教の天文・医科学の教えを素早く取り込み、儒教は神託普及の具に活用し、仏教の強固な教理や華麗な寺院まで倣って、習合しました。

⑥　この国の神は、神託を媒介する巫覡《ふげき》と共にありました。

神託とは、巫覡の口を借りて発せられる神言（神の意思、神の言葉、神のお告げ）のことです。巫《ふ》とは女性、覡《げき》とは男性で、「巫《めかんなぎ》」「覡《おかんなぎ》」「巫覡《ぶげき》」、「巫女《みこ》」「神子《みこ》」、「禰宜《ねぎ》（「祈《ね》ぐ」の連用形）」、「シャマン、シャーマン（shaman）」ともいい、恍惚状態になった女または男が、神霊と直接交渉し、その力を借りて託宣をうけます。「神和《かんな》ぎ」、すなわち「神を和《やわら》める」職能者ですから、ときには神の威力そのもののように見間違えられ畏れられることもありました。例えば、三世紀半ば、邪馬台国女王の卑弥呼《ひみこ》も、神と自在に対話する巫女ではなかったか、という学者がいるほどです。

では、この国、日本に、古代神が、いまも坐《まし》ますのか？　わたしは昭和を丸ごと体験し、戦争に翻弄された一人で、昭和十六年（一九四一）の宣戦詔勅が「天佑を保有し」ではじまるように、ひたすら身命を国家に捧げんと、神に誓いました。「天佑を保有する」が、神の守護する国家日本の、枕詞程度のものならばまだしも、三十九年前の日露戦争（一九〇四～〇五）の宣戦勅語と全く同じ書き出しで、「戦争は、まず天佑神助」というのですから、神さまもご迷惑であったでしょう。神頼み、神任せで始めた戦争の、自滅だったといえましょう。崇める神は、この国の無空の柱であって、支えではありません。真実支えあうのは、人々各自の心です。

渡来人

古代の、神々と文化に重要な位置付けを示す渡来人について、いましばらく辿っておこうと思います。

昭和五十九年（一九八四）九月六日、韓国全斗煥大統領が国賓として来日されたとき、宮中歓迎宴で、天皇が異例の挨拶をされました。

「顧みれば、貴国と我が国とは、一衣帯水の隣国であり、その間には、古くより様々の分野において密接な交流が行われて参りました。我が国は、貴国との交流によって多くのことを学びました。例えば、紀元六、七世紀の我が国の国家形成の時代には、多数の貴国人が渡来し、我が国人に対し、学問、文化、技術等を教えたという重要な事実があります。」

六、七世紀とは、二十五代武烈天皇から四十二代文武天皇の年代です。『日本書紀』によれば、天皇という称号もまだなかった武烈大王は、粗暴極まりない野蛮な人物として書き連ねられ、こんにちのわたしたちの目では、どう考えても文化国家とはいえません。さすがに天皇家の家史に等しい『古事記』には、載らないほどの残忍行為です。そのような国が、六世紀末から七世紀初頭の推古朝には、摂政聖徳太子（五七四〜六二二）のもとで、冠位十二階や憲法十七条を制定（六〇三・四）し、遣隋使を派遣（六〇七）するなど、海外文化に目覚め、つづく皇極朝では大化の改新（六四五）を成功させます。一方、東北の蝦夷征伐（六五八）、百済《くだら》を援けて唐・新羅《しらぎ》連合軍と白村江《ハクスキノエ》で戦い大敗（六六三）、大友《おおとも》（弘文天皇）対大海《おおあま》（天武天皇）の権力争奪戦壬申《じんしん》の乱（六七二）など、常に渡来系豪族が介入する大事件がつづきました。

このような、より逞しい国家形成がなされた時代を視野に、天皇の公式なお言葉が述べられたわけです。

とにかく『古事記』『日本書紀』『続日本紀《しょくにほんぎ》（六九七〜七九一）』『日本後紀（七九二〜八三三）』の時代、朝鮮半島史を抜きにして、日本は探りえないほど深い関係にありました。

朝鮮から渡って来る人々は、時代とともに増えつづけますが、この国は、彼らを土着民として消化してしまいました。

歴史家は、渡来時期によって、つぎのように区別するほどです。

古渡人《こわたりびと》

①　弥生時代（紀元前四世紀〜後三世紀前後）

②　応神・仁徳朝（五世紀前後）

今来《いまき》の才伎《てひと》

③　雄略朝（五世紀後半〜六世紀前半）

④　白村江の敗北後（七世紀後半）

古渡人に属する大集団には「秦氏《はたうじ》」がいます。長い困難な旅を経て生き残った渡来人が、強固な同族意識で結ばれていたことはいうまでもありません。なかでも新羅の秦氏は、大和・山城・河内・和泉・摂津の五ヶ国はいうまでもなく、東北辺りにまで、満遍なく大小集落を造り、地元豪族として活躍していました。そればかりか、九州北部には、朝鮮半島の小国が興亡の都度、多数渡来したようです。大宝二年（七〇二）の九州豊前国の戸籍には、秦部を名乗る者が、上三毛郡塔里に六十三名、同郡加自久也里《かじくや》に二十五名、仲津郡丁里《よぼろ》には二百三十一名も居たとあります。しかもそれぞれに信奉する神を伴い、シャマン（巫覡《ふげき》）が常世《とこよ》の国の福禄寿神託を伝えて、異境での生活を支えていました。

秦氏《はたうじ》は波陀《はだ》とも書きます。「ハダまたはハタ」の由来は、彼らが特技とした機織《はたおり》の機《はた》とも、サンスクリット（梵語）で絹布《けんぷ》をハタというとも、さまざまで確かではありません。朝鮮古代語で海を「パタ」といいますから、海を渡ってきた人がパタ→ハダ→ハタ（秦）と転訛したとも考えられます（上田正昭『渡来の古代史』）。古代朝鮮語の語形を最も多く留めている韓国済州島では、「ハタ」には「多」・「大」の意味があるともいいます。大家族、大一族のことだったかもしれません。

その秦氏の一部が、朝鮮半島南東部、新羅と接する辺りから、弥生時代中期に集団移住し、京都深草で馬を使って農耕し、その技術が優れていたといいます。深草の秦氏は、六世紀には京都・右京区南部から西京区東北、嵯峨野・嵐山へ広がり、軍事、外交面で活躍する氏族となりました。

「新撰姓氏録」は「皇別」「神別」「諸蕃」と分類され、「皇別」は天皇家から臣籍に降下した氏「橘氏」「源氏」「平氏」などが、「神別」には、古代から神々の子孫といわれる「藤原氏」など、「諸蕃」は俗称で、秦《はた》氏《し》、漢氏《あやうじ》、百済氏《くだらうじ》など渡来人が記録され、社会的権力を握る氏族となっています。

百済・伽耶《かや》からの渡来に、「漢氏《あやうじ》」がいました。漢氏《あやうじ》は、五世紀前後、応神・仁徳朝時代の渡来人で、もと直《あたい》姓を名乗り、応神朝に渡来した後漢霊帝の曽孫阿知使主《あちのおみ》の子孫という「東漢直《やまとのあやのあたい》」と、仁徳朝に渡来の後漢献帝の子孫、「西漢直《かわちのあやのあたい》」がいます。

東漢直は、生駒や奈良盆地の南部に点在し、六世紀には文《ふみ》（書）氏、坂上《さかのうえ》氏、民《たみ》氏、長《なが》氏などに分かれてゆきました。

雄略七年（四六三）には、東漢直掬《やまとのあやのあたいつか》は命じられて、新漢《いまきのあや》の陶部《すえつくり》高貴《こうき》、鞍部堅貴《くらつくりけんき》、画部因斯羅我《えかきいんしらが》、錦部《にしこり》定安那錦《じょうあんなこむ》、訳語《をさ》（通訳）卯安那《めうあんな》らを連れてきたばかりか、高級衣縫者、食肉調理人、須恵器造り、馬具職人など「今来《いまき》の才伎《てひと》」がぞくぞくと倭国の技術革新を担《にな》って渡来しました。

東漢直の氏族には、征夷大将軍となった坂上田村麻呂のように、軍事面での活躍が目立ちます。

西漢直は西（河内）を拠点とし、国内外の文書記録にたずさわった氏族です。百済から渡来の倭邇《わに》（王仁《わに》）を始祖とする西文首《かわちのふみのおびと》は、文首《ふみのおびと》（書首）として外交・軍事で活躍しました。

この支族には、馬首《うまのおびと》、馬史《うまのふひと》（のちに武生連《たけふのむらじ》）、櫻野首《さくらのおびと》、栗栖首《くるすのおびと》、高志史《こしのふひと》（古志連《こしのむらじ》）、蔵首《くらのおびと》などがいます。ちなみに、天武天皇十三年（六八四）に再編整理した八色姓《やくさのかばね》（真人《まひと》、朝臣《あそみ》、宿禰《すくね》、忌寸《いみき》、道師《みちのし》、臣《おみ》、連《むらじ》、稲置《いなぎ》）は、上位から四位までが皇室との親疎によって与えられ、臣と連は有力豪族に与えられました。

なお、この百済集団、加羅《から》（伽耶《かや》、または伽倻《かや》）集団とは、朝鮮半島南東部の小国で伽耶（日本では「任那《みまな》」）といい、五六二年頃新羅に併合されます。

高句麗《こうくり》から渡来の高麗氏《こまうじ》

高麗《こま》（狛）氏《うじ》は、秦氏のように広く各地に集落を造りはしませんでしたが、高句麗から渡来して、少なからず官僚や豪族になりました。

高麗氏は、高句麗建国神話に登場する朱蒙《しゅもう》（前五八～前一九、諡《おくりな》　東明聖王、別名　鄒牟《しゅむ》、鄒蒙《しゅもう》）を始祖とし、大宝三年（七〇三）四月、高麗若光が王姓を与えられて、武蔵国高麗氏の祖となります。『続日本紀』の霊亀二年（七一六）五月十六日の条には、駿河《するが》、甲斐《かい》、相模《さがみ》、上総《かずさ》、下総《しもうさ》、常陸《ひたち》、下野《しもつけ》あわせて高麗人《こまびと》千七百九十六名を、武蔵国《むさしのくに》に遷し高麗郡とした、とあります。関東の開拓集団といえましょう。

百済からの渡来人、百済王氏《くだらのこにしきうじ》

百済最後の国王義慈王が、倭国と同盟の証として、王子豊璋《ほうしょう》と善光《ぜんこう》（禅公とも）を差し出しました。六六〇年、唐の侵攻により百済は滅び、王室は唐へ連行されますが、再興のため豊璋が帰国、倭と共に白村江《ハクスキノエ》で唐・新羅連合軍と戦って敗れ、豊璋は唐に捕らえられました。残った善光は、持統天皇から百済王《くだらのこにしき》なる氏姓を賜わり、その始祖となりました。子は昌成、孫は良虞《りょうぐ》といい、天武天皇の殯《もがり》には祖父善光に代わって誄詞《しのびごと》を奏したほどの名門貴族でした。天智天皇《てんじてんのう》三年（六七〇）三月、百済王善光らは、難波に居を賜わり、百済郡を設置、良虞は摂津亮《せっつのすけ》となりました。

良虞の三男百済王敬福《きょうふく》は、聖武天皇に寵遇され、陸奥守→上総守→陸奥守と東北経営に手腕を発揮し、天平二十一年（七四九）二月二十一日、陸奥から黄金の出土したことを報告します。総計九百両を大仏建造に献上し、敬福はその功により七階位とびこえて、従三位に昇進、宮内卿になりました。さらに、兼任河内守→常陸守→出雲守→伊予守→讃岐守→刑部卿と歴任してゆきます。

百済王氏からは、五十代桓武天皇、五十二代嵯峨天皇、五十四代仁明天皇の後宮に、渡来系女人がつぎつぎと入りました。すくなくとも百済王からの後宮は、九人もいたといいます。まさにこの一族は平安初期の有力な朝廷の外戚でした。

桓武天皇は、天智天皇の孫白壁王（のち光仁天皇）の皇子ですが、生母の高野新笠《たかののにいがさ》は、百済武寧王の子、純陁《じゅだ》太子の血脈です。この批判を押しのけて桓武天皇の擁立を狙ったのが、渡来系百済王氏を利用した藤原百川《ももかわ》ら藤原式家《しきけ》です。

以後、彼等の権力は拡大し、藤原家や渡来系の後宮が、続々入侍する平安時代へと移ってゆきます。

渡来人文化

優れた渡来文化を所持する彼らは、地方豪族に成長したばかりではなく、巧みに天皇側近に阿《おも》ね、飛鳥→奈良→京都へと、この国の歴史創りに貢献しました。

昭和天皇の全大統領歓迎挨拶のように、日本の古代文化は、これら渡来系才伎《てひと》の活躍によって花開いたわけです。とくに、日本文化の基礎となる「ことば」「文字」「道教」「仏教」などが、この時期に伝えられてきたのです。

ことば

古代の朝鮮半島南部と九州北部は、国境が明確な訳ではなく、小集落の点在にすぎませんから、それぞれがその地の方言で、どうにか通じた共通言語圏であったでしょう。

五世紀後半になると、日本語（倭語）と朝鮮語（韓語）の差異が徐々に生じたようで、それでも渡来人は各自の集落を構成していて、為政者もそのように指導していましたので、どうにか、ことばは通じたでしょう。雄略天皇七年（四六三）、東漢直掬《やまとのあやのあたいつか》が新漢《いまきのあや》の訳語《をさ》（通訳）卯安那《めうあんな》を連れてきた、とさきに触れましたように、六世紀後半になって、外交に通訳の随行が、ようやく必要になってきました。

漢字の活用と変化

漢字が、徐々に音訓混じりの和風漢文に変化してゆきますが、これも史部《ふひとべ》として貢献した渡来人の功績が大きかったと思われます。古代朝鮮ではすでに、漢字の音訓を借りて、朝鮮語を表記する「吏道《りと》（吏吐、吏読）」がいましたので、これが『古事記』の成文化に活かされ、やがては漢字の一部を使ったカナ文字や、草書体漢字からひらがなへと変化していきました。

道教

九州英彦山《ひこさん》には早くから山岳信仰の修験者がいました。

山岳信仰では、道教・仏教・神道を習合した修験道（山伏、道士など）による有名山川の行鎮が、道教の儀式（傾儀）でした。道教には、不老長寿の現世利益を求める神仙思想や呪術がありました。

鬼道に長《た》け、方術に巧みな百済の観勒《かんろく》なる僧が、推古十年（六〇二）十月、英彦山に住んでいた、といいます。この観勒は、のちに述べますが八幡信仰の根源者かもしれないといわれています。

ちなみに、日本の修験道三大霊場といえば、西から豊前の英彦山、熊野の金峰山、出羽の羽黒山です。

古代から、万民の罪や穢れを祓う神事、中臣《なかとみ》の祓《はらえ》

（大祓《おおはらえ》）というものがありますが、これも土俗が朝鮮道教の影響をうけた習俗であったかもしれません。この奉仕者中臣氏とは、藤原氏の始祖です。なお、宇佐族と中臣氏の関わりは『日本書紀』にも登場し、のちに触れます。

仏教

六世紀前半、欽明《きんめい》天皇十三年（五五二）十月に、百済の聖明王から、釈迦金銅像一体と幡蓋《ばんがい》や経典若干が、恵総《えそう》・令斤《りょうこん》・恵寔《えしゃく》によってもたらされます。また、律師聆照《りょうしょう》・令威・恵衆・恵宿・道厳《どうごん》・令開らは、仏舎利を奉じて渡来しました。百済僧に受戒の法を問うた豪族の蘇我馬子《そがのうまこ》（～六二六）は、早速、帰依し、仏法を政策の一助とします。

推古天皇三年（五九五）には高句麗僧慧慈、百済僧慧聡が、同十年（六〇二）には百済僧観勒、高句麗僧僧隆、高句麗僧雲聡が、同十七年（六〇九）には百済僧道欣《どうきん》と恵弥《えみ》が、翌年（六一〇）には高句麗僧曇徴《どんちょう》と法定《ほうじょう》がきます。百済、高句麗に加えて新羅からも、使節に加わってつぎつぎと僧侶が渡来したのです。

仏法だけでなく、寺工・鑪盤《ろばん》師（仏塔基盤の鋳造技術者）・造瓦《ぞうが》師・画工などを連れてきました。観勒は、天文地理や遁甲方術《とんこうほうじゅつ》（忍術指南）の書を、曇徴は色彩・紙墨の製法を伝え、水力利用の碾磑《みずうす》まで造りました。造寺や造仏技術はいうまでもなく、新しい文物・智識・芸能が、怒涛のように伝えられたのです。

高句麗僧慧慈（渡来五九五～帰国六一五）に至っては、厩戸皇子《うまやどのおうじ》（聖徳太子）の師となり、推古天皇四年（五九六）には、側近中の側近として、帝と共に伊予まで旅をしています。

第二章　八幡神《やわたのおおかみ》の誕生

なぜ八幡神というのだろう

この国の神々や渡来人を辿るうちに、ようやく八幡《やわたの》神《おおかみ》への素地が、みえてきました。

はじめにいえることは、この神「八幡」は、記紀（『古事記』『日本書紀』）には登場しない神さまだということです。

四国琴平の金刀比羅宮の祭神も、いまでは大物主《おおものぬしの》神《かみ》（大国主命《おおくにぬしのみこと》と同神）と七十五代崇徳《すとく》天皇（一一一九〜一一六四、保元の乱に破れ讃岐に配流されて憤死）ですが、もとは仏法と習合したインドの守護神「金比羅《こんぴら》」で、神社名もそうですから、他所《よそ》から来られた神さまだと、誰もが感じます。八幡神は、それほどでないとしても、とにかく日本神話には居られない神です。

ちなみに、記紀には、三百二十七柱の神々がおられ、人として実在しない天神《てんじん》・地神《ちじん》と自然神です。後世、実在した人を神と崇める明治天皇や乃木大将などは、人神です。もっとも、天神《てんじん》さまといっても菅原道真は実在人物で、天神《てんしん》ではありません。不遇な同人の怨霊は崇め、「天満大自在天神《そらみつだいじざいてんのおおかみ》」なる神号を捧げたため、あえて天神といったのです。

稲荷神や八幡神のような渡来神は、なぜかしばしば天神や人神と習合することがあり、稲荷神が豊受大神《とようけのおおかみ》に、八幡神が応神天皇（のちに詳述）になりました。

八幡神を「はちまんしん」と音読みしますが、はじめは「やはたのおおかみ」でした。前章で古代の神や人を辿りながら、ひょっとしたらこの「ヤハタ」とは、「弥秦《いやはた》」の転訛かもしれないと気付きました。

「弥」は弥栄《いやさか》の弥で、秦を讃える言葉、八幡神とは「偉大な秦氏族の神様」であったのかもしれません。秦とは、いうまでもなく最大の渡来族で、この国の基礎文化に貢献しました。

記紀などには、「八咫鏡《やたのかがみ》」「八尺瓊勾玉《やさかにのまがたま》（八坂瓊勾玉）」「八咫烏《やあたがらす》（又は、やたがらす）」「八岐大蛇《やまたのおろち》」、大国主の兄弟「八十神《やそがみ》」や「八十国《やそくに》」、また十種神宝《とくさのかんだから》には、鏡や玉や比礼《ひれ》にくわえて八握剣《やつかのつるぎ》、足長の先住民を誇張して八束脛《やつかはぎ》（八掬脛《やつかはぎ》）、というように「八」の付くことばがやたら出てきます。いずれも巨大な鏡、大きな烏、奇怪な大蛇、多数という意味ですから、「八幡神《やはたのかみ》」も偉大な神、霊験《れいげん》あらたかな神のことでしょう。また、「八雲《やぐも》立つ」とか「八重《やえ》」「八入《やしお》」のように、幾重にも重なる意味もあり、「八」と「弥」は同源です。

いや違う。八幡とは、「辛国《からくに》の域に始めて八流の幡《はた》を天降して、我は日本の神となる」という八幡神の神託に由来した、「八流の幡」のことだ、ともいわれます。もっともこの神託は、鎌倉時代の一三世紀頃に、神吽《じんうん》が著《あらわ》した『宇佐宮託宣集』に出てきます。すでに完全に神仏習合がなされた時代の資料で、「秦」が「幡」に摩り替わったのかもしれません。漢字「幡」の訓は「のぼり」「はた」「ひるがえる」、音は「ハン」「ホン」で、八幡《はちまん》のように「マン」という慣用音は珍しく、変形の湯桶《ゆとう》読みでしょう。仏教の幡は、仏・菩薩や法要の場を荘厳供養《しょうごんくよう》する色とりどりの旗で、「バン」と言います。

神仏習合の魁といわれる八幡神ですから、原始信仰の時代から、仏教に倣って磐座《いわくら》を旗で飾った、いや祈りの表現としていたのかもしれません。

チベット仏教が魔除けと祈りに、必ず捧げる旗「ルンタ」と同じ習俗だったのでしょうか。八幡神が、幡を打立てて戦場の敵を威圧し、神威を急速に広めたことは、のちに触れます。

くどくなりますが、古代朝鮮語の語形が最も多いという済州島では、「ハタ」は「多い」とか「大きい」

の意味らしいのです。すると「ヤハタノカミ」の「ヤ」も「ハタ」も、ともに「偉大な神」という普通名詞で、信仰の伝播とともに固有名詞に変化したともいえましょう。

八幡神の発祥地

九州北部に、八幡神を信じる原始部族がいたことは明らかなようです。現在、ここに鎮座されます宇佐八幡（正式名称は宇佐神宮）は、八幡さまの総本宮で、ここから各地へ勧請されたといわれます。

全国の、八幡信仰に関わる神社の数は断トツで、約四万四千社ともいわれます。参考までに、神社数の多寡で並べますと、八幡信仰に次いで、伊勢、天神、稲荷、熊野、諏訪、祇園、白山、日吉、山神、春日、三島・大山祇、鹿島、金比羅の順だそうです（島田裕巳『なぜ八幡神社が日本でいちばん多いのか』）。

常に神とともにあった原始部族は、何処でも似たようなもので、集落ごとに信仰神を持っていました。

宇佐国には比売神《ひめのかみ》、田河（田川）京都地方の豊国《とよくに》には香春神《かわらのかみ》、上毛・下毛地方の山国には安曇神《やくものかみ》というように。やがて宇佐と山国が統合され、さらに山国は豊国と連合して山豊国となり、八幡神を祀るようになりました。すなわち、ヤマトヨ→ヤマタイ→ヤバタイ→ヤバタ→ヤハタ→八幡神《やわたのかみ》と転訛したというのです。なお八幡《やわた》を八幡《はちまん》と音読みしますが、「幡」を「まん」と読ませるのは慣用音で、幡の本来の音は「ハン」または「ホン」です。

とにかく、この豊国、豊前《ぶぜん》・豊後《ぶんご》には古いお社が多く、それなりに大陸からのさまざまな部族が集落を形成し、得意な文化を集積、開化させた地域であったといえましょう。

また、豊後には蛇神を祀る神社が多いらしく、ひょっとしたら八幡神も、ヤマタロ（青大将）からヤアタ→ヤワタ→ヤハタと転訛した蛇神（?）ではないか、ともいいます。蛇神は、トビ、トビノオ、トウベ、ナガラとも呼ばれ、さらに追うと、カリ、カル、またはコリ、コルと転訛するとか。カリ、カルはカネの古語で、クリは韓語では銅を指し、宇佐八幡の神領地香春採銅所（田川郡香春町）は、古代、カハルと呼ばれて、奈良東大寺の大仏鋳造に貢献したとか。この香春銅山には、新羅神・都怒我阿羅斯等《つぬがあらしがあらしと》の伝承（書紀・垂仁紀）と、辛国息長大姫《からくにいきながおおひめ》と豊比咩《とよひめ》を祀る古い神社まであるそうです。

こんな風に辿りはじめると、やたら混乱しますので、やめます。とにかく、宇佐の部族たちには、八幡信仰の原始形態となる土地神・五穀神・祖霊神的な霊験《れいげん》灼《あらたか》な神が在《おわ》したのです。

記紀神話の宇佐

すこし視点を変え、八世紀にできた『古事記』と『日本書紀』から、「宇佐」にかかわる箇所を、全文抽出しますと、

①『古事記』の「神武天皇東征」の条に、

「すなわち日向《ひむか》より発《た》たして、筑紫《つくし》に幸行《い》でましき。故《かれ》、豊国《とよくに》の宇沙《うさ》に到りましし時、その土人《くにびと》、名は宇沙都比古《うさつひこ》、宇沙都比売《うさつひめ》の二人、足一騰宮《あしひとつあがりのみや》を作りて、大御饗《おおみあえ》献《たてまつ》りき。」

②『日本書紀』の「巻三・神日本磐余彦天皇《かむやまといわれひこのすめらみこと》」の条に、

「行きて筑紫国《つくしのくに》の菟狭《うさ》に至ります。菟狭は地《ところ》の名《な》なり。此《ここ》をば宇佐《うさ》と云う。時に菟狭国造《うさのくにのみやつこ》の祖《おや》有《はべ》り。号《なづ》けて菟狭津彦《うさつひこ》・菟狭津媛《うさつひめ》と曰《い》う。乃《すなわ》ち菟狭の川上《かわかみ》（注、駅館川《やっかんがわ》の上流）にして、一柱騰宮《ひとつばしらのあがりのみや》を造りて饗奉《みあえたてまつ》る。一柱騰宮、此《これ》をば阿斯毗苔徒鞅餓離能宮《あしひとつあがりのみや》と云う（注、川の中へ片側を入れ、一方は川岸へかけて構えられた宮）。是《こ》の時に、勅《みことのり》をもて、菟狭津媛を以《も》て、侍臣《おもとまえつきみ》天《あまの》種子命《たねのみこと》に賜妻《あわ》せたまう。天種子命は、是中臣氏《これなかとみのうじ》の遠祖《とおつおや》なり。」

神武天皇が日向《ひゅうが》から豊後水道《ぶんごすいどう》を北上、筑紫《ちくし》へ向かう途中、豊国の宇佐（宇沙、菟狭）で、文化の高い渡来人に出遇います。記紀の書かれた八世紀には、宇佐の国造《くにのみやつこ》（世襲地方官）になる、その先祖宇沙都比古《うさつひこ》（菟狭津彦）と宇沙都比売《うさつひめ》（菟狭津媛）に、川に張り出した家まで造ってもらって歓待されます。宇沙都比古、宇

沙都比売とは、宇佐の男、宇佐の女という意味かもしれませんが、この女を、侍臣の天種命《あめのたねのみこと》の妻にさせたというのですから、人質奪取ではなく彼等の文化を得んものと苦慮した程が窺われます。『釈日本紀《しゃくにほんぎ》』（鎌倉末期卜部懐賢の著）に天種命は、「天児屋根命《あめのこやねのみこと》之孫天押雲命《あめのおしうぐものみこと》之子」とあって、藤原姓を賜わった中臣鎌足の遠祖です。

『日本書紀』の、編纂を指導した鎌足の次子右大臣藤原不比等《ふじわらのふひと》（六五九～七二〇）は、渡来人との深い関りを、こういう形で表現させたのかもしれません。

「八幡《やはた》」の神は、高天原神や出雲神などではないので、記紀には顕れず、『続日本紀《しょくにほんぎ》』で、しかも重要な神の一つとして、その名がようやく出てきます。ちなみに『続日本紀』とは、『日本書紀』に続く天武天皇元年（六九七）から桓武天皇の延暦十年（七九一）までの九十五年間の勅撰史書です。

『続日本紀』の「聖武天皇　天平九年（七三七）夏四月一日」の条に、

「使者を伊勢神宮・大神《おおみわ》神社・筑紫《ちくし》の住吉《すみよし》・八幡《やはた》の二社および香椎宮《かしいのみや》(仲哀天皇《ちゅうあいてんのう》を祀る。福岡市東区香椎)に幣帛《みてぐら》を奉り、新羅国の無礼を報告した。」とあります。

新羅の無礼とは、新羅に使わした者から、これまでの礼を無視されたと奏上あり、その対策を協議した結果、無礼の理由を糺《ただ》す再度の使者を送るか、いきなり征伐するか、という激論まで出て、とりあえず神々に報告しようと、この五神に使者が遣わされました。とくに九州の住吉・八幡・香椎の三宮は、新羅との関わり浅からぬ神々であった証です。

原始信仰時代の八幡神

逵日出典《つじひでのり》著『八幡神と神仏習合』では、原始信仰時代の八幡神を、つぎのように述べています。

一柱騰宮《ひとつばしらのあがりのみや》を造った菟狭川（駅館川《やっかんがわ》）の上流が安心院《あじむ》盆地（宇佐山郷）で、この南端にあたる妻垣山（標高二四一メートル）が、宇佐氏の崇めた神の、はじめのご神体だといわれます。天神は姿の美しい山の頂に天降ると信じられていました。

やがて、部族の勢力が拡大すると、宇佐平野の南にあたる御許山《おもとさん》（馬城嶺《まきのみね》　六四七メートル）の祭祀権を確保しましました。古代人は、神託のまま行動しましたので、それを媒介する優秀な巫覡《ふげき》を掌中にすることを、祭祀権の取得といいましょうか、住民統治そのものであったのかもしれません。

山頂の三巨石をご神体とする御許山の北麓には、古来の祭祀場と考えられる椎の大木や神木榊、小さな杜、霊水の湧く井戸などが各所にあって、まだ社殿のなかった原始的岩座《いわくら》信仰の形が偲ばれるといいます。

ここに奉斎されたのはもちろん天神（自然神）ですが、現在では次の三柱の神が宇佐八幡宮に祀られていています。

①　応神天皇
②　比咩神《ひめがみ》
③　神功皇后《じんぐうこうごう》

①と③は一応実在人の霊魂なので、後世になって加えられたのでしょう。

元来の原始信仰神は、②の比咩神であったのではないでしょうか。比売神、または姫神とも書かれる女神で、固有名詞ではありません。そのために、つぎのような様々な説が生れています。

その一『日本書紀』の「巻一　神代・上　天真《あめのま》名井《ない》の約誓《うけひ》」の条に、天照大神の生《な》した三女神（瀛《おき》津嶋姫命《つしまひめのみこと》（またの名「市杵嶋姫命《いちきしまひめのみこと》」）・湍津姫命《たぎつひめのみこと》・田霧《たぎり》姫命《ひめのみこと》（田心姫命《たこりひめのみこと》））を降臨させる場所が出てきます。その三番目に引用されている文献に「葦原中国《あしはらのなかつくに》の宇佐嶋《うさのしま》に降《あまくだ》り居《ま》さしむ」とあり、宇佐嶋とは宇佐平野の靄の上に聳える御許山《おもとさん》を嶋と表現したので、この三女神が、原始八幡神の比咩神といわれます。

その二『豊前国風土記』逸文に、「昔者《むかし》、新羅の国の神、自ら渡り来られてこの川原に住みき、すなわち名を鹿春《かはる》の神といいき」とあり、香春岳《かわらだけ》の麓を東から南へ流れる金辺川の川原に、新羅の神が降《あまくだ》ったというのですから、これが八幡神の発芽かもしれません（逵日出典『八幡神と神仏習合』）。

その三　鎌倉期に編纂の『宇佐託宣集』では、比咩神は神武天皇の母「玉依姫《たまよりひめ》」だとあります。ただ、「玉依姫」には、「神の霊魂が憑く女性」が垣間見え、巫女のことかなと、穿ちたくなります。たしかに、神の声は巫女を通じて人に伝えられるのですから、優秀な巫女が、神のように崇められたとしても、無理ではありません。その時代、辛嶋勝乙目《からしまのすぐるおとめ》なる巫女がいたようで、この人が比咩神だったのでしょうか。なお、邪馬台国の卑弥呼すら超人的巫女かもしれないと言われ、彼女こそ比咩神ともささやかれます。

その四　原始信仰時代が終わり、八幡神に応神天皇を付与してからは、比咩神は応神天皇の母神功皇后の妹豊姫だ、いや后神だ、妃の弟日売《おとひめ》だ、皇后仲姫命だ、皇女だと限なく応神天皇にゆかりの女性が何人も登場します。なかには、宇佐神話の「菟狹津媛《うさつひめ》」までその一人になっています。

正体不明の比咩神、これこそが自然宗教時代の八幡神であったといえましょう。時代と共に、有力渡来人が、周辺集落を統合し、豊国を形成しますと、シャマン（巫覡《ふげき》）の伝えるまま、各集落の神々まで八幡神《やわたのおおかみ》と言習わし、統合していったのです。

第三章　八幡神の変貌

「八幡神は応神天皇なり」

三世紀末から七世紀にかけた古墳時代、律令国家以前のこの国には、畿内を中心として大陸文化をきらびやかに纏った渡来系豪族が、盤踞していました。大王《おおぎみ》すら、彼らの支えがなければ存続できなかったのです。

彼らを国造《くにのみやっこ》や県主《あがたぬし》などにして、それぞれの地域を任せましたが、ときには十四代仲哀天皇《ちゅうあいてんのう》（足仲彦《たらしなかつひこの》天皇《すめらみこと》）のように、朝貢に背く熊襲征伐を名目に、九州筑紫の橿日宮《かしひのみや》（香椎宮）まで出かけた大王もいました。

この伝承は、『日本書紀』に拠りますが、仲哀天皇は、神懸りした神功皇后《じんぐうこうごう》（気長足姫尊《おきながたらしひめのみこと》）から、「熊襲の地は荒廃して役に立たない。海の向こうにある宝島、新羅を攻めよ」と告げられます。しかし天皇にはその気がないにも拘わらず、大臣《おおおみ》の武内宿禰《たけのうちのすくね》まで皇后に同意し、勧めます。それでも、天皇は応じません。遂に神の怒りを被り、頓死してしまわれました。この天皇、いやまだ天皇の呼称はなく、大王ですが、「仲哀」と諱《いみな》するとは、なんと寂しい話でしょう。「容姿端正《みかけきらぎら》し。身丈十尺《みたけひとつえ》」ともあり、男っぽい逞しさは窺がえません。

それに比べ皇后は、父が訝《いぶか》るほど「幼《おさな》くして聡明《さと》く叡智《さか》しく、貌容壮麗《はなはだかおよ》し」という男勝りで、しかもこのとき、武内宿禰と謀って大王の喪を伏せ、新羅征伐を決行します。出陣に際し海で髪を洗うと、髪は自ずと頭頂から左右に分かれました。早速、両耳のところでわがねにたばねる男髪の髻《みずら》に結い、「私は女で未熟、だがしばらくはこの姿で、上は神祇《しんぎ》、下は群臣の助けをかりて軍《いくさ》を興す。もしこと成らねば、自分ひとりの罪である。群臣、相計られよ」と檄《げき》を飛ばしました。

攻め込むと、新羅王は「吾《われ》聞《き》く。東《ひがしのかた》に神国《かみのくに》（注、神明の加護する国）有り。日本《やまと》と謂《い》う。亦聖王《またひじりのきみ》有り。天皇《すめらみこと》と謂う。必ず其の国の神兵《みいくさ》ならん。豈兵《あにいくさ》を挙《あ》げて距《ふせ》くべけんや」と降伏しました。皇后は、神託によって金銀を頂戴するのだから、降伏した者など殺してはならぬ、と意気揚々と引き揚げました。

これが「三韓征伐」の発端です。この時代、三韓とは新羅・百済・高句麗のことで、『日本書紀』にも、新羅と百済から朝貢があったとありますが、高句麗は朝貢国として、まだ登場しません。

昭和後期以降（一九四五〜）、神功皇后の新羅征伐を疑問視する史学者が出てきました。たしかに三韓のこの時期、大量の文化が朝鮮半島からこの国に流入している最中、その逆の侵略などは、なかなか考えられません。朝鮮三国を攻める武力があったかどうか？　遺恨もなく、財宝を強奪するとは、神懸り皇后に告げられた託宣も、いいかげんなものです。

もっとも、その後、急速に双方に親交あったのは事実で、むしろこのとき、新羅・百済から、大量の優秀な人材と文化が渡来しました。侵略譚は架空、神功皇后は渡来集団の中心人物かもしれない、彼らの守護神の巫女かもしれないという方が、むしろ自然です。とんでもない、それこそ荒唐無稽。証拠を示せと学者は哂うでしょう。とにかく、この時から数世紀後に書かれた文字資料「記紀」などを、信じるしかありません。

神功皇后は、仲哀天皇の子を宿して、新羅遠征に出かけていました。帰国後、仲哀九年（二〇〇）十二月、筑紫の蚊田《かだ》で、誉田別尊《ほむたわけのみこと》（応神天皇）が生れました。幼少から聡明で、ものごとを見通すことに長けていて、立居振舞いに不思議と母神功皇后に似た聖帝のきざしがあったといいます。神功皇后が仲哀天皇の摂政三年のとき、すなわち応神天皇は三歳で、皇太子となりました。その摂政も引き続き神功皇后が勤めます。
『日本書紀』は、神話天皇以外ほぼ歴代天皇毎に、巻が改められていますが、例外中の例外は、神功皇后のみ「巻九」と独立しています。皇后というよりも、天皇に準じた摂政六十九年間、百歳崩御までの評価でしょうか。

摂政が亡くなられた翌年（二七〇）、誉田別尊は即位します。十五代応神天皇で、在位四十一年（三一〇）、百十歳で崩御されました。あまりにも長命なため、神功皇后同様実在まであやぶまれるほどです。

まだ倭《わ》（「やまと」）といわれた応神朝は、朝鮮半島の諸国とこれまで以上に深い関係を維持しました。半島の諸国が鬩《せめ》ぎ合う政情不安のせいでしょうが、流れ込む彼らをつぎつぎと受容し、共に融和してゆきました。これが、すでに触れた五世紀前後の「秦氏」とよぶ「古渡人《こわたりびと》」大集団で、後世の史家は、この時代を、彼らに支えられた「河内王権」と位置づけて、応神天皇はほぼ実在の天皇だろう、といいます。

続く十六代仁徳天皇の巨大陵と並ぶ、大阪府羽曳野《はびきの》市大字誉田《こんだ》の「恵我藻伏岡陵《えがのもふしのおかのみささぎ》」は、応神天皇陵ではないか、といわれます。これほどの大墳墓が構築できる文化こそ、偉大な王権の存在した証といえましょう。

やがて、五世紀後半から七世紀後半にかけて、「今来《いまき》の才伎《てひと》」と史家が一括するさらなる渡来集団が、奈良朝文化を開花させるのです。

「神」の文字がつく大王は、「初代　神武」、「十代　崇神《すじん》」、「十五代　応神」の三天皇と、「十四代仲哀の皇后　神功」です。神武と崇神はいずれも、はじめて国を統治したとしてともに譲らぬ神話天皇ですが、神話と古代の中間、実存不確かとされる応神が、やはり神、しかも実際に八幡神に祀り上げられたのですから、奇妙です。

八幡神が、畿内から遠い西辺の宇佐に坐《いま》して、しかも渡来族の守護神であることは、すでに触れました。固有名などわからない祖霊神「ヤハタノオオカミ」で、そのお告げを伝えるシャマンがいただけです。この集団に「豊国法師《とよくにのほっし》」と呼ぶ奇巫《きふ》（奇《あや》しき巫《かんなぎ》）がいて、雄略天皇（四五七〜四七九）の病気を、醫術ならぬシャマニズム（「巫術《ふじゅつ》」または「醫術《いじゅつ》」）で治したことから、以後、朝廷に大変重宝がられ、朝廷の神事を司ってきた中臣氏とも接触がありました。

倭国《やまとのくに》の為政者にとっては、豊国《とよのくに》の奇巫ならず、彼らの文化を手中にすることが重要懸案になっていたにちがいありません。ちなみに豊国法師の奇巫は、道教・仏教にも精通した成果だったのでしょう。

一方、応神天皇は、新羅討伐の時、すでに神功皇后の胎内にあり、「胎中天皇《たいちゅうてんのう》」と呼ばれるほど、生前から韓国《からくに》の匂う天皇で、大陸文化の象徴のような天皇でしたから、大きく時代が降った三十代欽明《きんめい》天皇十二年（五五一）の正月、大神比義《おおがのひぎ》（「なみよし」とも読む）なる人物が、「八幡 神《やわたのおおみかみ》（「八幡大菩薩」、「大御神」と二種の表現あり）は、これ品太天皇《ほんだのすめらみこと》（応神天皇）の御霊《みたま》なり」、「豊前国宇佐郡馬城峰《まきのみね》（「御許山《おもとさん》」ともいう）に始めて顕《あらわ》れ坐《ま》すなり」と伝えました。さらに欽明天皇二十九年（五六八・戊子年《つちのえねのとし》）に、大神比義は、宇佐駅館川《やっかんがわ》右岸に鷹居社《たかいのやしろ》を建て、自らその祝《はふり》（祭祀に従事する人）となりました。

渡来人の文化圏にすぎない豊国の土俗神に、いきなり応神天皇の御霊を付与するとは、たとえ神託とはいえ大胆不敵、こんにちでも呆然自失しかねない策謀です。その奇代の知恵者大神比義とは、一体どんな人物なのか？

この地には、はやくから宇佐氏がいましたが、この時代勢力が衰微し、替って辛嶋氏《からしま》が八幡神のシャマンでした。そこへ、大和からやって来たというのが大神氏で、同じシャマン的人物だったようです。大和の大三輪《おおみわ》神社の大神氏一族とも、百済系渡来の子孫だともいわれますが、いずれにしろ大和政権と関わりをもつ人物だったのでしょう。大和と豊国を結ぶ策に、応神天皇が八幡神なる神託を創始したといえば、神の冒涜にならないでしょうか。

大神氏を迎えた辛嶋氏も、いかにもこの神託を詳述せんばかりに家伝に、「応神天皇の霊魂である八幡神が、宇佐郡辛国宇豆高島《からくにうづのたかしま》（注、「宇豆高」は美称、「島」は場所、馬城峰《まきのみね》のこと）に天降って、大和の膽吹峰《いぶきのみね》↓紀伊名草海島↓吉備の神島《かみしま》↓宇佐の馬城峰と神幸し、比志方《ひしかた》の荒城潮辺《あらきのうみのほとり》に着くと、辛嶋家主《からしまのえぬし》上祖辛嶋勝《からしまのすぐり》乙目《おとめ》が奉仕し、次いで酒井泉社《さかいのいずみのやしろ》では崇志津姫《たかししつひめ》が酒を奉り、それより瀬社《せのやしろ》、鷹居社《たかいのやしろ》に移るが、八幡神はまだ荒れて鎮まらず、三年間、辛嶋勝乙目が祈って、鷹居社を建て、乙目が祝《ほふり》、辛嶋勝意布売《からしまのすぐりのおふめ》が禰宜《ねぎ》となり、霊亀二年（七一六）、こんどは路頭を離れた林のなか小山田社に移し、辛嶋勝波豆米《からしまのすぐりのはとめ》が宮柱を建てた」とまで述べています。

大和と八幡神を関係付けるため、宇佐に天降った応神天皇の霊《みたま》を、わざわざ大和まで旅（神幸）させたばかりか、このときから原始的岩座《いわくら》祭祀から、神仏習合した社殿をつぎつぎと設けて祀るようになってゆくのです。

八幡神が最初の旅となる大和には、「イブキ」なる山が見当たらぬようで、伊福《いふく》郷に伊那佐山《いなさやま》という神体山があり、隣接する初瀬の山奥に大神氏の一族が群住していたといわれますので、この伊那佐山が、「大和の膽吹峰《いぶきのみね》」ではないかという説があります（逵日出典『八幡神と神仏習合』）。なるほど、八幡さまの旅のはじめが、「イブキ」とは、後述しますが宇和島の伊吹八幡を連想してしまいます。

八幡神降臨の馬城峰の麓に、小山田社を設けたことによって、大神・辛嶋の宇佐支配権は完全に掌握された、と中野幡能の『八幡信仰』には触れています。

八幡神は、常に庶民と一体であり、そのシャマン集団が、大和政権にいかに有効活用の組織であったか。応神天皇付与後の八幡神託は、ますますその権威を高め、奈良朝後期の宇佐八幡信仰繁栄の礎を固くしてゆくことになります。

神功皇后《じんぐうこうごう》まで祭神に

大神氏が宇佐八幡宮の祭神を応神天皇としても、辛嶋氏を従属させるためには、彼らが崇める原始八幡神比咩神《ひめがみ》を除く訳にはゆきません。天平三年（七三一）に第二神として比咩神が、固有名を明らかにされないまま併祀されました。

さて第三の祭神神功皇后ですが、実は急逝した夫仲哀天皇の橿日宮（『古事記』では訶志比宮）を香椎宮として、神亀元年（七二四）からすでに夫婦共々祀られていましたから、あえて宇佐八幡宮にもというのは、躊躇《ためら》いもあったのでしょう。八幡宮の知名度が高まるにつれ、胎中天皇応神を孕《はら》みながら新羅遠征までやった勇猛な皇后大帯姫《おおたらしひめ》（『日本書紀』では気長足姫尊《おきながたらしひめのみこと》、『古事記』では息長帯比賣命《おきながたらしひめのみこと》）を黙視できなくなったのでしょう、弘仁十四年（八二三）に奉斎されました。もっとも、祭神の配祀は簡単ではないらしく、はじめは「大帯姫廟神社」だったようですが、応神の神格がはっきりし、香椎廟と混同させず、八幡宮に母子神信仰を芽生えさせるため、仁寿二年（八五二）に八幡宮三殿の一つとして配祀されました。ちなみに、時代はすでに平安京の五十五代文徳《もんとく》天皇（八二七～八五八。在位八五〇～八五八）、藤原良房が権勢の時代になっています。

神仏習合魁の八幡神

　日本の神は、見えず聞こえず匂わず、空無ですから、依代《よりしろ》とする山や巨岩など森羅万象を通して、ひたすら崇めてきました。すなわち神は茫漠とし自分の「こころ」のなかに現われるのです。神に、じかに縋る術を知らない人々は、シャーマンに支えられて、幽界をさ迷うようなものでした。

　ところが神はきわめて開放的で、道教、儒教から少し遅れて伝えられた仏教までも排除しませんでした。神は仏教を悦び、やがて仏教が優位になって、神は仏教を護る神として位置付けられるまでになります。いいかえますと、神という「こころ」は空無ですから、どうしても論理なる内臓を持ち、姿形に衣装まで纏った、人間でいえば「身体」まで整えた仏教に魅力を覚えました。たしかに「こころ」だけなら、時空を超え自由に浮遊できますが、有限でも伝達容易の『身体』と一体でありたかったのです。それが「神仏の習合」だったのではないでしょうか。

　なんといっても八幡神は渡来神、文化を引っ提げてやってきた仏教の活用は、双方に有利で、最もはやく柔軟に習合したのです。

　小山田社にあった八幡神が、「ここは手狭だから菱形の小椋山《おぐらやま》に移る」と神託します。小椋山とは、小倉山・亀山・菱形山ともいい、現社殿のある宇佐市南宇佐の地で、聖武天皇の神亀二年（七二五）正月、山を切り開いて社殿を建て、遷座しました。三祭神の社殿が並ぶ、後世、八幡造社殿と呼ばれるようになる本殿と拝殿など付属屋が建ち並び、本格的な社殿信仰の時代に入るのです。

仏教寺院に似せた華やかな色彩の、拝殿とその奥に神の坐す本殿ばかりか、境内の外には二ヶ寺、小椋山東南東の「弥勒禅院」と、南東の「薬師勝恩寺」が建ちました。

岩座信仰の山頂から里に下った八幡神が、変転はありましたが、はやばやと仏教と習合し、社殿信仰となったのです。

弥勒禅院は、原始八幡信仰、すなわち宇佐各地の渡来集落各祖霊神の集合神の、シャマンである辛嶋氏に関わりがあり、次章の「隼人征伐に参戦」で述べる英彦山《ひこさん》の修験僧法連を、初代別当に迎えます。

薬師勝恩寺は、応神天皇八幡神を創生した大神比義が建立しました。

天応元年（七八一）、習合の証でもあるように、主祭神応神天皇に「護国霊験威力神通大菩薩《ごこくれいけんいりょくじんつうだいぼさつ》」なる尊号を捧げます。さらに二年後、延暦二年（七八三）には、「自在王」の三文字を追加して「護国霊験威力神通大自在《ごこくれいけんいりょくじんつうだいじざい》王菩薩《おうぼさつ》」と奉ります。

八世紀末から九世紀はじめの公文書には、八幡神は「八幡大菩薩」と呼ばれ、はじめは鎮護国家が中心ですが、やがて三界に化生して衆生を導斎する菩薩信仰へと広がってゆきました。祈ることばも「南無八幡大菩薩」で、「南無」も「菩薩」も梵語、前者は敬礼《きょうらい》の意、後者は「自利・利他を求める修行者のこと、観世音・地蔵に次ぐ崇拝対象」で、神には菩提薩埵《ぼだいさった》の尊号が贈られたのです。

菩薩八幡神の本尊は、薬師と弥勒の二仏「未来悪世衆生の済度」と「弥勒下生信仰《みろくげしょうしんこう》」の仏だといいますが、いずれも仏教の視点から付与されたもので、八幡神は最初から渡来人の多彩な文化とともに顕現した神であって、神仏混淆とか習合といわれる日本神話神と渡来仏教の異質思想の合体というのとは、すこし異質の感じがします。この神には、文化発展と共に柔軟に流動する、達観性があるように思われます。

神社に付属する寺院は、「神宮寺」「宮寺」「神供寺」「神護寺」「別当寺」などさまざまな呼称があり、千年余共存していましたが、明治維新のとき、神仏分離によって、廃絶または独立に追い込まれました。

　宇佐八幡宮の弥勒禅院と薬師勝恩寺の両寺も、慶応四年（一八六八）四月、「此度大政御一新に付、岩清水《いわしみず》、宇佐、筥崎《はこざき》等、八幡大菩薩《はちまんだいぼさつ》の称号は為止められ、八幡大神《やわたのおおかみ》と称え奉り候様仰せ出され候事」と一挙に弾圧され、同年閏四月には、「今般諸国大小の神社において神仏混淆《しんぶつこんこう》の儀は御廃止に相成候に付、別当《べっとう》、社僧《しゃそう》の輩は還俗《げんぞく》の上、神主、社人《しゃにん》等の称号に相転じ、神道《しんとう》を以て勤仕致すべく候」と達せられました。

ちょっと違った八幡神祭神考

　鉄道作家といわれた宮脇俊三（一九二六〜二〇〇三）に、焦点を古代史に絞った旅行記『古代史紀行』があります。その「邪馬台国右往左往」の章で、八幡神の祭神を推理しています。

　古代史は資料がすくなく、素人にとってこれほど勝手に夢の膨らむ楽しい世界はありません。その一例としてご覧ください。

「豊前・豊後の「豊」は、卑弥呼《ひみこ》の後を継いだ女王「台与《とよ》」（『倭人伝』には、「壹與」とあるが、邪馬壹国《やまたい(ママ)こく》と同様、「臺」の誤記だろうとされている）とが、同訓であることから、豊前・豊後を邪馬台国の地と比定する説もある。卑弥呼の死後、男の王をたてたが従わず、台与によって治まったと『倭人伝』にあり、（邪馬台国の）東遷説にこだわれば、台与の代に九州の東岸へ移ったと考えられなくもない。

　立地条件が特によいとも思われぬこの地に、なぜかくも（宇佐八幡のような）大規模な社が建てられたのかと疑問を抱かざるをえない。

　宇佐神宮の社殿は、亀山という高さ約三〇メートルの円形の丘の上に建てられている。この亀山は古墳だという。しかし、すぐ南に自然の丘陵が迫っているから、その末端を切りはなしたのではないかと思われる。」

　さらに、三殿に鎮座される神々について、

「このうち「比売大神」とは卑弥呼ではないかとされ、亀山は卑弥呼の墓とする説がある。神功皇后は、実在性は薄いが、朝鮮進攻の伝説上の主役である。

そして応神天皇は、大阪府に巨大な陵があり、その陪塚から金メッキの馬具が出土したりして、騎馬民族の臭いのする人である。

この三人、とくに主神ともいうべき八幡大神に応神天皇を据えているのは重視してよいだろう。

亀山を卑弥呼の墓とする、つまり宇佐を邪馬台国の地とする説をとなえる人もすくなくない。」と述べています。

第四章　八幡神の隼人《はやと》征伐

隼人征伐に参戦

養老三年（七一九）、九州の大隅・日向両国の隼人《はやと》が反乱を起こしました。

過去にも繰り返されていましたが、この時は激しかったらしく、翌年、遂に八幡神まで「我行きて降伏すべし」と神託します。征伐将軍に任ぜられた百済系の豊前守《ぶぜんのかみ》宇努首男人《うののおびとをひと》は、早速、八幡神の参戦神輿を造ろうとします。

このとき、大神比義《おおがのひぎ》の孫諸男《もろお》が、「なにをもって神輿に乗せるご神体とするか」と思案し、かつて八幡神が修業された豊前国下毛郡野仲郷《すもげのこおりのなかのごう》（現中津市大貞）の湧水池「宝池（三角池《みすみいけ》ともいう）」で祈ると、霊池を奉斎する宇佐池守《いけもり》なる翁が現れて、「我昔この薦《こも》を枕と為《な》し、百王守護の誓いを発《おこ》しき。百王守護とは、凶賊を降伏すべきなり」と神託を伝えます。早速、池辺に群生する薦を刈って枕を作り、神輿に乗せました。神様にはこの枕でお休みいただく趣向です。さらに、禰宜《ねぎ》の辛嶋勝波豆米《からしますぐるのはとめ》を、御杖人《おつえびと》（女官の先導役）として神輿の前に随わせました。

八幡の神軍には、英彦山《ひこさん》で修行し宇佐八幡神の寺に移っていた僧法蓮《ほうれん》と弟子の華厳《けごん》、覚満《かくまん》、体能《たいのう》らが従軍します。「仏法よりは悪心を蕩《とろか》し、海水よりは竜頭を浮かべ、地上よりは駒犬を走らし、虚空よりは鷁首《げきしゅ》を飛ばす」と、弓矢は使わないが、まさに千変万化。最前線では細男舞《くはしをまい》（操《あやつ》り人形）を遣って、隼人の戦意を削《そ》ぐ戦略にでます。殺戮よりも神に刃向う恐怖心を煽ったのです。

八幡というように八本（多数の意味でしょう）の幡を振りかざしたので、この呼称が伝えられたともいわれすが、元来「軍」という文字は「車上に旗を立てている型」で、刀弓を振りかざす殺戮ではありません（『字統』）。「圜《まる》く囲むなり。四千人を軍と為す。車に従ひ、包の省に従ふ。軍は兵車なり（『説文』）」とあり、車上に旗をなびかせているのは軍将のいる兵車で、ひたすら威嚇、権力の発揮が八幡の軍であったのではないか、と窺われます。

それでも神意に副わぬ相当数の殺戮者は、別の部隊から出したようで、隼人は降伏しました。

この記録は、一四世紀初頭、神吽《じんうん》が纏めた『宇佐八幡宮御宣託集　巻五』（以下『宣託集』）から引用しました。なお、神吽は宇佐八幡宮の神宮寺弥勒寺安門坊の学僧で、大神比義の子孫と言われています。

ところが、八世紀に編纂の史書『続日本紀《しょくにほんぎ》』（以下『続紀《ぞくぎ》』）では、養老三、四年（七一九〜二〇）の隼人征伐に、なぜか八幡神の参戦など書かれてはいません。

この頃の隼人の『続紀』（宇治谷孟訳講談社学術文庫）記録を抽出しますと、

①　文武天皇　大宝二年（七〇二）

十月三日　これより先、薩摩の隼人を征伐する時、大宰府管内の九神社に祈祷したが、実はその神威のお蔭で、荒ぶる賊を平定することが出来た。そこで幣帛を奉って、祈願成就に報いることにした。（注、九神社に宇佐八幡の有無は不明。ただし、すでに応神天皇が祭神とされているので、含まれていると考えられます）

②　文武天皇　大宝三年（七〇三）

九月二十五日　僧法蓮に豊前国の野四十町を施した。その医術を賞でてである。

③　元明《げんめい》天皇　和銅二年（七〇九）

十月二十六日　薩摩国の隼人の郡司以下百八十八人が、朝廷に参内した。諸国の騎兵五百人を召して、行列の威儀を整えた。

④　元明天皇　和銅三年（七一〇）

春正月一日　天皇は大極殿に出御して、朝賀を受けられた。薩摩の隼人と蝦夷らも参列した。

⑤　元明天皇　和銅七年（七一四）

三月十五日　隼人（大隅・薩摩国の住人）は道理に暗く荒々しく、法令にも従わない。よって豊前国の民二百個《ママ》を移住させて、統治に服するよう勧め導かせるようにした。

⑥　元正《げんしょう》天皇　養老四年（七二〇）

二月二十九日　大宰府が奏言した。隼人が反乱を起こして、大隅国守《おおすみのくにのかみ》の陽侯史麻呂《やこのふみまろ》を殺害した。

三月四日　中納言・正四位下の大伴宿禰旅人《おおとものすくねたびと》を、征隼人特節大将軍に任命し、授刀助《たちはきのすけ》・従五位下の笠朝《かさのあ》臣御室《そんみむろ》、民部少輔・従五位下の巨勢朝臣真人《こせのあそんまひと》を副将軍に任命した。

六月十七日　次のように詔《みことのり》した。「蛮夷がわざわいをもたらすことは、昔からあることである。漢では五人の将軍に命じて驕った匈奴を臣服させた。周王は自ら二度征討を行ない、荒々しい賊を王のもとに朝貢させた。いま西の辺境の小賊（隼人）が反乱を起こし、天皇の導きに逆らって、たびたび良民に害を加えている。そこで特節将軍・正四位下・中納言兼中務卿の大伴宿禰旅人を派遣して、その罪を誅罰し、隼人の拠点を一掃させた。旅人は武器を整え、兵を率いて凶徒を掃討したので、蛮人の首領は捕縛され、下僚の命乞いをし、賊の一味は頭を地につけ、争って良い風俗に従うようになった。しかし将軍は原野に野営して、既に一ヶ月にもなった。時候は最も暑いときであり、どんなにか苦労したことであろう。よって使者を派遣して慰問させる。今後もよく忠勤に励むように」

秋七月三日　征西将軍（旅人）以下、杪士《かじとり》（船頭）に至るまで、身分に応じて物を賜わった。

八月十二日（日付に乱れあり）　次のように詔した。「隼人を征伐する特節将軍の大伴宿禰旅人はしばらく入京させる。ただし副将軍以下の者は、隼人がまだ平定し終わっていないので、留まってそのまま駐屯せよ」

⑦　元正天皇　養老五年（七二一）

六月三日　次のように詔をした。「沙門《しゃもん》法蓮は心が禅定の域に達し、行ないは法にかなっている。また医術に詳しく民の苦しみを救済している。立派なことである。このような人物を賞せずにはおかれない。よって彼の三等以上の親族に、宇佐君《うさのきみ》の姓《かばね》を与える」。

⑧　元正天皇　養老七年（七二三）

五月十七日　大隅・薩摩二国の隼人たち六百二十四人が朝貢した。

五月二十日　隼人に宴を賜わった。隼人たちはそれぞれのお国ぶりの歌舞を奏した。三十四人の酋長には、地位に応じて位を授け、禄を賜わった。

六月七日　隼人たちは郷里に帰った。

⑨　聖武天皇　天平《てんぴょう》元年（七二九）

六月二十一日　薩摩国の隼人らが調物《みつぎもの》をたてまつった。

六月二十四日　天皇が大極殿《だいごくでん》の閤門《こうもん》に出御し、隼人らが閤門の前で郷土の歌舞を奏した。

六月二十五日　隼人らの身分に応じて位階を授け、禄を賜わった。

七月二十日　大隅国の隼人らが調物を貢上した。

七月二十二日　大隅国の隼人で始羅《あいら》郡の少領である外従七位下・勲七等の加志君《かしのきみ》和多利《わたり》と、外従七位上の佐須岐君《さすきのきみ》夜麻久々売《やまとくくめ》に、それぞれ外従五位下を授けた。その他の隼人らも身分に応じて位階を授けられ禄を賜わった。

⑩　聖武天皇　天平七年（七三五）

秋七月二十八日　大隅・薩摩二国の隼人二百九十六人が、入朝して調物を貢上した。

八月八日　天皇が大極殿《だいごくでん》に出御し、大隅・薩摩二国の隼人らが、その郷土の音楽を奏した。

八月九日　二国の隼人三百八十二人に、それぞれの身分に応じて位階と禄を授けた。

長い引用になりましたが、⑤と⑥、すなわち元明天皇の和銅七年（七一四）から養老四年（七二〇）が、隼人の不穏な行動を鎮圧する記録となります。ところが奇妙なことに『続紀』では、『宣託集』のような八幡神との関わりもなく、征伐将軍「豊前守《ぶぜんのかみ》宇努首《うののおびと》男人《をひと》」の名が『続紀』にはみえません。もっともこの人物は『万葉集　巻六』に「行《ゆ》き帰《かえ》り常に我《わ》が見し香椎潟《かしいがた》明日《あす》ゆ後《のち》には見むよしもなし」（九五九）なる雑歌が載っています。

②と⑦は、隼人征伐に八幡神を奉じた僧法蓮が、大宝三年（七〇三）に文武天皇から「豊前国の野四十町を施され、養老五年（七二一）に元正天皇から、禅定の域に達し、行ないが法にかない、医術に詳しく民を救済している」と詔を賜わり、「宇佐君」の姓まで授けられました。もっとも医術に貢献したことで、率先参戦した褒美ではありません。ただ、宇佐八幡神宮寺にかかわりある沙門であることはいうまでもなく、宇佐姓を賜わるのもこのせいでしょう。

養老七年（七二三）以降、⑧、⑨、⑩は、隼人友好の姿ですが、異種族の律令国家に組み込まれる過程といえましょう。北の蝦夷ほどではないとしても、長い間九州南部で彼らが自立して平穏に暮らしていた隼人を、いきなり律令制度に従属させるには、相当の時間が必要でした。

ところで、養老四年（七二〇）の隼人征伐に貢献したはずの八幡神の名が、最初に『続紀』に登場するのは、それから十三年も後の天平九年（七三七）、つぎの記録で、しかも隼人平定貢献とは無関係です。

聖武天皇　天平九年（七三七）夏四月一日　使者を伊勢神宮・大神神社《おおみわじんじゃ》（さきに「大三輪神社」と記したが同神）・筑紫の住吉・八幡の二社および香椎宮《かしいのみや》（仲哀天皇・神后天皇を祀る。福岡市東区香椎）に幣帛を奉り、新羅国の無礼のことを報告した。（注、筑紫の三社は、いずれも新羅国と関わりある神で、住吉神社の住吉三神（底筒男命《そこつつのおのみこと》・中筒男命《なかつつのおのみこと》・表筒男命《うわつつのおのみこと》）は、神話の海の神です）

どう考えても、『続紀』では、八幡神の隼人征伐記録を、なぜか、意図的に避けた感じがしてなりません。

宇佐八幡の神事「放生会《ほうじょうえ》」

宇佐八幡では、神が自ら戦場で殺戮にかかわったとして、隼人慰霊の神事「放生会《ほうじょうえ》」が、いまに伝えられています。

放生会とは、元来、仏教の『金光明最勝王経』長者《ちょうじゃ》子《し》流水品《るすいぼん》に由来する不殺生思想に基づくといわれ、捕らえた生物を山野に放つ儀式で、神仏習合した八幡神が、隼人戦争を機に、いちはやくこれを踏襲し、日本各地の習俗となってゆきました。

さすがの八幡神も隼人の慰霊に悩まれたのか、聖武天皇の神亀元年（七二四）に「我、この隼人ら多く殺却する報には、年別に二度放生会を奉仕せん」（『宣託集』）と神託されました。また、「一万度（長く何時までもの意）、放生をつづけ、我に従う共々《ともども》と浄刹《じょうさつ》に送ろう（慰霊を寺で供養する意）」（『宣託集』）とも託宣されます。

ところが、この神託があったにもかかわらず、放生会がじまったのは二十一年後、天平十六年（七四四）です。「忘れたのではないか」（『宣託集』）、と催促の神託すらなされます。この間、都では政情変転が激しかったのです。まず、長屋王の変で混乱し、権力者藤原家の四兄弟がつぎつぎと天然痘で没し、大宰少弐藤原広嗣まで反乱し、大宰府廃止となりました。聖武天皇は、それに耐えられなくなられたのか、離宮を転々とされ、ひたすら仏の加護を念じられます。

ようやく、この年の八月十四、五日、宇佐郡和間《わま》の浜で最初の放生会が執り行われました。神事は、和間《わま》神社の浮殿に、ご神体の銅鏡に蛤と蜷《にな》（巻貝）を包んだ葦苞《あしつと》を供え、傀儡舞《くぐつまい》を奉納したのち、葦苞のまま海へ放つというもので、神仏分離のこんにちでも、ここだけは神官と僧侶共同で、収穫祭や感謝祭の意味を込め、千二百年余の寿命を保っています。こんにちではやや観光的な習俗といいましょうか。

第五章　華やかな平城京《ならのみやこ》だが

皇族集団と藤原一族

八幡神が、隼人征伐に直接参戦したのは、神としてやや強引でした。

やがて、国力のすべてを投じる大事業、奈良東大寺毘盧遮那仏《びるしゃなぶつ》の建立がはじまり、これを支援することが、八幡神の威信を一挙に高めます。この経緯を話すには、どうしても四十代天武天皇以後の皇族とそれを取巻く権力者について、ある程度知っていただかなければなりません。

古代の天皇は、代替わり毎に、宮殿を移していました。和銅三年（七一〇）、四十三代元明《げんめい》天皇は、持統・文武・元明三代の京《みやこ》であった新益京《あらましのみやこ》のある飛鳥《あすか》を離れ、平城京《ならのみやこ》に遷ります。

さすがに平城京は大規模で、権力を拡大していた側近の藤原不比等《ふじわらのふひと》（六五九～七二〇）が、渡来人の意見を入れて為《な》された、思い切り背伸びした都城でした。

こんにちこの地に、「奈良」の文字を当てますが、はじめは「寧楽」や「那羅」、「平城」が使われています。もともと「ナラ」とは朝鮮語「国」の意味だとか。

そういえば渡来系（？）豪族かもしれないといわれる蘇我氏が開拓したとされる、これまでの地域

「飛鳥《あすか》」も、朝鮮語の「アンスク」「アスク（安宿）」「スカ（村）」からの転訛だ、という学者がいいます。

平城京は、彼等の影響下で急速に成熟していた日本文化の証であったといえましょう。

ところが、この「咲く花の匂うが如し」と讃えた平城京も、五十代桓武天皇の延暦三年（七八四）には、早々に長岡京から平安京へと遷ってゆきます。わずか七十四年の平城京でした。しかも、最も華やかだった四十五代聖武天皇は、平城京を離れて畿内を転々とし、一時遷都までしたのですから、およそ外見とは違った危機の瀕む時代だったのです。これをいち早く感じてか、八幡神は神託を発して天皇を癒やしました。

聖武天皇は、なぜ平城京を忌避したのか、なぜ唐にもない金銅の巨大毘盧遮那仏《びるしゃなぶつ》を造ろうと思いたったのか、そこにこの天皇の悲運と願望が垣間見えます。

聖武天皇の曽祖父大海人皇子《おおあまのおうじ》（四十代天武天皇）は、兄三十八代天智天皇の死後、その子大友皇子《おおとものおうじ》（三十九代弘文天皇と追謚《ついし》）との間に「壬申《じんしん》の乱」をおこしました。騒乱の理由は皇位継承だとかいわれますが、それよりも唐・新羅の連合軍に大敗した「白村江の戦」による民衆動揺の空気のなかで、いちはやく渡来系豪族を配下にした天武側の勝利でした。以後、曲がりなりにも天武系が皇位を継承しますが、天智系も完全に滅んだわけではなく、双方の微妙な状態がしばらく続きます。念のために天智以降の天皇系譜を略記しますと、

三十八代天智《てんじ》天皇
三十四代舒明《じょめい》天皇の子中大兄皇子《なかのおおえのおうじ》　没後壬申の乱

三十九代弘文《こうぶん》天皇（追謚）
天智の子大友皇子《おおとものみこ》、壬申《じんしん》の乱で敗北自死

四十代　天武天皇
舒明の子天智の弟大海人皇子《おおあまのみこ》　壬申の乱の勝者

四十一代持統天皇　女帝
天智の娘で天武の皇后であった菟野皇女《うののひめみこ》

四十二代文武天皇
天武の子草壁皇子の子軽《かる》（珂瑠）皇子《のみこ》、母は元明

四十三代元明《げんめい》天皇　女帝
天智の娘《むすめ》阿閉皇女《あえひめみこ》、天武の子草壁の妃、文武・元正の母

四十四代元正《げんしょう》天皇　女帝
　天武の子草壁皇子の娘氷高皇女《ひだかのひめみこ》、文武の姉、母は元明

四十五代聖武天皇
　文武の子　首《おびとの》皇子《みこ》、母は藤原不比等の娘宮子

四十六代孝謙《こうけん》天皇　女帝
　聖武天皇の長女阿倍皇女《あべひめみこ》、母は不比等の娘皇后光明子《こうみょうし》

四十七代淳仁《じゅんにん》天皇
　天武の孫、舎人《とねり》親王の七子大炊《おおい》王、廃帝、淡路配流、死

四十八代称徳天皇　女帝
　孝謙重祚、天武系は四十〜四十八代で途絶

四十九代光仁《こうじん》天皇
　父は天智の子施基《しき》皇子。母は紀橡姫《きのとちひめ》。名は白壁王

五十代　桓武天皇
　光仁の長男山部王。母高野新笠《たかののにいがさ》は百済系渡来人

　天智天皇の母は、三十五代皇極天皇（重祚して三十七代斉明天皇）です。天智の皇后は、謀反で殺された古人大兄皇子《ふるひとのおおえのおうじ》の娘倭姫《やまとひめ》。子は皇子《おうじ》五人、皇女《おうじょ》十一人と華やかで、なかでも、①壬申の乱で自刃した大友皇子は、三十九代弘文《こうぶん》天皇を追諡され、②菟野皇女《うののひめみこ》（鸕野讃良皇女《うののさららひめみこ》とも）は、天武の皇后で、皇太子草壁皇子を産み、皇太子が死ぬと四十一代持統天皇に即位。③阿閉皇女《あえひめみこ》は、天武の子草壁皇子の后で、文武・元正両天皇の母であり、四十三代元明《げんめい》天皇に即位します。

　さらに天武天皇は、皇后の他に、姉の大田皇女《おおたのひめみこ》、妹の大江皇女《おおえのひめみこ》、新田部皇女《にいたべのひめみこ》と天智の娘を三人も妃にしています。

　天智・天武両天皇は、兄弟であり義父子であるばかりか、天武の皇子皇女を見るとさらに複雑な血縁関係になり、こんにちの婚姻感覚では予想もつかない近親婚で、驚くばかりです。

天武の皇子十人

①草壁皇子《くさかべのみこ》　母は、皇后菟野皇女（天智天皇の娘・四十一代持統天皇）。室は、天智の娘《むすめ》阿閉皇女《あえひめみこ》。文武天皇・元正天皇・吉備内親王の父。皇太子のまま持統三年（六八九）四月没

②大津皇子《おおつのおうじ》　母は、妃の大田皇女《おおたのひめみこ》（天智天皇の娘）で皇子四歳のときに死去。室は山辺皇女（天智天皇の娘）。

③長皇子《ながのみこ》　母は、妃の大江皇女《おおえのひめみこ》（天智天皇の娘）

④弓削皇子《ゆげのみこ》　母は、妃の大江皇女《おおえのひめみこ》（天智天皇の娘）

⑤舎人皇子《とねりのみこ》　母は、妃の新田部皇女《にいたべのみめみこ》（天智天皇の娘）。『日本書紀』編修事業を総裁

⑥新田部皇子《にいたべのみこ》　母は、夫人《おおとじ》氷上娘《ひがみのいらつめ》の弟《いろど》五百重娘《いほえのいらつめ》（藤原夫人・大原大刀自《おはらのおおとじ》）。のち親王

⑦穂積皇子　母は、夫人《おおとじ》蘇我赤兄大臣《そがのあかえのおおまへつきみ》の女太蕤娘《おほぬのいらつめ》。のち親王。但馬皇女と交情

⑧高市皇子《たけちのみこ》　母は、胸形君徳善《むねかたのきみとくぜん》の女《むすめ》尼子娘《あまこのいらつめ》。長屋王・鈴鹿王の父

⑨忍壁皇子《おしかべのみこ》　母は、宍人臣大麻呂《ししひとのおみおおまろ》の女《むすめ》梶媛娘《かじのひめのいらつめ》。のち親王。山前王・小長谷女王の父。大宝律令撰定主宰者

⑩磯城皇子《しきのみこ》　母は、宍人臣大麻呂《ししひとのおみおおまろ》の女《むすめ》梶媛娘《かじのひめのいらつめ》

天武の皇女七人

①大来皇女《おおくのひめみこ》　母は、妃の大田皇女《おおたのひめみこ》（天智天皇の娘）。斎宮となる

②但馬皇女　母は、藤原大臣《ふじわらのおとど》の女《むすめ》で夫人《おおとじ》の氷上娘《ひがみのいらつめ》。のち内親王、高市皇子の宮にいたとも、穂積皇子と交情あったといわれます

③紀皇女《きのひめみこ》　母は、夫人《おおとじ》蘇我赤兄大臣《そがのあかえのおおまへつきみ》の女太蕤娘《おほぬのいらつめ》

④田形皇女《たかたのひめみこ》　母は、夫人《おおとじ》蘇我赤兄大臣《そがのあかえのおおまへつきみ》の女太蕤娘《おほぬのいらつめ》。のち内親王

⑤十市皇女《とおちのひめみこ》　母は、額田姫王《ぬかたのおおきみ》（のちに天智天皇の妃）。大友皇子の室。葛野王の母

⑥泊瀬部皇女《はつせべのひめみこ》　母は、宍人臣大麻呂《ししひとのおみおおまろ》の女《むすめ》梶媛娘《かじのひめのいらつめ》。長谷部内親王ともいう。天智天皇の皇子川嶋皇子の室

⑦託基皇女《たきのひめみこ》　母は、宍人臣大麻呂《ししひとのおみおおまろ》の女《むすめ》梶媛娘《かじのひめのいらつめ》。のち内親王。伊勢斎王になる。天智天皇の子施基皇子の室

家系を絶やさぬためには、子女が多くなければなりません。天皇は、后、妃、夫人、嬪など階位までもうけて、多くの女性を侍らし、子孫をつくりました。

高市皇子《たけちのみこ》（六五四?〜六九六）は、年長の皇子でした

が生母の身分が低かったため皇太子になれません。皇后が実母の、草壁皇子（六六二〜六八九）が、皇太子になります。

新に飛鳥浄御原宮《あすかのきよみはらのみや》を設け、要職に皇族を配した天武天皇には、強烈なカリスマ性があり、「皇親政治」を断行しました。「天皇」の称号もこの方からだといわれたようで、天武二年（六七三）八月二十五日には、耽羅《たむら》（済州島にあった小国）の使者にこんな詔《みことのり》までしています。

「天皇は新に天下を平らげ、初めて即位した。見ての通り祝使《ほうりつかい》以外は召されていない。この頃寒さに向かい海も荒れているから、長逗留は心配であろう。早々に帰りなさい」（『日本書紀　巻二十九』）。

冒頭の原文は「天皇新平天下、初之即位」で、ちょっと考えさせられる表現です。まるでこれまでとは違った新たな国が生れた、とでもいっているようです。たしかに壬申の乱という大革命によって、旧来の勢力を打倒した新国家には違いありません。しかし天智系の皇族までは根絶やしはせず、皇后はじめ天智の娘をつぎつぎと妃にし、皇統継続による皇親政治の礎にします。これでは、いつ身内から不協和音が生じないとも限りません。

そこで天武八年（六七九）五月五日、天皇は、吉野宮に皇后と皇子六人（天武の四皇子、草壁・大津・高市・忍壁。天智の二皇子、川嶋・施基《しき》）を集め、「朕は、今日、お前たちと共に朝廷で盟約し、千年の後まで、継承の争いを起こすことのないよう図りたいと思う。奈之何《いか》に」と尋ねます。まず草壁皇子が「天神地祇と天皇にお聞きいただきます。われら兄弟長幼合わせて十余人、異母であろうとなかろうと天皇のお言葉に従って、助け合い、争いは起こしません。もし背いたならば命は滅び子孫は絶えるでしょう」と誓うと、他もそれにならいました。天皇は、衣の袖を開き六人の皇子を抱きかかえて、確認の証としました。これを「吉野の会盟」といい、古代史には珍しくない盟約で、まだ皇室の不安定さが垣間見える儀式であったといえましょう。

はやくも朱鳥元年（六八六）、天武天皇崩御の直後、大津皇子（六六三〜六八六）には、皇太子草壁皇子に謀反ありと、川嶋皇子（六五七〜六九一）が密告します。たちまち大津は捕らえられて処刑、室の山辺皇女まで殉死しました。草壁と大津の両皇子は、母と室の四人が、いずれも天智天皇の娘という稀有な関係でした。草壁が一歳年長で、皇太子になったが病弱。大津は後ろ盾の母がすでに死んではいたが、文武に優れていて衆望がありました。

この事件は、病弱でも実子の皇太子をなんとしても即位させたかった皇后に、取り入ろうとする周辺の策謀とさえいわれます。ところが肝心の皇太子草壁皇子が、天武天皇の殯《かりもがり》も終えぬ持統三年（六八九）に、亡くなってしまいました。やむなく持統四年（六九〇）、皇后が即位、四十一代持統天皇となりました。

持統天皇は、天武政治の反動のように、臣下に政治参画の機会を増やして、高市皇子を太政大臣にしました。都も、これまでの北よりに、耳成《みみなし》・香具《かぐ》・畝傍《うねび》の三山を街区に加え、中国長安に倣った巨大な条坊制都城「新益京《あらましもみやこ》」を建設、その途中の持統八年（六九四）、宮殿「藤原宮《ふじわらのみや》」に遷りました。学術用語では、近世以降「新益京《あらましもみやこ》」を「藤原京《ふじわらきょう》」と、宮殿呼称で呼んでいます。

持統十一年（六九七）、天皇は譲位し、故草壁皇太子の子軽皇子《かるのみこ》（六八三〜七〇七）が、四十二代文武天皇（在位六九七〜七〇七）になりました。天皇はまだ十五歳で、母の持統太上天皇《だいじょうてんこう》が後見し、側近の実力者藤原不比等《ふじわらのふひと》（六五九〜七二〇）が娘宮子《みやこ》を夫人《ぶにん》に入れ、のちに聖武天皇となる首皇子《おびとのみこ》をもうけました。

藤原不比等は天智天皇から藤原姓を賜わった中臣鎌足の二男で、唯一の藤原姓継承者でした。他の従兄弟たちは元の中臣《なかとみ》姓で祭祀担当の神祇官ですが、藤原姓は、太政官の官職を約束されていました。

蘇我氏を滅ぼして以来の盟友天智天皇と鎌足が亡くなり、壬申の乱が起きたときには、従兄弟の中臣金《なかとみのかね》（〜六七二）が、一族を束ねて天智の息子大友皇子に仕えましたので、当然、敗者となって処刑されました。不比等は年少で、かろうじて助かり、しばらくは後ろ盾なく、下級官人として仕えざるをえませんでした。

やがて、文武天皇擁立に貢献し、頭角を現します。しかも、後妻の橘三千代が、天皇母の近侍であったため、さらにその力を強くしてゆきました。

橘三千代（六六五?〜七三三）は、県犬養三千代《あがたのいぬがいのみちよ》ともいい、文武・元正両天皇の母となる草壁皇太子妃阿閉《あえ》皇女《ひめみこ》に仕え、三十代敏達天皇の後裔美努王《みぬおう》（?～七〇八）に嫁し、葛城王《かつらぎのおおぎみ》（六八四～七五七、のちの橘諸兄《たちばなのもろえ》）、佐為王《さいのおおぎみ》（?～七三七、のちの橘《たちばなの》佐為《さい》）、牟漏女王《むろのおおぎみ》（?～七四六、藤原不比等の子房前《ふささき》に嫁ぐ）を生んでいます。長男の葛城王と文武天皇になる阿閉皇女の子軽皇子とは歳が近いので、皇子の乳母《めのと》であったともいわれます。夫の美努王が筑紫大宰率となったので離別、藤原不比等と再婚しました。

繰返しますが、藤原不比等が、娘宮子を文武天皇夫人にしたのは、妻の橘三千代が、天皇生母に信頼されていたことにほかならないでしょう。

藤原宮子は首皇子《おびとのみこ》を生むとすぐに、心的障害に陥り、長くわが子に会うことができなくなりました。産後、まま起きる病気でしょうか。生来病弱の聖武天皇が、実母に会えたのは、なんと三十六年後といわれます。僧玄昉《げんぼう》（?～七四六）が侍医だったようで、全治されていたかどうかは分かりません。玄昉は、藤原広嗣（?～七四〇）の乱後、筑紫観音寺へ左遷されて、死にました。

首皇子は、完全なお祖母《ばあ》ちゃんっ子だったのでしょう、公私ともに祖母の目が光っており、和銅七年（七〇七）に祖母が中継ぎの四十三代元明天皇として即位、同時に首皇子が僅か七歳で皇太子になりました。

藤原不比等は、一日もはやく首皇太子を即位させて、確固たる外戚の位置を狙ったのです。病気の宮子だけでは、先々不安ですから、首皇子（七〇一～七五六）とちょうど同い年の、橘三千代に生ませた娘安宿媛《あすかべひめ》（七〇一～七六〇）を、その後宮にいれました。のちの聖武天皇となる病弱の若者首皇子は、生母も皇后も不比等の娘という異常な環境で、藤原家に侵食される皇統の危惧を怖れる祖母元明天皇と、外戚の強固を念じる義父不比等に見守られ、成人していったのです。不比等にとって首皇太子は、安宿媛という真綿でしっかり包み込んだ掌中の玉にほかなりませんでした。

安宿は、才媛です。正倉院所蔵の「王義之　楽毅論臨書」の署名には「藤三娘《とうさんじょう》」とあり、筆力雄健、意志の強さを感じます。また、大の仏教信者で、仏・菩薩の智慧・慈悲の象徴である光明に肖って、安宿《あすかべ》を自ら光明子《こうみょうし》と替え、首皇太子に尽くしました。

和銅八年（七一五）、元明天皇（六六一～七二一）は、

老いの不安を感じ譲位を決めますが、首皇子の若年を理由に皇太子への移譲を躊躇しました。内心は皇族勢力と藤原一族の葛藤を忌避し、娘で文武天皇の姉氷高《ひだか》皇女《のひめみこ》を、四十四代元正《げんしょう》天皇とします。もちろん外面は皇太子成人までの中継ぎで、母から娘への皇位移譲はじめてです。しかも未婚、すなわち皇后でなかった女帝、元正《げんしょう》天皇の誕生でした。皇太子は依然首皇子です。

養老二年（七一八）、首皇太子と藤原光明子の間には、阿倍内親王（のちの孝謙・称徳天皇）が生まれました。

養老八年（七二四）二月四日、病弱とはいえ、もはや二十四歳になっていた首皇太子に、伯母元正天皇は譲位の詔をして天皇補佐役にまわりました。「去年九月、大瑞《たいずい》（白亀）が出現した。あきらかに朕の世のために現れたのではなく、皇太子の御世の年号として皇太子の徳に応えて現れたものだと思う。そこで、今から神亀《じんき》の二字を年号に定め、養老八年を神亀元年とし、天日嗣《あまつひつぎ》の高御座《たかみくら》と、天下統治《あめのしたしろしめす》の業《わざ》を、わが子である汝に譲る」と、伯母甥の関係をあえて「わが子である汝」と述べ、皇統の純潔を強調しました。

聖武天皇即位と同時に、光明子は「夫人《ぶにん》」の称号を得ます。さらに生母藤原宮子には「大夫人《だいぶにん》」の称号を使うと天皇がいいます。ところが左大臣の長屋王に、そのような事例は公式令《くしきりょう》にない、と反論され、やむなく「皇太夫人《こうたいふにん》」と詔勅を改めました。

この時代、藤原家では権力者の不比等が養老四年（七二〇）に亡くなり、その子四兄弟（南家の武智麻呂、北家の房前、式家の宇合《うまかい》、京家の麻呂）はいずれもまだ若く、皇親代表の長屋王が、天皇即位と同時に左大臣になりました。長屋王の妃には、元明天皇の娘吉備内親王と不比等の娘藤原長娥子がいましたから、藤原不比等と元明天皇没後の政治力は、自ずと長屋王の手中にあったのです。元正天皇としても、妹吉備内親王の婿長屋王には信頼を寄せていました。

長屋王は、天武天皇の長男高市皇子《たけちのみこ》の子で、本来ならば正当な皇統継承者であるのです。父高市皇子の生母、すなわち祖母が胸形君徳善《むねかたのきみとくぜん》の女尼子娘《むすめあまこのいらつめ》と身分が低かっただけの系譜に過ぎません。胸形とは九州の豪族宗像《むなかた》一族です。

神亀四年（七二七）閏九月二十九日、光明子に待望

の第一《だいいちの》皇子《みこ》基王《もといおう》が生れ、わずか三十二日後、十一月二日には皇太子に立てました。ところが翌年(七二八)、幼い皇太子は病気になり、天皇は、ひたすらその快癒を三宝の威力に頼りました。観世音菩薩像百七十七体を作り、観音経百七十七部を書写させ、一日行道《ぎょうどう》まででして仏の功徳に縋り、全国的大赦《たいしゃ》までします。八月二十三日には、天皇自ら東宮を見舞い、皇祖の諸陵に平癒祈願の幣帛《みてぐら》を奉らせましたが、九月十三日、遂に薨《こう》じました。

神亀六年（七二九）二月十日、左京に住んでいた漆部造君足《ぬりべのみやつこきみたり》と中臣宮処連東人《なかとみのみやこのむらじあずまひと》らが「左大臣長屋王は秘かに左道《さどう》を学び、国家（天皇）を倒そうとしている」と密告しました。ただちに式部卿の藤原宇合《うまかい》らが六衛府《ろくえふ》の兵を率いて長屋王邸を囲み、翌十一日には藤原武智麻呂らが出向いて追求しました。

左道とは不都合なことですが、ここでは妖術（宇治谷孟訳『続紀』）、密告者は長屋王邸のある左京の下級役人。これに、すぐ反応したのは藤原一族とその周辺の皇族と官吏であることはいうまでもありません。

十二日、長屋王は自死します。もちろん彼等への憤死で、妻の吉備内親王とその子で有力な皇位継承者であった膳夫王《かしわでおう》、桑田王《くわたおう》、葛木王《かつらぎおう》、鉤取王《かぎとりおう》まで縊首させてしまいました。

『続紀』の天平十年（七三八）七月十日の条に、もと長屋王に仕えていた大伴子虫なる者が、中臣東人を斬殺したとあります。宮仕えの閑に囲碁をやっていて、話が長屋王事件になり、東人の「誣告《ぶこく》」に憤ったのです。誣告とは、事実を偽って告発することで、これは、左道に凝る長屋王が嘘だった証明を、このような記録で公式の史書に留めたといえましょう。

誣告は後年のことで、長屋王事件が一応おさまった八月五日、天皇は改元の詔を下し、年号を改め、神亀六年（七二九）を、天平《てんぴょう》元年としました。藤原麻呂《ふじわらのまろ》（六九五〜七三七）が「天王貴平知百年」の文字を背負った瑞亀を献上したからです。麻呂は不比等の四男藤原京家の当主です。

八月十日には、藤原光明子夫人を皇后に立てました。皇后は天皇なきあと中継ぎ天皇に即位する前例があるので、皇族以外の立后を長屋王が強く反対していました。その枷が外れた途端に、実行した藤原家の権力拡大策でした。聖武天皇は「天下の政《まつりごと》は一人で処理すべきではなく、必ず後《しりえ》の政《まつりごと》（内助のはたらき）があるべきで、天に日月があり地に山川があるように、天皇と皇后が並んであることは、特別なことではない」とまで詔《みことのり》して、藤原家差向けの皇后が導くままに、仏道へと沈潜されてゆかれます。

天平の平城京は、たしかに国際都市でした。

天平三年（七三一）七月二十九日の条に、雅楽寮《うたりょう》の各種樂生《がくしょう》の記録があります。大唐樂三十九人、百済《くだら》樂二十六人、高麗《こま》樂八人、新羅《しらぎ》樂四人、度羅《とら》（済州島）樂六十二人、諸県《もろかた》（日向の諸県郡）舞八人、筑紫《ちくし》舞二十人を定員としています。大唐樂の樂生は、日本人と外国人とを問わず教習に堪える者、百済、高麗、新羅などは各国人で学ぶに堪える者、度羅樂・諸県・筑紫舞は各樂戸から採用されました。これをみても諸外国との交流がいかに盛んであったか。その宴の席を表現すれば小野老《おののおゆ》（?~七三七）が詠んだ「あをによし寧《な》楽《ら》の都は咲く華の薫《にお》ふがごとく今盛りなり」（平城京跡歌碑から）も、まんざらではありません。老は「長屋王の変」当日、平城京にいますが、やがて従四位下大宰大弐《だざいのだいに》に出世し、『続紀』天平九年（七三七）六月十一日の条には死亡記録まで遺すほどの、藤原政権傾倒の人物だったといえましょう。

この薫《にお》やかな都とは、朝廷のごく一面で、毎年のように雷雨旱魃地震など災害がつぎつぎと起こっていました。その詔といえば、災難は朕の不徳とまず悔い、大量の仏像製作や経典を書写させ、大寺では大般若経の転読を命じ、神々には幣帛を捧げさせ、受刑中の罪人をその都度大赦し、年を限って免税し、生活困窮者には若干の糧を恵み、あとはひたすら祈るばかりでした。

天平九年（七三七）は、正月早々、遣新羅使の微妙な帰国報告ではじまっています。我が国の使者に礼を失する扱いをしたというのです。なんと、大使の阿倍朝臣継麻呂は対馬で死亡、副使大伴宿禰三中は病に感染して京にはいれませんでした。瘡のできる疫病と『続紀』にあります。痘瘡《とうそう》ウイルスの気道粘膜から感染する「天然痘《てんねんとう》」で、俗称は「疱瘡《ほうそう》」または「豌豆瘡《えんどうかさ》」といい、高熱・悪寒・頭痛・腰痛を伴って死亡率高く、治っても顔面に発疹跡が醜い痘痕《あばた》で残りました。もっとも現在では絶滅宣言されている伝染病です。

春、天然痘は筑紫から始まって、たちまちに平城京にまで大流行しました。四月十九日、大宰府では、宇佐八幡はいうまでもなく管内神社に幣帛を捧げて平癒祈願をさせますが、おさまりません。五月十九日、「四月以来、疫病と旱魃で、神々に祈祷するがご利益がない。朕の不徳を反省し、寛大な情けで人民の患いを救いたい。死屍を土に埋め、飲酒・屠殺を禁じ、高齢者など自活できない者に物を恵み、さらに天下に大赦を行う」と詔されますが、遂に六月一日には朝廷での執務まで取りやめざるをえませんでした。

要人の犠牲も増え続けます。『続紀』から死去日順に抽出しますと、

四月十七日　参議・民部卿　藤原朝臣《あそん》房前《ふささき》（不比等二男、北家当主）

六月十日　散位《さんに》（位階だけあって無官者）・従四位下　大宅大国《おおやのおおくに》

六月十一日　大宰大弐《だざいのだいに》　小野老《おののおゆ》

六月十八日　散位・従四位下　長田王《ながたのおうきみ》（聖武天皇の風流歌人として歌垣に頭を勤む）

六月二十三日　中納言　多治比真人《たじひのまひと》県守《あがたもり》（左大臣多治比嶋《しま》の子）

七月五日　散位・従四位下　大野王《おおのおう》

七月十三日　参議・兵部卿　藤原朝臣麻呂《まろ》（不比等四男、京家当主）

七月十七日　散位・従四位下　百済王郎虞《くだらのこにしきろうぐ》（渡来した百済王族の子孫）

七月二十五日　右大臣　藤原武智麻呂《むちまろ》（不比等長男、南家当主）

八月一日　中宮大夫兼右兵衛率　橘《たちばなの》左為《さい》（光明皇后の異父兄、父は美努王）

八月五日　参議・式部卿兼大宰帥《だざいのそち》　藤原宇合《うまかい》（不比等三男、式家当主）

これで、朝廷を実際に運営してきた藤原不比等の遺児四人を悉く亡くし、天皇は呆然自失、八月十三日には、「免税ばかりか、幣帛《みてぐら》未捧の荒らぶる神はいないか、神に奉仕する大宮主《おおみやじ》・御巫《みかなぎ》・祝部《はふりべ》らの位階を上げよ」と、

執拗に詔まで発せられます。八月十五日には、宮中の十五ヶ所に僧七百人を集め、大般若経・最勝王経を転読、四百人を出家。畿内四ヶ国・七道諸国でも五百七十人を出家させ仏に祈りました。

その甲斐あってか、天智天皇の皇女で最後まで健在であった三品《さんぼん》の水主内親王《みぬしのないしんのう》が、八月二十三日に死なれて以降、天然痘喪は『続紀』からようやく消えます。

藤原不比等によって実行された平城京には、長屋王の怨念が渦巻き、首謀の藤原四家の当主が瞬く間に淘汰され、つぎは天皇に災難が及ぶかもしれない、と囁かれはじめました。

八月二十八日、欠員となった議政官級の皇族・貴族を補充しなければなりませんので、まず天武天皇長男高市皇子の子、すなわち長屋王の弟従三位の鈴鹿王《すずかおう》（?～七四五）を「知太政官事」（令外官、太政官と同格で皇族が任命条件）に任命しました。長屋王怨霊鎮魂の意味もあったのでしょうか。次は大納言に従三位の橘諸兄《たちばなのもろえ》（六八四～七五七）が選ばれました。

橘諸兄は、元の名は葛城王といい、光明皇后の異父兄で、さきに天然痘で亡くなった橘佐為の兄です。翌天平十年（七三八）一月十三日には、正三位右大臣に昇格、鈴鹿王も正三位になりますが官職は変らず、政務の中心人物は橘諸兄となり、以後の聖武天皇の異常な行動を支えてゆくことになります。

この一月十三日には、阿倍内親王（七一八～七七〇）が、女性最初の皇太子となりました。もちろん生母は光明皇后です。もっとも、天皇には県犬養広刀自《あがたのいぬかいのひろとじ》（?～七六二）なる妃がいて、その子安積親王《あさかしんのう》（七二八～七四四）が、早逝した基王（七二七～七二八）に次ぐ第二皇子で有力皇太子候補でした。

皇后はじめ藤原一族の策謀か、女性皇太子を立てたばかりか、天平十六年（七四四）、安積親王は、難波宮へ行こうと恭仁京を発った途中で脚気になり、桜井頓宮に引き返した二日後、十七歳で急死しました。

この安積親王不慮死事態には、藤原仲麻呂（七〇六～七六四）暗殺の風説もありました。

仲麻呂は、藤原南家をおこした武智麻呂の二男で、学才に優れ次代の藤原家をリードする環境にあって、叔母の皇后や皇太子阿倍内親王とも関係は良好で、橘諸兄の勢力と拮抗《きっこう》する存在になっていました。

藤原広嗣の乱

いま一人、右大臣橘諸兄に反抗する藤原広嗣《ふじわらのひろつぐ》（?～七四〇）が九州で乱を起こしました。広嗣は藤原式家宇合の長男で、天平十年（七三八）に橘諸兄が右大臣になると、式部少輔兼大養徳守《やまとのまみ》に任ぜられました。ところが、同年十二月四日には、大宰少弐として九州に飛ばされたのです。その不満を鬱積させた広嗣は、天平十二年（七四〇）八月二十九日、橘諸兄政権を批判し、皇太夫人藤原宮子の寵僧玄昉《げんぼう》（?～七四六）と諸兄が重用する右衛士督《かみ》の下道真備《しもつみちまきび》（六九五?～七七五、吉備真備《きびのまきび》）とは、天地変災の因であると主張、追放しろと上表しました。

九月三日、広嗣、挙兵の報が入ると、天皇は勅を下して、大野東人《あずまびと》を大将軍に任じ、東海など五道から一万七千を徴兵、討伐に向かわせました。一方、諸兄は、朝廷に仕える隼人の二十四人を集め同行を命じました。これは、広嗣が隼人族を扇動して反乱の具にしていると察知したからで、その撹乱要員でした。

九月二十一日には、長門に停泊している遣新羅使の船や人員も、大将軍東人が使ってよいとまで命じます。

九月二十九日、天皇は、大宰府管内諸国の官人・人民に対し、「叛逆者広嗣は幼少から凶悪、故式部卿父の宇合も困っていたが、朕は許してきた。ところが京内の親族とも妥協せず、遠くへ出せば改心するだろうと思ったが、いまこのざまである。これに従っている者は直ちに帰順せよ。広嗣を殺した者には五位以上を授けよう」と詔《みことのり》します。

十月九日には、大将軍大野東人に命じ、宇佐八幡の神に戦勝祈願をさせたその日が、まさに、広嗣軍敗走の板櫃川《いたびつがわ》合戦当日であったと『続紀』にあります。広嗣もこのとき「遺恨は朝廷にあらず、朝廷を乱した玄昉と真備だ」と訴えるのですから、天皇を取巻く勢力争いであり、その繰返しが奈良時代の混乱であったといえましょう。

ところが、ここで天皇は、まったく奇妙な詔を、十月二十六日、大将軍に発しました。

「朕は思うところあって、今月末から暫く、関東へ行く。その時期ではないが、事が重大なのでやむをえない。将軍らはこのことを知っても、驚いたり怪しんだりせぬよう」

筑紫の戦闘はまだつづいています。板櫃川の勝機を逃がすものかと競い立つ戦線から敗走した広嗣軍は、渡海して、新羅を巻き込み反撃してくるかもわからない。そんな微妙な時期に、なぜ「思うところあって」天皇御自ら朝廷を空《から》にされたかったのか、大野東人大将軍は困惑したでしょう。

この時代の関東とは、鈴鹿・不破・愛発《あらち》の三つの関所以東で、伊勢・美濃辺りをいいます。なぜ、平城京を出ようとされたのか？　宇治谷孟訳『続紀』では、「翌年一月広嗣の与党を多数断罪しているから（京《みやこ》には）彼に与する者の動きがあったのであろうか」と推測しています。憤死した長屋王家族に加え、朝廷に盤居する反藤原勢力への怨念が渦巻いている平城京には、頼れるはずの藤原一門も少なく、病弱天皇にとって、一刻も居た堪れない場所であったのでしょう。

十月二十九日、まず伊勢へ。まさに彷徨の行幸でした。山辺郡《やまべぐん》竹谿村《つげむら》掘越《ほりこし》の頓宮《かりみや》に入ると、翌三十日には伊賀郡名張《なばり》。十一月一日は大雨で伊賀安保《あほ》（青山町安保）泊、人馬難渋。二日、伊勢国壱志郡河口《いちしぐんかわぐち》の頓宮（関宮《せきのみや》）に着くと、ここで、広嗣が二十九日に逮捕された旨、聴かれます。

広嗣は、耽羅《たんら》（済州島）に渡ろうとしたが風波激しく、値嘉嶋《ちかのしま》（五島列島）に吹き寄せられて潜伏中、捕らえられてしまいました。

天皇は、なんら躊躇《ためらわ》ず、法によって処断するよう伝えていましたので、五日には広嗣とその異母弟綱手《あみて》の斬首を知ります。

十一月十二日、河口発、壱志郡泊。十四日、鈴鹿郡赤坂頓宮。二十三日、朝明《あさけ》郡（四日市付近）着。二十五日、桑名《くわな》郡石占《いしうら》（多度町付近）頓宮。二十六日、美濃国当芸《たぎ》郡（養老郡辺り）着。十二月一日、不破《ふわ》郡不破（垂井町府中付近）頓宮。六日、坂田《さかた》郡横川《よかわ》（米原・醒ヶ井付近）の頓宮。この日、右大臣橘諸兄を遷都候補地の山背《やましろ》国相楽《さがら》郡恭仁郷《くにのさと》へ先行させました。

十二月七日、横川発、犬上（彦根市高宮町付近）頓宮。九日、犬上発、蒲生《がもう》郡泊。十日、野州《やす》（守山市付近）頓宮。十一日、志賀郡禾津《あわづ》（大津市粟津付近）頓宮。十三日、

志賀の山寺（崇福寺）行幸。十四日、山背国相楽郡玉井（井出町）頓宮。十五日、恭仁宮に行幸、ここを都と定め造営にかかり、元正上皇と皇后が遅れて到着されました。

あきらかに平城京の怨霊から距離をおきたい行為でしたが、恭仁郷は橘諸兄の地盤で、橘諸兄とそのブレーン、僧正玄昉《げんぼう》や寵臣下道真備《しもつみちまきび》らの朝廷における発言力を確実なものとした証でもあったのです。

恭仁京→難波京→紫香楽京→平城京

天平十三年（七四一）春正月一日の朝賀は、唐突に遷都した恭仁宮《くにのみや》、平城京とは似ても似つかぬ宮垣すらない、帷帳《とばり》を引き回しただけで行われました。

一月十一日、伊勢大神宮はじめ七道の諸社に、新京報告の幣帛《みてぐら》を奉り、閏三月九日には、平城京の兵器を恭仁京甕原宮《みかのはらのみや》に運ばせました。八月二十八日、平城京東西の二つの市《いち》を恭仁京に遷し、新京の繁栄を狙います。九月四日、遷都記念に、左右京人民の調租と畿内四ヶ国の田租を免除、八日には、大赦までしました。十一月二十三日、ようやく新京の正式名称が「大養徳《やまと》恭仁大宮《くにのおおみや》」と決まります。

年が越えても新京の整備はなかなか進まず、天平十四年（七四二）一月一日になっても大極殿《だいごくでん》は未完成でしたから、やむなく、壁なし四つ柱吹き抜けの四阿殿《あずまやどの》に、大嘗祭《だいじょうさい》同様石上《いそのかみ》・榎井《えのい》両氏の大楯《おおたて》と槍《ほこ》を立て、朝賀の場としました。

万事が整備遅れの、恭仁宮ばかりが注目される一方で、天平十三年（七四一）三月二十四日、ようやく収束した藤原広嗣の乱が、宇佐八幡宮の加護によるとして寄進された詳細が、『続紀　巻十四』にあります。

「宇佐の八幡神宮に秘錦冠《ひごんのかんむり》（新羅《しらぎ》の宮廷製の錦を用いた冠）一つ、金泥で書いた金光明最勝王経《こんこうみょうさいしょうおうきょう》と法華経《ほけきょう》を各一揃《そろえ》、得度者《とくどしゃ》十人、封戸《ふこ》から出させた馬五匹を献上した。また三重塔一基を造営させた。これまでの祈祷に対するお礼である」（宇治谷孟現代語訳『続日本紀』）

神に奉る内容をこれほど詳記した『続紀』の個所は珍しく、また新羅製宝物の献上は渡来の八幡神《やわたのおおかみ》を畏敬する証か、と穿ちたくなるほどです。奈良時代、最新の文化といえば、そのほとんどが渡来文化だったとことはいうまでもありません。

聖武天皇は皇后ともども、天平十三年（七四一）三月二十四日、全国毎に国分寺・国分尼寺建立の詔をされたほどに、仏教心厚く、神仏習合の魁神である八幡大菩薩をことのほか崇められましたから、金泥写経の最勝王経や法華経一揃、得度者（僧籍にある者）十人、さらに三重塔まで造営寄進されたわけです。

恭仁京の整備は、なぜかなかなか進展しません。そんな天平十四年（七四二）八月十一日、またまた「朕は、近江国《おうみのくに》紫香楽村《しがらきむら》へ行く」と詔《みことのり》がありました。ここに離宮造営の意向です。近江は藤原氏の基盤で、行幸仕掛け人は反橘勢力の藤原仲麻呂ではないかといわれています。

四家の当主が、天然痘で相次いで亡くなった藤原氏は、南家の犠牲者武智麻呂の長男中納言・中衛大将豊成と次男参議・民部卿仲麻呂が、朝廷での勢力挽回のチャンスを狙っていました。

第六章　盧《る》舎《しゃ》那《な》大《だい》仏《ぶつ》建立と八幡神

紫香楽宮《しがらきのみや》の盧舎那仏《るしゃなぶつ》

天平十五年（七四三）の朝賀は、ようやく完成した恭仁京の大極殿《だいごくでん》で行われました。これも、正月二日に二度目の紫香楽宮行幸から慌しく還御された翌三日の式典でした。

この年は四月三日から十六日と、七月二十六日から十一月二日まで、二度にわたって紫香楽宮に行幸という状態で、恭仁京は留守官の左大臣橘諸兄、知《ち》太政官事《だいじょうかんじ》鈴鹿王、中納言巨勢奈弖麻呂《こせのなでまろ》（六七〇〜七五三）に任せきりとなっていました。

中国唐王朝には、首都長安（現、西安）と副都洛陽がありましたので、天皇は恭仁京を首都、紫香楽宮（のちに甲賀宮という）を副都に擬えておられたのではないでしょうか。長安は政都ですが、洛陽の伊河沿い龍門石窟寺院の仏は、八世紀のこの時代には日本でも涅槃の都として知られていました。

天皇は、この紫香楽宮に洛陽を重ねられたのか、天平十五年（七四三）冬十月十五日、「盧舎那仏《るしゃなぶつ》造営の詔」をなされたのです。

「朕は徳の薄い身でありながら、かたじけなくも天皇の位をうけつぎ、その志は広く人民を救うことにあり、努めて人々をいつくしんできた。国土の果てまで、すでに思いやりとなさけ深い恩恵をうけているけれども、天下のもの一切がすべて仏の法恩に浴しているとはいえない。そこで本当に三宝（仏法僧）の威光と霊力を願って、天地共に安泰になり、よろず代までの幸せを願う事業を行って、生きとし生けるもの悉く栄えんことを望むものである。

ここに天平十五年（七四三）、天を十二年で一周する木星が癸未《みずのとひつじ》に宿る十月十五日を以て、菩薩の大願を発して、盧舎那仏《るしゃなぶつ》の金銅像《こんどうぞう》一体をお造りすることとする。国中の銅を尽くして像を鋳造し、大きな山を削って仏堂を構築し、広く仏法を全宇宙にひろめ、これを朕の智識《ちしき》（仏に協力する者）としよう。そして最後には朕も衆生《しゅじょう》も皆同じように仏の功徳を蒙り、共に仏道の悟りを開く境地に至ろう。

天下の富を所持する者は朕である。天下の権勢を所持する者も朕である。この富と権勢をもってこの尊像を造るのは、ことは成りやすいが、その願いを成就することは難しい。ただ徒らに人々を苦労させることがあっては、この仕事の神聖な意義を感じることができなくなり、あるいはそしりを生じて、却って罪におちいることを恐れる。したがってこの事業に参加する者は心からなる至誠をもって、それぞれが大きな福を招くように、毎日三度盧舎那仏を拝し、自らがその思いをもって、それぞれ盧舎那仏造営に従うようにせよ。もし更に一枝の草や一握りの土のようなわずかな物でも捧げて、この造仏の仕事に協力したいと願う者があれば、欲するままにこれを許そう。国・郡などの役人はこの造仏のために、人民のくらしを侵《おか》しみだしたり、無理に物資を取り立てたりすることがあってはならぬ。国内の遠近にかかわらず、あまねくこの詔を布告して、朕の意向を知らしめよ。（宇治谷孟現代語訳『続日本紀』）」

聖武天皇の、このとてつもない発想は、いつ萌芽したのでしょう。天平十二年（七四〇）二月、難波に行幸の途次、皇后とともに、河内国大原郡（柏原市）で渡来豪族の氏寺知識寺の黄金眩《まばゆ》い盧舎那仏坐像《るしゃなぶつざぞう》を礼拝されました。渡来の彼らすら、かくもすばらしい仏に護られています。しかも、道昭（六二九～七〇〇）ら留学僧《るがくそう》からは、庶民慈悲と都城守護の龍門奉先寺に巨大摩崖仏《まがいぶつ》を開削させた則天武后（六二四?〜七〇五、唐高宗の皇后）の悲願を伝え聞いています。我が国とて、仏の慈悲を得られぬことはないと、天皇・皇后は胸中に秘しておられたにちがいありません。

ただ、「国中の銅を尽くして像を鋳造し、大きな山を削って仏堂を構築」するとは、まさに国力の大半を投入する大事業です。則天武后の巨大仏は、摩崖の開削ですが、日本にはそのような岩山がありません。ならば世界のどこにもない巨大金銅仏ができないものか、知識寺の仏ができるのならば、大仏とて可能のはず、山を削ってその土で塑像となし、国中の銅を鋳《い》れば、あとは労力のみ。それにしても「天下の富を所持する者は朕である。天下の権勢を所持する者も朕である。この富と権勢をもってこの尊像を造る」とは、いかにも強引、あとは仏の慈悲。しかもこれが「生きとし生けるもの悉く栄えんことを望む」、「よろず代までの幸せを願う事業」と自らを叱咤するしかなかったのでしょう。

詔された四日後、はやくも十月十九日、盧舎那仏建立予定の甲賀寺検分に行幸されました。このとき、行基《ぎょうき》法師は弟子たちを率いて、ひろく民衆の参加を訴えました。

行基（六六八〜七四九）は、河内国大鳥郡（堺市家原寺町）に生まれ、十五歳で出家、飛鳥寺で法相宗などの教学を道昭から学びますが、畿内を中心に諸国をめぐり民衆教化や造寺、池堤設備・橋梁架設などの社会事業を行ないました。一時は、寺を離れた民衆扇動運動者で、僧尼令違反と糾弾《きゅうだん》されますが、やがては民衆掌握の力量を評価されました。天平八年（七三六）には、インド僧菩提僊那《ぼだいせんな》（七〇四〜七六〇）が、チャンバ王国の僧仏哲、唐の僧道璿《どうせん》（七〇二〜七六〇）とともに大宰府に来たとき、彼らを迎えに出向くなどします。

四ヶ月、紫香楽宮におられた天皇は、恭仁京に還られると、この宮の造営を中止されてしまわれました。この造営には、平城京の大極殿や歩廊を移築するのに、すでに四年もかかっており、いままた紫香楽宮の整備や盧舎那仏建立では、出費は計り知れません。ついに天平十六年（七四四）の朝賀の儀すら中止したほどです。

もっとも閏正月一日になって、天皇は百官を朝堂に呼び寄せて、「都を恭仁か難波か、いずれがよいか、考えを述べよ」と尋ねられました。ところが五位以上二十四人中二十三人、六位以下百五十七人中百三十人が難波を選びました。巨勢奈弖麻呂《こせのなでまろ》と藤原仲麻呂を恭仁京の市に出向かせて市人に質すと、ほとんどが恭仁京を都と望み、難波京、平城京はわずかに各一人、紫香楽宮で大工事が進むさなかの遷都など、人々は望むはずもないだろうに、朝廷に渦巻く権力の流れのままに、天皇は難波京を選んで始動されます。

事は粛々と進み、二月二十日、恭仁京の高御座《たかみくら》と大楯を難波京に運び、武器も兵庫経由の船で移し、恭仁から難波に移りたい人民は自由とされました。三月十一日には、石上《いそのかみ》、榎井《えのい》二氏の大楯《だいだて》と槍《ほこ》を難波宮の中外門に立て、皇都の表示がなされました。

一方、紫香楽宮へは、平城京金光明寺（東大寺）の大般若経を運び、三月十四日、大安殿に安置して、僧二百人に終日転読させました。難波宮でも、三月十五日、東西の楼殿に僧三百人を招き、大般若経を読ませています。これをみても天皇は、中国の長安・洛陽に擬した難波・紫香楽、いいかえれば政都と仏都という新たな皇都構想を、なんとしても実現させたかったのでしょう。

夏四月十三日、紫香楽宮の西北で山火事が起こり、延焼を防がんと数千人が山に入り、ようやく鎮火しました。このような災難が頻発するとは、まだ誰も気付いていません。

紫香楽宮の造営にかかってはいますが、百官は役所すら完成せず、諸司別に公廨銭《くげせん》（役所の運営資金）が与えられ、この運用益（利息）で活動するよう命じられました。

しかもこの年は、天災が打ち続き、肥後国では五月十八日、雷雨、地震、山崩れなどで人畜の被害が続出、六月二十一日には氷雨まで降る始末でした。それでも十一月十三日には、紫香楽の甲賀寺に、盧舎那仏座像の体骨柱が建ったので、天皇は自らの手でその縄を引かれました。

天平十七年（七四五）、この年も朝賀の儀式は中止。紫香楽の新京は垣根も塀もなく、垂れ幕を張り巡らせた程度でした。

天皇は、正月二十一日、盧舎那仏建立に積極的な行基法師を、仏教界最高位にして最初の「大僧正」位に任じました。このとき朝廷には、天皇の生母藤原宮子に寵遇された玄昉僧正が、政治顧問格の発言力を持っていましたが、これを乗り越えた行基です。一時は僧尼令違反と糾弾された行基の、手腕に縋らなければ、盧舎那仏の建立は困難、と感じられたのでしょう。こんにちでは「東大寺の四聖（聖武天皇・菩提僊那・行基・良弁《ろうべん》）」の一人として讃えられています。

　この年も去年同様、山火事が頻発しました。夏四月一日、紫香楽京の市《いち》の西の山で、三日には甲賀寺の東山から、八日にも紫香楽宮に近い真木山が、「三、四日燃え続け、数百余町を延焼した。そこで山背・伊賀・近江などの国に命じ、火をたたいて消させた（『続紀巻十六』）」。十一日も紫香楽宮の東の山から出火、幾日も鎮火せず、都の人々は競って川辺へ群がり、財物を埋めたりします。天皇も輿を準備させ、大丘野へ避難されました。十三日夜、小雨、ようやく火勢が衰え、鎮火しました。

　これらの災難を逃れる為に、天皇はひたすら免租と大赦の詔を発せられるが、その当日四月二十七日には、地震が起こり、三昼夜続きました。美濃国では、家屋の崩壊激しく、五月一、二日も地震に襲われました。

　そのさなか都では、諸寺院に鎮護のため七日間、最勝王経《さいしょうおうきょう》の転読を命じました。

　同時に太政官が、召集した諸司に、都の是非を問うと、挙って「平城京《ならのみやこ》がよい」と言上しました。

　天皇は、五日、遂に紫香楽宮を発たれました。六日、車駕が木津川の泉橋にかかると、人民に「万歳」で迎えられ、ようやく恭仁宮まで還られました。

　五月は、四〜十、十六、十八日と余震はおさまりらず、地面は亀裂し、各所に湧水が生じました。

　平城京でも、地震と旱天に悩む農繁期の人民までが、競って宮殿の清掃に集まっていました。平城京の四寺（大安・薬師・元興・興福）では、二十一日間の人集経《だいじつきょう》読経、諸国の神社へは雨乞いの幣帛奉納、僧侶の大般若経読経がつづきます。

　一方、留守になった紫香楽宮は、盗賊が横行し、山火事はなかなか鎮まらず、眼も当てらぬ惨状です。

　天皇は、五月十一日、ようやく平城京に行幸、中宮院（のちの法華寺）に入られました。

　六月十四日、ふたたび平城京の宮門に大楯を樹《た》て、ここを都に復した印としました。

地震は七月十七、十八日、八月二十四、二十九日、九月二日とまだおさまる気配がありません。

八月十五日、大安殿で無遮大会《むしゃたいえ》が行われました。僧俗貴賎の区別なく供養布施する法会で、盧舎那仏建立を平城京に変更したのであろうと、宇治谷孟『続紀巻十六』には注記しています。

紫香楽周辺に頻発した山火事も、遷都反対勢力の暗躍だ、という史家がいるくらいです。

大僧正行基も、大寺院が建ち並び人々の礼拝容易な平城京が盧舎那仏建立最適地と進言したにちがいありません。

『東大寺要録』に引かれた「大仏殿碑文」では、天平十七年（七四五）八月二十三日、平城東山の山金里《やまがねのさと》（現大仏殿位置）で無遮大会が始まったとあります。

無遮大会を終えてまもない八月二十八日、天皇は難波宮へ行幸されました。よほど平城京が居辛らかったのでしょうか。九月十五日、「三年間、全国の一切の鳥獣の殺生を禁断」と、やや常軌を逸した感の法が出され、続く十七日には、「朕は病気がちで不安な状態が十日以上も続いており、政道に過失があるように思う。多くの法に触れて苦しんでいる人民があろうから、悉く赦免する。八十歳以上の者、鰥寡惸独《かんかけいどく》（鰥夫《やもお》や寡婦《やもめ》、身寄りのない独り者）ならびに病気で自活できない者には、程度によって恵み物を増加せよ」と詔し、まだ難波宮から平城京に戻ろうとはされません。そればかりか、十九日には、平城京の駅鈴《えきれい》と天皇御璽《ぎょじ》・太政官印まで難波宮に運ばせ、二世の王たちを参集させます。また京・畿内の諸寺や有名な高山で薬師悔過《やくしけか》法会《ほうえ》を行わせ、賀茂・松尾神社などに祈祷、諸国所有の狩用の鷹や鵜《う》まで放ち、三千八百人を得度出家させました。

『続紀』では、この記述につづけて、「九月二十日、播磨守・正五位上の阿倍朝臣虫麻呂《あべのあそんむしまろ》（?～七五二）に命じ、幣帛《みてぐら》を宇佐八幡神社に奉らせた」と特記されています。宇佐八幡には、既述のように四年前にも格別の祈祷礼物がおさめられていて、いままた特使が派遣されたことは、八幡大菩薩の神威が、聖武天皇の政道に大きな影響を与えていたといえましょう。

九月二十六日、平城京に戻られた天皇周辺では、藤原仲麻呂が徐徐に勢力を伸ばしていきます。仲麻呂暗躍のせいか、十一月二日、生母藤原宮子に信頼あった僧正玄昉が、筑紫の観世音寺造営を命じられました。寺の造営官といえば格好よくみえますが、態のいい配流で、封戸《ふこ》や財物まで没収されての赴任でした。

　これでようやく、天皇皇后の盧舎那仏建立悲願と、藤原一族の権力復活に、強固な路線が平城京で敷かれたといえましょう。

　十二月十五日、急いで恭仁京から平城京に兵器を運びましたが、天平十八年（七四六）も朝賀などできる状態ではありません。さらに一月十四、二十九、三十日と、またまた立て続けの地震で悩まされます。

盧舎那仏建立、平城京に変更とその規模

　天平十七年（七四五）八月二十三日、盧舎那仏建立の場所が、聖武天皇の初志に反して、紫香楽宮から平城京東山の山金里《やまがねのさと》に移ったことは、さきにも述べた通りです。

　だがなぜ、これまで執拗に、巨大金銅仏を造ろうとされたのか、仏教に縋って民を救おうとされる聖武天皇の意思、国家宗教としての仏教を強くする手段として、も早や中止困難な事業になってしまっていたのです。

　盧舎那《るしゃな》とは、サンスクリットVairocanaの音訳で、毘盧舎那《びるしゃな》ともいい、「あまねく宇宙に光り輝くもの」という意味です。いわば日輪、それにたとえて釈迦を盧舎那仏、または毘盧舎那仏といいました。

　『華厳経』では、盧舎那仏は宇宙そのものですから、形像は可能なかぎり巨大であることが望ましいのです。これは、大僧正行基の師である留学僧《るがくそう》道昭（六二九～七〇〇）の教えでした。留学僧らは、洛陽城外龍門の奉先寺で、完成したばかりの巨大摩崖仏《まがいぶつ》を拝しており、これこそ唐の文化と権威を象徴する仏と肝に銘じていました。その説法に貴族、とくに朝廷の権力を強固にせんとする藤原氏は、大仏を造れば、民は心服するばかりか、新羅はじめ周辺諸国も威圧できると策したにちがいありません。聖武天皇と光明皇后も、河内の渡来人集落知識寺で、盧舎那仏の金銅像を拝してから、その悲願が膨らんだのです。

「丈六仏」の、丈六とは、釈迦の背丈が普通人の身長八尺（二・四二メートル）の倍、一丈六尺（約四・八メートル）あったという信仰に基因します。仏とは、「悟りを得た者、釈迦牟尼仏」のことです。

華厳経では、広大無限を「十」で表現しますので、古代の周尺（一周尺は一九・九センチ）を使って、盧舎那仏立像は一丈六尺の十倍、座像丈はその半分約八尺（二・四メートル）の十倍としました。ちなみに、手本となった唐洛陽の奉先寺石仏と奈良東大寺金銅仏を比較しますと、

	奉先寺 摩崖座像大仏	東大寺 金銅座像大仏
完成年	六七二年	七五七年（奉先寺より八十五年遅い）
高さ	一七・一四m	一四・八七m
頭の長さ	四・〇〇m	四・七三m
耳の長さ	一・九〇m	二・五〇m
お顔の形	丸面	やや面長
裳	頸までの裳	胸をはだけておられる
お眼	柔和な半眼	見下ろされる威厳感

よく似ています。問題は、当時日本にこれほどの巨大金剛仏を造る技術者がいたかどうかです。幸いに、朝鮮半島で繰返された革命を逃れて多数の人材が、この国の重要な文化集団として渡来し、同化成長していました。「第一章　古代人と神々」の「渡来人」の項で述べたように、応神・仁徳朝頃までの渡来人を「古渡人《こわたりびと》」、それ以降を「今来《いまき》の才伎《てひと》」と歴史学者が位置づけるほど、高い文化人がいたのです。しかも、この時代には、すでにその二世、三世が、確りと育っていました。

その一人に、国君麻呂《くぬのきみまろ》（？〜七七四、のちに国中連公《くぬちのむらじきみ》麻呂《まろ》）がいました。

「もとは百済の人である。祖父の徳卒《とくそつ》（百済の官位の第四位）国骨富《こくこつふ》は、近江《おうみ》朝（天智《てんじ》朝）の癸亥《みずのとい》年（六六三）に本国が滅びる戦乱にあって帰化した。天平年間に、聖武天皇が広大なる願いをおこして盧舎那仏の銅像を造ろうとした。その高さは五丈（一五メートル余り）である。当時の鋳造《ちゅうぞう》の工人はあえてそれにいどむ者はいなかったが、公麻呂は大変優れた技巧と思慮があり、ついにその仕事をなしとげた。その功労によっ

て、最後には四位を授けられ、官も造東大寺次官《すけ》・兼但島《たじま》員外介になった。天平宝字二年（七五八）に、大和国葛下《かずらぎのしも》郡国中村に居住していたので、地名に因み「国中《くぬち》」の氏を命じられた」と宇治谷孟訳『続紀巻第三十三』、宝亀五年（七七四）冬十月三日、公麻呂卆の条にあります。

国君麻呂の尊像素描は、毅然として写実的で天皇の夢に叶うものでした。早速、その作業組織が立ち上げられます。金光明寺《こんこうみょうじ》(金鐘寺《こんしゅじ》)の造物所(造仏所ともいう)を皇后宮職所属の造寺司として担当しますが、まもなく天平二十年（七四八）ごろ、「造東大寺司《ぞうとうだいじし》」と変わり、金光明寺も官寺総国分寺「東大寺」と称されるようになりました。この役所は、盧舎那仏と東大寺整備のために延暦八年（七八九）まで、四十一年間つづきました。

造東大寺司で、すぐれた手腕を発揮したと記録にのこる人物の筆頭に、佐伯宿禰今毛人《さえきのすくねいまえみし》（七一九〜七九〇）がいます。佐伯今毛人は、聖武天皇の信任とくに厚く、紫香楽宮造営司の主典《さかん》から造東大寺司の次官《すけ》へ、天平勝宝七年（七五五）には、長官になりました。晩年、桓武天皇の時代になっても、延暦三年（七八四）六月五日、左大弁・従三位であった佐伯今毛人は、造長岡宮使に任ぜられたほどです。

国家の一大プロジェクト造東大寺司（長官佐伯今毛人）は、次の所《ところ》に分かれていました。

造仏所《ぞうぶつしょ》・鋳所《ちゅうしょ》（鋳造所）・木工所・造瓦所《ぞうがしょ》
写経所《しゃきょうしょ》・山作所《やまつくりしょ》（木材を扱う山の作業所）

各所には事務官と技術者（工人）、作業員が配置され、工人には、「仏工」「画工」「金工」「鋳工」「銅工」「木工」「瓦工」「石工」「土工」などの専門職があり、いずれも公務員の「司工」と臨時の「雇工」がいました。作業員は、税対象の労役である「仕丁《してい》」や、「雇夫《こふ》」、「雇女」の労役奉仕智識たちでした。

作業人員で、とくに『大仏殿碑文』に名の残っているのは、大鋳師の高市真国《たけちのさねくに》、高市真麿《たけちのさねまろ》、鋳師の柿本男玉《かきのもとのおだま》、大工《だいこう》の猪部百世《いなべのももよ》、小工《しょうこう》の益田縄手《ますだのなわて》で、他に延べ人数が、材木智識《ざいもくのちしき》五万一千五百九十人、役夫智識《やくぶのちしき》百六十六万五千七十一人、金智識《こがねのちしき》三十七万二千七十五人、役夫五十一万四千九百二人、総計二百六十万三千六百三十八人と記されています。

動員数のついでに、彼らの給与について触れますと、仏工一日六十文、画工・金工三十〜四十文、土工・木工・瓦工十〜十五文、作業員の雇夫十〜十五文、雇女五〜八文。仕丁には米・銭・布が支給されました。

さらに毎日、食物が重労働者一日黒米（玄米）平均二升（現在の計量では約八合）、軽労働者は一升四合を炊いて支給し、その他に塩、酢、未醤《みそ》、醤《ひしお》（たまり醤油）、海藻、葅《そ》（つけもの）、ときには野菜や木の実が出されました。男の多い職場ですが、煮炊きには女たちがいて賑やかでした。

さらに、工人のなかの「司工」には、ほかに米や衣服が支給され、成績によって位や禄（賞与）が与えられました。「仏工」・「画工」など神聖な作業の工人には、白い浄衣が支給されています。

重労働ですから監督は厳しく、逃げ出す者もいました。病気になっても、賃金は与えられ、父母が亡くなると賃金をもらって帰国できました。危険作業ですから、夜業は禁止され、七月猛暑時には、昼二時間の休憩もありました。

問題は、金銅盧舎那仏座像の素材です。鋳造は銅と錫、鍍金《めっき》には金と水銀が必要で、金の必要量を日本で得られなければ、唐から買い入れようという気概がありました。買い付け人を唐へ派遣の寸前に、国内で金鉱発見の情報を得て狂喜します。これについては後に述べます。なお、使われた金属の量と産出地は、『東大寺要録　大仏殿碑文』によると、次のとおりです。

熟銅（精錬銅）　七三万九五六〇斤（四九九トン）
　産出地　因幡《いなば》（鳥取県）、周防《すおう》（山口県）、武蔵《むさし》（埼玉県）、山背《やましろ》（京都府）、備中《びっちゅう》（岡山県）、備後《びんご》（広島県）、長門《ながと》（山口県）、豊前《ぶぜん》（福岡県・大分県）で、主に山口県長登《ながと》銅山とその近隣銅山から賄われました。

白鑞《しろめ》（不純錫）　一万二六一八斤（八・五トン）
　産出地　伊予（愛媛県）、伊勢（三重県）、丹波（京都府・兵庫県）

錬金　一万四三六両（四四〇キログラム）
　産出地　陸奥（宮城県）、対馬（長崎県）、駿河（静岡県）

水銀　五万八六二〇両（二・五トン）
　産出地　伊勢（三重県）、常陸《ひたち》（茨城県）、備前《びぜん》（岡

山県）、伊予（愛媛県）、日向《ひゅうが》（宮崎県）

建立期間とその経過　その一

①　天平十七年（七四五）

八月十五日、大仏造像場所を平城に定めた無遮大会《むしゃたいえ》が行われたことは、すでに述べました。

八月二十三日、平城京東山の山金里《やまがねのさと》（現大仏殿位置）で地鎮祭。『東大寺要録』の「大仏殿碑文」には、天皇も衣の袖に土を入れて運び、皇后はじめ列席の文武官人、女官たちも同じように土を運び、土台固めをされたとあります。地面は池のように広く深く掘り下げられ、玉石を敷き、粘土で突き固め、砂を敷き、再度粘土層、砂層と固めてゆく版築工法がとられました。また大仏台座の下には、大仏と寺の安泰を祈って金銀・七宝・水晶・ガラス・太刀・鏡・玉など「鎮壇具《しんだんぐ》」が納められました。

八月二十四日、二十九日、九月二日と引き続き地震があり、八月二十八日から一ヶ月、天皇は難波宮へ遷られました。

天皇は病気がち。寵僧玄昉を九州へ左遷。翌年の朝賀は中止。年頭再び地震。決して安穏とはいえない日々で、大仏造営だけが狂気したように続けられていました。

②　天平十八年（七四六）

十月六日、燃燈供養《ねんとうくよう》の日、地鎮祭から四六五日目。国君麻呂《くにのきみまろ》の素描による盧舎那仏の塑像《そぞう》が完成したので、天皇・元正太上天皇・光明皇后には、金鐘寺《こんしゅじ》（この時はまだ「東大寺」の呼称が『続紀』では使われていません）に行かれて、燃燈供養をされました。燈火一万五千七百余基を置き、一更《いっこう》（午後七時〜九時）になるまで数千人の僧侶が脂燭《しそく》（松の木を細く割き油をぬって火をともす照明具）を捧げ、塑像を三周、讃歎《さんたん》します。三更（午後十一時〜午前一時）、天皇はようやく還御されました。

地鎮祭以来、入念に突き固められた土台のうえに、中心となる丸い骨柱とその四方に四天柱を建てて、まず塑像の骨組みを造ります。その表面には板や割竹、篠竹に縄を巻付け、籠状の巨大像を造り、これに土を貼ってゆきます。最初は植物繊維を入れた荒土で、その上にこまかい土を二十〜三十センチの厚さに塗って、大仏のお姿を造り上げるのです。総監督の君麻呂は、しばしば全貌の眺められる位置に立って、畢生の大業に挑んだことでしょう。

　塑像の表面仕上げは、鋳物用の水気に強い粘土で、雲母や滑石の粉、石灰や三和土《たたき》を適度に塗って、雨水に耐えられるようにしました。時には罅《ひび》防止に濡れ筵《むしろ》をかけたり、日避け屋根で覆ったりしながら、乳白色に輝く塑像の完成を急ぎました。

　塑像供養が終ると、鋳型つくりです。塑像の自然乾燥を待って、下段の蓮華座からはじめます。塑像に薄紙を貼ってその上に「外鋳型」の土（砂と粘土を混ぜて焼いた粉末「マネ」という）を載せます。その上に「マネ」を少し減らし砂の多い籾殻《もみがら》や藁を混ぜた土を重ね、取扱いに便利な大きさ（厚さ三〇センチ以上、二メートル四方）の外鋳型になるよう中間に紙を入れ、自然乾燥を待ちます。乾燥した外鋳型は取り外し、壊れないようツタや筋金を入れて補強し、塑像に接していた内側を、薪や炭で焼き、水分を取って型を固めます。

外鋳型を取り除いた塑像（原形）は、表面を三〜五センチほど削りとって、中型《なかご》（鋳銅の流し込まれる部分）とします。これも充分に水分を取っておかないと、流し込む銅重量の十三倍の圧力で、水と火が反発し爆発する危険があります。そこで、もとの位置に戻す外鋳型は「型持《かたもち》」なる器具で中型に固定します。なお、四寸角厚さ一寸の型持は、三千三百九十枚も鋳造されたとか（『正倉院文書《もんじょ》』）。

　鋳型ができると、そのまわりには土を盛り上げ作業時の足場にします。この鋳型作成作業は八段に分け、最後の八段目は大仏の頸から上という作業手順で、作業用足場盛土も高くなってゆきました。すなわち、鋳造が全部終らないかぎり、周囲の盛土を取除くことができず、鋳造結果はわかりません。

③　天平十九年（七四七）

　九月二十九日、鋳造開始。塑像完成からほぼ一年、ようやく第一段目、すなわち蓮華座の下段部分の鋳造がはじまりました。塑像周囲の盛土足場からさらに高い位置に何十基もの炉《ろ》（耐火粘土とレンガ）と、炉の火口《ほぐち》から鋳型（中型）の湯口《ゆぐち》へ流しこむ樋《とい》（熱に強い大谷石《おおやいし》や土）、炉には空気を吹き込む踏鞴《たたら》が造られました。

炉の上から、銅と五～一〇％の錫を、炭火と混ぜて投入します。銅には、鉱石だけではなく、献納された銅鏡などもあります。錫を加えるのは、溶銅の流れを滑らかにし、硬くて丈夫な青銅にするためです。これに炭と薪がドンドンくべられ、踏鞴から送り込む空気で、炉中の温度を千百度から千二百度に上げます。銅の融点は千八十三度。湯《ゆ》（溶銅）が炉底に溜まると、大鋳師は湯の沸きが静まった瞬間を見計らって、火口の粘土蓋を開けさせます。湯は、一挙に樋を鋳型へ流れ込むのです。炉の火炎が、天を焦がし、溶銅が紅蓮の大蛇になってのたうち、湯口に突進するさまに、古代人は荒神の威力を彷彿したことでしょう。

火事場騒ぎのような光景に、事故は付きもの、救護身命経が、しばしば読経されました。

一段目の鋳造が終え、銅が冷えると、二段目の鋳型を組み、足場の盛土に炉・踏鞴・樋を組み立て、再び火事場の喧騒となり、更に上へ上へと続きます。いうまでもなく作業には熟れて能率は上がり、事故も増えました。しかし鋳造現場は休みなく、夜空を焦がす猛火が、奈良坂を越えた山背国《やましろ》からも眺められたといいます。

④　天平二十一年（七四九）この年、四月十四日に「天平感宝元年」、七月二日から「天平勝宝元年」と三度目の改元

二月二日　大僧正行基遷化。工人たちの心的指導者であり、天皇の信頼厚かった行基は八十一歳、奈良菅原寺で遷化《せんげ》しました。

この頃から頭角を現すのが良弁《ろうべん》（六八九～七七三）です。良弁は、行基や玄昉と同じく義淵（?～七二八）から法相を学んでいますが、行基とは同じ渡来系でも、歳は二十一歳も若く、金鐘《こんしゅ》とか金鷲《こんしゅう》とか呼ぶ修験行者で、官僧になる機会を狙う私度僧でした。

良弁は、俗姓百済氏で、近江志賀里に住む渡来人の子（『元亨釈書』）といわれます。出自については相模国の染部氏の出ともいわれ、決して身分の高い家柄ではないようです。世に出るためには役人か、官僧にな

る時代で、彼は得度のチャンスを狙っていました。呼び名に、金鐘、金鷲、金熟《こんぜ》、金勝《こんぜ》（金青《こんじょう》の意）、金粛《こんしゅく》などやたら金が使われていて、修業僧であると同時に、山岳を渡渉し、金銀など鉱石を探査する山師集団に関わる人物、と清輔道生著『大仏開眼と宇佐八幡神』（以下『清浦本』と略）にあります。修業拠点は近江国栗太郡東峯の金勝山《こんぜざん》で、周辺の信楽谷《しがらきだに》や老上川《おかみがわ》は、良質の花崗岩層で、砂金が採れると推測されていました。話を戻しますが、聖武天皇の紫香楽宮《しがらきのみや》構想も、ひょっとしたらこの辺りの黄金浄土に、魅力を感じられたのかもしれません。

天平五年（七三三）、金鐘は、平城京の東、若草山の二月堂とも三月堂ともいわれる辺りに草堂を設けて、脛《すね》に黄金の鉱石を嵌め込んだ粘土の自作「執金剛神像」に縄をかけ、平城京に神像の光が届くよう、日夜祈っていました。この奇行が朝見の絆となって、金鐘は官僧にならんと得度を直訴、叶えられました。時に、心身とも充実した四十五歳です。

なんとも策士的ですが、『元亨釈書』の記録では、ここで、はじめて良弁《ろうべん》と名乗り、草堂は金熟（金鐘）寺と命名、やがては金光明寺から東大寺へと変貌してゆくのです。

もっとも二歳のとき、母と桑畑にいるところを鷲にさらわれ、二月堂下の杉の木に引っ掛けられていたのを、師の義淵が拾い、育てたという「良弁杉」説話は怪しくなりますが、新羅僧審祥に華厳を学び、官寺東大寺の初代別当となり、僧正に任ぜられ、後世、「金《こん》鷲《しゅう》菩薩《ぼさつ》」と讃えられる高僧ですから、この程度の伝承は当然でしょう。

宇佐八幡の黄金神託

「大仏鍍金用黄金の国産発見を示唆」した宇佐八幡の神託が、策士僧良弁に関わりあると『清浦本』にもあり、良弁の脛に傷ならぬ黄金を嵌めた粘土の自作神像で天皇に近づく話が真実ならば、万更荒唐無稽とも思われません。とにかく、黄金大仏《こがねおおぼとけ》でなければ、いくら巨大でも、唐の岩山大仏には敵《かな》いません。国内に金が全く産出しなかったか、というとそうではなく、『続紀　巻二』の、「文武天皇大宝元年（七〇一）三月十五日　追大肆の凡海宿禰麁鎌《おおしあまつのすくねあらかま》を陸奥《みちのく》に遣わして、金の精錬をさせた。三月二十一日　対馬嶋《つしまのしま》が金を貢《こう》じた。そこで新しく元号をたてて、大宝元年とした」とあるように、のちに駿河からも砂金が出ています。しかし、巨大仏に必要とする量（結果的には一万四百三十六両）は困難と、唐へ買い付けにゆくと決まりました。

僧良弁は、根っからの山師集団の出ですから、全国の鉱山には詳しく、とくにこの技術集団は渡来系の範疇でもありましたので、彼らとの情報は決して少なくはなかったと思われます。

良弁も畿内近辺の金の探査に出かけています。まず吉野の金峰山《きんぷせん》（かねのみたけ）の蔵王権現に祈願し、知識（寄進）を修験者に要請しました。彼らは良弁経由を拒否して、直接天皇に寄進し、大仏開眼後、下賜された余剰銅で金峰神社（蔵王堂）の鳥居、発心門を建立したといいます。

さらに良弁は、拒否された蔵王権現を逆手にとって「近江国志賀郡瀬田川の辺《ほとり》、老翁の坐す石上に如意輪観音を祀れば、黄金出土す」と告げられた、と奏上して勅許を得、実行祈祷します。すると、日ならずして、陸奥の黄金情報が伝えられました。

瀬田川辺とは、造東大寺司の一部として良弁が開創したと伝えられる石山寺のことです。もっともその奥が良弁の故地であり、百済系山師集団の権力範囲、栗太郡東峯の金勝山《こんぜざん》・信楽谷《しがらきだに》・老上川《おかみがわ》など砂金の目論める地域であったことはいうまでもありません。

さらに陸奥の黄金については、良弁にとって渡来人山師集団の情報網が、ある程度出来上がっていたのではないか、と思われます。しかも陸奥守《むつのかみ》百済王敬《くだらのこにしきのきょう》福《ふく》（第一章　古代人と神々　渡来人　参照）は、百済王家を出自とする貴族で、なかなかに社交的で、酒色を好みながらも貧者には、余財などを頓着せず、望外の物品を与えて拘らぬ放縦闊達な人物であったため、聖武天皇にはことのほか寵愛されました。天平十五年（七四三）六月三十日、陸奥守《みちんくのかみ》。天平十八年（七四六）四月四日、上総守《かずさのかみ》。ところが五ヶ月後の九月十四日には再度、陸奥守《みちのくのかみ》に赴任し、閏九月七日には従五位上に加叙されます。矢継ぎ早の奇妙な転任です。最初の陸奥守赴任も、『清浦本』では、金鉱探査を狙って志願したのではないか、とあります。この年、盧舎那仏建立詔書が発布されますから、天皇も百済王敬福の気構えに興味を抱かれたのかもしれません。そして三年後、目的実らず、上総守に移りますが、ここには无位《むい》の丈部大麻呂《はせつかいべおおまろ》なる優れた山師がいたのです。彼を使ってはどうか、と敬福に示唆《しさ》したのは、良弁ではなかったか、とこれも『清浦本』の推測です。山師という専門社会のことですから、二人に何らかの接触があったとみても、唐突ではありません。丈部大麻呂は、陸奥の産金地を知る蝦夷たちとも交流があったといいますから。

かくして、本格的な探鉱に当たった、陸奥守百済王敬福以下主だった関係者を、『清浦本』から引用しますと、次表のようになります。

身分	階位	姓名	渡来系	金採掘関係	叙位
守《かみ》	従五位上	百済王敬福	百済系	責任者	従三位
介《すけ》	従五位下	佐伯宿禰全成《またなり》		副責任	従五位上
大掾《だいじょう》	正六位上	余足人《あぐりのたるひと》	百済系	関係者	従五位下
鎮府判官	従五位下	大野朝臣横刀《おおののあそんたち》			従五位上
上総国人	无位《むい》	丈部《はせつかべ》大麻呂		探鉱者	従五位下
左京人	无位	朱牟須売《しゅのむすめ》	百済系	丈部の従者	外従五位下
陸奥人	私度僧	丸子連宮麻呂《わにこむらじみやまろ》		探鉱者	師位に入る
左京人	无位《むい》	戸《へ》浄山	百済系	冶金者	大初位《そい》
陸奥人	神主	日下部《くさかべ》深淵		探鉱関係者	外少位下

陸奥国府には探鉱関係、とりわけ渡来系の先進技術者を多数集めていました。敬福の再挑戦には、少なからぬ気負いが感じられます。

採取は砂金で、表面の窪んだ「揺《ゆ》り板《いた》」に、川砂を載せて水中で揺すると、軽い土砂が流れ、重い砂鉄と砂金が僅か板上に残る連続作業でした。作業地点は小田郡（現在の宮城県遠田郡の黄金神社付近）で、『東北鉱山風土記』（小野田匡高著）によると、この近辺の砂礫層分析結果では「一トン当たり、金〇・七グラム、銀一・五グラム含有」とあり、古代には川底に自然堆積した砂金量は夥しかっただろうといわれます。あるにはあるが、大仏鍍金を賄える量があろうとは、天皇はじめ貴族には、まだ思いもよらなかったのです。

天平二十年（七四八）、ついに唐への黄金買付け朝使の派遣を命じました。大宰府で渡海待機の途次、朝使は目的達成祈願のため宇佐八幡に参拝しました。このとき、下級巫覡《ふげき》（シャマン）であった大神《おおみわ》（「おおが」ともいう）が、

「求める黄金は国内にある、行かずともよい」

といきなりとんでもない神託を口走ります。朝使は、危険な渡海の旅を免れたと狂喜し、引き返しました。

聖武天皇の安堵ははかりしれません。この年の『続紀』、八月十七日の条には、

「八幡大神（宇佐八幡宮）の祝部《はふりべ》（神主・禰宜に従って祭祀を司る神職）で従八位上の大神宅女《おおみわのやかめ》・従八位上の大神杜女《もりめ》にそれぞれ外従五位下を授けた」と特進あるのみで、黄金神託には触れられず、その他の大仏建立記録はありませんから、前項「建立期間とその経過その一」に、この年は、敢えて省略しました。

では、なぜ八幡神がこのような神託を、いきなりしたのか、できたのか？

魔術のような予知・予言であり、この神託によって八幡神は、伊勢大神に次ぐ決定的権威の神に位置付けられました。

これこそ、全国の鉱山事情に詳しく大神にも百済王にも関係ある、良弁の示唆だと、『清浦本』は穿っています。良弁は、自らも畿内周辺を探鉱していて、陸奥の百済王敬福とは専門的な情報交換の機会もあったでしょう。同時に、西国の鉱山事情通にも詳しかったはずの宇佐八幡の大神氏とは、天平五年（七三三）、官

僧として良弁がはじめて宇佐八幡に派遣されて以来、交流がありました。

このときの八幡神には二社あり、八年前の「八幡大神造宮鎮地御導師」に行基が、今度は「比売大神造宮鎮地御導師」として良弁が勤めたのです。このときの祝部《はふりべ》が、大神《おおが》の宅女《やかめ》・杜女《もりめ》・田麻呂《たのまろ》でした。

第三章　八幡神の変貌「八幡神は応神天皇なり」の項にも書きましたが、大神は、地方神の八幡神《やわたのおおかみ》を官幣神へ祀り上げた功労者大神比義を祖し、大和から移住した神職です。しかも、鉱山に係わる渡来人ともいわれ、良弁とは、早くから親密な係わりが出来ていたようです。

いずれにしろ神託は、人智を超えた具現で、確率がより高ければ、崇敬度はそれに比して高まります。しかも、このときの国産黄金の多寡は、国を揺るがす一大事ですから、単なる占いどころではありません。もし良弁が、敬福の採金報告をある程度蓄積するまで留保させ、その間に神託工作を演出したとすれば、八幡神はいやがうえにも偉大神となり、一挙に大量の黄金を見た天皇はじめ貴族の、百済王敬福の評価は決定的でした。

越年した天平二十一年（七四九）は、依然、朝賀の儀式を中止し、元日から七日間は全国諸寺で悔過《けか》（懺悔の儀式）を行ない、金光明経を転読、殺生を禁断するという悲惨な年初であったのです。

旱天が続き、五穀はみのらず、官人の家族すら餓え、下総国では蝗《いなご》の大被害があり、石見国《いわみのくに》では疫病が蔓延し、都も騒然としていました。それに加えて、大仏建立の精神的支柱であった行基まで遷化《せんげ》したのです。

ところが『続紀』の記述は、ここで、つぎのように一挙に変化します。

「二月二十二日　陸奥国から、はじめて黄金《くがね》を貢進した。そこで、幣帛《みてぐら》を奉って畿内・七道の諸社にそのことを報告した。」

「夏四月一日　天皇は東大寺に行幸し、盧舎那仏像の前殿に出御し、北面して像に向かった。皇后（光明子《こうみょうし》）・皇太子（阿倍内親王《あべのひめみこ》）はともに近侍した。群臣・百官および一般の人民は分かれて前殿の後方にならんだ。天皇は勅《みことのり》して、左大臣・橘宿禰諸兄《たちばなのすくねもろえ》を遣わし大仏に次のように述べさせた（宣命体《せんみょうたい》）。

三宝《ほとけ》の奴《やっこ》としてお仕え申し上げている天皇の大命《おおみこと》として、盧舎那仏像《るしゃなぶつぞう》の御前に申し上げよう、と仰せられます。この大倭国《おおやまとのくに》では開闢《かいびゃく》以来、黄金《くがね》は他国《とつくに》より献上することはあっても、この国にはないものと思っていたところ、統治している国内の東方の陸奥国の国守である、従五位上の百済王《くだらのこにしき》敬福《きょうふく》が、管内の小田《おだ》郡に黄金が出ましたと申し献上してきました。これを聞いて天皇は驚き、喜び、貴《とうと》んで思われるに、これは盧舎那仏がお恵み下さり、祝福して頂いた物とであると思い、受け賜わり恐《かしこ》まっていただき、百官の役人たちを率いて礼拝してお仕えすることを、口に出すのも恐れ多い三宝《みほとけ》の御前に、かしこまりかしこまって申し上げますことを申します。

つづいて従三位・中務《なかつかさ》卿の石上《いそのがみ》朝臣《あそん》乙麻呂《おとまろ》が、次のように宣命します。

（前略・盧舎那仏の建立を）多くの人々は成功しないではないかと疑い、朕は金《くがね》が足りないのではないかと憂いていたところ、三宝《ほとけ》の特に不思議なお言葉の験《しる》し（宇佐八幡の神託を指す）を蒙り、天においでになる神、地においでになる神が、互いによしとされ祝福を下され、また先祖の天皇たちの御霊《みたま》が恵みたまい、撫でいつくしみたまうことによって、その金《くがね》を出現させられたのであろうとお思いになれば、金を賜わったことを喜び、そのことを貴いものとし、進むことも退くことも知らずに、夜も昼も恐れ多く思っているが、それは天下を撫で恵まれることが理にかなった賢君の御代にこそあるべきであるのに、拙く頼りない朕の時代に出現させお示し頂いたことは、勿体《もったい》なく恥かしく思います。そこで朕一人がどうして貴い大瑞《たいずい》をお受けすべきであろうか、天下の人々と共に頂きお受けして歓ばせることが道理であろうと神として思し召され、皆をお恵みになり、お治めになって、御代の年号に文字を加えると仰せられる天皇の大命を皆承れと仰せられる。（以下略）」

宣命は現代語に訳すと長々しくなりますが、黄金発見は神々と祖霊のお蔭であるとして、社寺には神田を贈り、人民の大赦や免租、関係者に昇進などをしています。なかでも筆頭は従五位上の百済王敬福で、いきなり従三位と破格の昇進をしました。

四月十四日　天皇は、再度、東大寺に行幸され、正一位に昇進した左大臣橘諸兄以下百官および一般人民は皆、順序に従って行列し、並びました。この日をもって、年号に「天平感宝元年」としました。

四月二十二日　陸奥守・従三位百済王敬福は黄金九百両（一二・六キログラム）を貢進しました。

これこそ八幡大神の神託の賜物であるとして、宇佐八幡への上分《じょうぶん》百二十両が貢納されました（『八幡宇佐宮御宣託集　験第六』）。（注、上分とは、古代から中世まで、社寺へ年貢以外の供祭費用として貢納するものをいった）

さきに錬金の総使用量一万四百三十六両（四四〇キログラム）、産出地陸奥（宮城県）、対馬（長崎県）、駿河（静岡県）と書きました。いうまでもなく陸奥の初回の貢進量がダントツであったのです。

五月十一日　この日、陸奥国介・従五位下佐伯宿禰全成以下現地関係者の昇進が、さきに示した通り伝えられました。権力を得るには、昔も今も物流が尖兵で、自国産物をまず献上することです。

一方、その上長官衙の一つ東大寺大仏造営もまた、財政を強固にするため、越前や越中に広大な荘園を設けました。

他国では、これまで以上に中央を意識した動きができます。五月十五日の条に、わたしの郷里にあたる「伊予国宇和郡の外初位下の凡直《おおしのあたい》鎌足《かまたり》なる人物が、国分寺に寄進の物を献上し、外従五位下を授けられた」と『続紀』に載っているのは、僻地とはいえ黙視できない記録です。

建立期間とその経過　その二

④のⅡ　天平勝宝元年（七四九）

七月二日　病弱な聖武天皇は、大仏完成見込みを確信したのを機に譲位を決意し、聖武太上天皇《だいじょうてんのう》となられました。替わって、未婚の娘である皇太子、阿倍内親王が即位されました。四十六代孝謙天皇です。

この年は、この日から三度目の改元「天平勝宝」となりました。わずか二ヶ月半で「感宝」が消えたのです。宝に感動し、そして勝とは、いかにも古代人らしい命名です。

十月九日　孝謙天皇は、河内国の知識寺に行幸されました。かつて聖武太上天皇と光明皇太后が立寄られ、大仏発願契機となった寺です。

十月二十四日　約二年間掛って、ようやく大仏の鋳造を終えました。大仏は、鋳造炉の足場にした土の中にすっぽり埋まっていて、まさに小山の感じです。

この日から約二ヶ月かけて、盛土を除き鋳型を壊すと、ようやく青銅の盧舎那仏座像が姿を現したのですが、もちろん鋳物は鬆《す》だらけです。溶融青銅は、冷却収縮時にガスが泡になって空洞を生みます、これを鬆といい、巣の文字を宛てることもある現象で、一概に鋳造の失敗ではありません。鋳型を壊して見なければ、何処にどれほどの鬆があるか判りません。この補修作業を「鋳加《いくわ》え（鋳かけ）」といい、その次は「鋳浚《いさら》え」です。鑢《やすり》や鏨《たがね》で仕上げ、さらに「きさげ」なる鋼鐵刃物で一皮剥《む》き、砥石《といし》で磨いて、表面を滑らかにします。このために使われた銅は約一六トン、鋳造よりも長い期間、天平勝宝二年（七五〇）一月から同七年（七五五）一月までかかりました。この間、大仏周囲に作業足場が組まれ、多くの鋳工・銅工・金工らが、へばり付いて根気仕事に明け暮れました。

大仏の頭には高さ一尺二寸（約三六センチ）、直径六寸（約一八センチ）の螺髻《らけい》（螺髪《らほつ》）が九百六十六個あり、さらに眉間には白毫《びゃくごう》（仏が光を放つという白い毛）がありますが、いずれも別の場所で造って、十二月から取り付けがはじまっています。螺髻だけでも、使用銅六・三トン、製作日数五百六十日と記録されています。

さらに、大仏塑像の内部の骨組みや土砂は、鍍金前にその効率を上げるために、除去しなければなりません。これこそ闇の中のわずかな光に頼る苦役だったことでしょう。

大仏と併行して、この年から大仏殿の建設がはじまっています。建材は、甲賀山、伊賀山、田上山、高島山などに設けられた山作所に集められ、木津川を経て運ばれました。直径一・五メートル、長さ約三〇メートルの柱だけでも八十四本使われています。

同じ頃、造瓦所の瓦窯も各所に設けられ、百済渡来の瓦博士指導による工人が立ち働いていました。現在の大仏殿は、創建時より間口が三一メートルも狭くなっていますが、それでも瓦は十万九千枚といいますから、当時の規模のほどがわかります。

八幡大神、盧舎那《るしゃな》仏の守護神となる

八幡神は、「大仏の鍍金は国内産で間に合う」と神託して国中を敬服させたのを契機に、大仏の守護神、すなわち平城京の守護神として出て来られました。

天平勝宝元年（七四九）の、八幡大神平城京鎮座関連事項を『続紀　巻十七』から抜粋しますと次の通りで、いかに国家行事として盛大を極めたかを知ることができます。

十一月一日　八幡大神《やわたのおおかみ》（宇佐八幡宮の神）の禰宜《ねぎ》・外従五位下の大神杜女《おおがのもりめ》、主神司《かんづかさ》の従八位下の大神田麻呂《おおがのたまろ》の二人に大神朝臣《おおがのあそん》の氏姓を賜わった。

十一月十九日　八幡大神は、「吾京に向かわん」と託宣して、平城京に向かわれた。

十一月二十四日　参議・従四位上の石川朝臣年足、侍従・従五位下の藤原朝臣魚名《うおな》らを遣わして、彼らを八幡大神の迎神使とした。路次の諸国は、兵士百人以上を徴発して、前後を固め妨害を排除させた。また八幡大神の通過する国では、殺生を禁断した。その八幡大神の入京に従う人のもてなしには、酒や獣肉を使用せず、道路を清掃してよごれやけがれをさせなかった。

（付記　旅神輿のご神体は、隼人征伐の際豊前国下毛郡野仲郷《しもげのこおりのなかのごう》（中津市大貞）の宝池（三角池《みすみいけ》）に群生する薦《こも》を刈って枕（御験《みしるし》）を作った故事（参照　第四章　八幡神の隼人征伐）に倣いました。古来人は枕をものごとの拠りどころ、とくに魂が宿るとしていました）

十二月十八日　五位の官人十人、散位《さんい》二十人、六衛府《えふ》の舎人《とねり》それぞれ二十人を派遣して（総計百五十人）、八幡大神を平群《へぐり》郡に迎えさせた。この日、八幡大神は平城京へ入られた。そこで宮の前の梨原《なしはら》宮においで、新殿を造って神宮とし、僧四十人を請じて、悔過《けか》の行を七日間行った。（注、この新殿が、東大寺鎮守の「手向山《たむけやま》八幡宮《はちまんぐう》」となりました）

十二月二十七日　八幡大神の禰宜《ねぎ》尼・大神朝臣杜女が、天皇と同じ紫色の輿に乗って、東大寺に参拝した。

孝謙天皇・聖武太上天皇・光明子皇太后も同じく行幸された。この日、百官および諸氏たちすべてが、東大寺に参拝した。僧五千人を請じ、礼仏読経させ、大唐樂・渤海樂《ぼっかいのがく》・呉樂《くれのがく》と五節《ごせち》の田儛《でんまい》・久米儛《くめのまい》を上演させた。その上で八幡大神《やわたのおおかみ》に一品《いっぽん》、比咩神《ひめかみ》に二品《にほん》を賜わった。（注、品位《ほんい》は令に定められた親王・内親王の階位で、一品から四品まであり、品田《ほんでん》・品封《ほんぷ》を賜わりました）

左大臣の橘宿禰諸兄は、天皇の詔をうけたまわって、大神に次のように申した（宣命体）。

聖武天皇の御命として申し上げますと申されるには、去る辰《たつ》年（天平十二年・七四〇）河内国大県郡《おおあがた》の知識寺（現柏原市太平寺という）においでになり、盧舎那《るしゃな》仏を拝み奉って、朕もお造り申し上げようと思ったが、出来ないでいる間に、豊前《ぶぜん》国宇佐郡においでになる広幡の八幡大神が仰せられるには、「神であるわれは、天神地祇を率い奉って、必ず造仏を成就させよう。それは特別なことではなく、銅《あかがね》の湯を水となし、わが身を草木土に交えて、支障が起こることなく、無事完成させよう（八幡大神を祖神とする渡来人は、鋳造技術に長けた集団という証ともいえます）」と仰せられたが、それが成就したので喜ばしいことであるとお思いになります。そこで、このままにすまされず、恐れ多いことでありますが、大神に冠位を献上しようということを、かしこまって申し上げますとおっしゃいます。

尼杜女に従四位下を、主神司大神朝臣田麻呂には外従五位下を授けられ、東大寺には、封戸を四千戸、奴を百人、婢百人を施入し、東大寺造営に参加した人には功労が施され叙位を賜わりました。

翌天平勝宝二年（七五〇）二月二十九日　一品の宇佐八幡宮の大神に封戸八百戸（これまでは四百二十戸）、位田八十町（これまでは五十町）、二品の比売神には封戸六百戸・位田六十町を寄進されました。

都から遠く離れた豊国の山襞に坐《ま》します八幡大神が、いきなり分神を都へ送り、総国分寺東大寺の常住守護神になられたことは、文字通り国家鎮護の神と認められ、天皇の祖神伊勢神宮に次ぐ第二の総廟に昇格したといえましょう。

建立期間とその経過　その三

⑤　**天平勝宝二年**（七五〇）

一月　大仏の鋳加《いくわ》え（鋳かけ）が本格的にはじまりました。

⑥　**天平勝宝三年**（七五一）

六月　大仏螺髻《らけい》の取り付けは、一年七ヶ月かけてようやく終了しました。

九月二十三日　大仏脇侍の観音・虚空蔵の両菩薩が完成。塑像か乾漆像であったらしく、現存しません。このころ造東大寺司の造仏所では、国君麻呂《くにのきみまろ》を中心に多数の仏像が造られています。東大寺三月堂の不空羂索観音菩薩は、その代表作の一つです。

⑦　**天平勝宝四年**（七五二）

二月　銅座蓮華の刻画開始。二十八葉の上向き花弁の一葉一葉に鏨《たがね》で彫られる刻画の蓮華蔵世界は、華厳経に諭す「一世界↓小千世界↓中千世界↓大千世界」の上に、盧舎那仏が坐っておられる、という表現で、大仏建立の重要な部分です。われわれ人間は、最初の「一世界」に蠢いている小さな存在であり、大仏はそれを慈しむ大宇宙そのものなのですから、開眼法会《かいげんほうえ》前に、なんとしても仕上げなげればなりません。

因みに、現在の大仏はほとんど後世に作り変えられていますが、この蓮華刻画の一部には創建当時のものが残っているそうです。

三月十四日　ようやく鍍金が始まりました。この年は三月が閏月でしたので、開眼法会の釈迦誕生日四月八日（実際は一日遅れの四月九日であった）までに五十三日あったのですが、もちろんそれではごく一部の鍍金しか出来ません。鍍金は水銀に金の薄板や砂金などを混ぜて、アマルガムにします。このペースト状金アマルガムを、鋳浚《いさら》えした滑らかな青銅表面を酢（梅酢など）で拭った上に、塗りつけます。常温で液体の水銀は、摂氏三百五十六・六度で沸騰し蒸発しますので、あとに金が残って表面に定着します。この作業を繰返して金の層を厚くし、鉄篦《てつへら》で磨くと、はじめ白色だった表面に艶が出て黄金色に輝くのです。ただ、水銀は、蒸発時に有毒ガスを発します。とくにこの時点では大仏殿の建造が始まっていて、大勢の作業者がいて、五年もかかっていますから、ガス被害者は少なくなかったでしょうが、記録にはありません。

夏四月九日　東大寺の盧舎那《るしゃな》大仏の像が完成して、開眼供養《かいげんくよう》をしました。この日、孝謙天皇は東大寺に行幸され、天皇みずから文武の官人たちをひきつれて、供養の食事を設け、盛大な法会が行われました。その儀式は、まったく元日のそれと同じででした。五位以上の官人は礼服を着用し、六位以下の官人は位階に相当した朝服を着用しました。僧一万人が招請され、それまでに雅楽寮および諸寺のさまざまの樂人が、すべて集められました。また、皇族・官人・諸氏族による五節《ごせち》の舞・久米儛《くめまい》・楯伏《たてふし》（楯・刀などを持って舞う）・踏歌《とうか》（あらればしり）・袍袴《ほうこ》（袍や袴をつけた舞）などの歌舞が行われました。東西に分かれて歌い、それぞれの庭で演奏しました。その状況たるや、まことに素晴らしく、一々書き尽くせない程で、仏法が東方に伝わって以来、斎会《さいえ》（食事を供する法会）として、未だかってこのような盛大な催しはありませんでした。

この日の夕べ、天皇は、大納言の藤原朝臣仲麻呂の田村第《たむらてい》（左京四条二坊の東半分八町。法華寺の南）に入られ、御在所とされました。

この日の『続紀』の記述は以上で、これには漏れていますが、白い蓋《きぬかさ》をかざした輿に乗って、南門から入ってきた菩提僊那《せんな》が、開眼導師を務めました。僊那は、天平八年（七三六）、遣唐使の要請に応えて来日したインド人の僧です。僊那の持つ開眼筆には、五色の縷《る》（長さ約二一五メートル）が結ばれていて、これを聖武太上天皇はじめ参列者が握り、導師共々大仏開眼の感激に浸りました。僊那僧正がどのようにして高さ一六メートルもある大仏のお目に、筆で瞳を描いたかは不明ですが、この筆と縷は正倉院御物として現存しています。なお、舞楽も『続紀』記録以外に唐散樂・中樂・古樂・高麗樂・度羅樂・ベトナムやカンボジア地方の林邑樂なども舞われ奏されました。

この日の華麗な行事は、正倉院宝物から窺い知ることができます。政事《まつりごと》に占めるシャマン（巫覡《ふげき》）の激しさとくらべ、美術工芸的文化の進展度は現在と大差なく、むしろ中近東アジア伝来の優れた工芸技法「平脱《へいだつ》（平文《ひょうもん》）」や「木画」のような現在では廃れたものまで当時は盛んで、いうなれば中国唐代文化の到達した完成地点が、平城京であったのです。もちろん美術工芸ばかりではなく、この時からでも千二百年遡る道教や儒教、インドで完成された仏教のような宗教理論までが、文字となって大勢の知識人とともに、滔々と渡来した時代でした。

輝き、冴え渡った、しかもそれなりに濾過された渡来文化が、西の筑紫から畿内を経由して東の陸奥へと、瞬く間に全土へ浸透してゆき、「倭国」から「日本国」へと一挙に華ひらく、その一大イベントがこの大仏開眼法会でした。しかも、それを裏面でコンダクトしたのが、いかにも謎めいていながら、的確な指針となった八幡大神の神託であったとは。

⑧　天平勝宝六年（七五四）

四月五日　鑑真和上《がんじんわじょう》（六八八～七六三）が大仏殿前に戒壇を設け、聖武太上天皇、孝謙天皇らに戒律を授けました。

鑑真は、唐の学僧で揚州江陽県の人、栄叡《ようえい》ら入唐僧の懇請に応えて、暴風・失明などの苦難の末、天平勝宝五年（七五三）に来日、のちに唐招提寺を建立、「大和上《だいわじょう》」の号を賜わった日本律宗の祖といわれる人物です。

⑨　天平勝宝七年（七五五）

一月　大仏の鋳加えが、約五ヶ年の歳月を経てようやく終了しました。

⑩　天平勝宝八年（七五六）

五月二日　聖武太上天皇薨去。

七月二十七日　大仏蓮華座の刻画にも約四年半かかりましたが、ようやく完成しました。

⑪　天平宝字元年（七五七）

五月二日　聖武太上天皇一周忌にあわせて、約五年かかった大仏鍍金と大仏殿が完成しました。

⑫　宝亀二年（七七一）

この年、大仏の木造光背《こうはい》（化仏《けぶつ》五三六体。江戸期製作の現在の光背は一六体）が完成しました。聖武天皇が河内智識寺の盧舎那《るしゃな》仏を拝して、大仏建立を発願されてから三十一年かかったことになります。

大仏と大仏殿の建設費用を現在の価格に直すと約四六五七億円とか。動員人数は、

材木関係　技術者　　五万一五九〇人
　　　　　労働者　一六六万　五七一人
金属関係　技術者　　三七万二〇七五人
　　　　　労働者　　五一万四九〇二人

延べ二六〇万三六三八人ですから、当時の総人口の二分の一程度が動員されたという勘定になろうと、歴史学者は言っています。

衆目の大事業には違いありませんが、実は十五年後の延暦五年（七八六）には、早くも大仏の尻に裂け目が出来、やがて左手が落ちます。天長四年（八二七）四月十七日、尻が折れ、頭まで傾きましたので、大仏の後ろに支えの土山を築きました。斉衡二年（八五五）五月二十三日の地震では、遂に頭部が落下してしまいます。貞観三年（八六一）三月十四日、頭を取り付け、開眼供養をしました。

以後も、平重衡の焼き討ち（一一八〇）、三好・松永の戦（一五六七）と被災によって、雨ざらしの木製銅板頭部で間に合わせた時代もありました。

元禄四年（一六九一）、鋳物師・弥右衛門国重が大仏を修理し、宝永六年（一七〇九）には、現存大仏殿の落慶法会がなされました。大仏は明治・大正・昭和に、大仏殿は昭和に大修理を行ない現在に至っています。

第七章　孝謙・称徳時代の八幡神

橘奈良麻呂の乱

天平感宝元年（七四九）七月二日、八幡神の託宣により大仏の完成を見極めた聖武天皇が、二十五年間の皇位を未婚の一人娘で皇太子の阿倍内親王に譲り、同時に出家されたことは、さきに述べました。

これまで女性天皇の退位はありますが、男子は聖武天皇がはじめてです。生来、病弱で情緒に神経症的揺れが感じられ、数度の遷都や無謀に国費を投じた巨大金銅仏建立には、一刻も早く皇位の束縛から逃れたい苛立《いらだ》ちすら覚えます。こんにち、正倉院には天皇の使われた石薬《せきやく》が六十種も残っており、豪華絢爛《ごうかけんらん》たる文化とは裏腹の、不安な日々が垣間見えます。

その聖武天皇の陰の部分まで受継がれたような、日本で唯一の女性皇太子から即位されたのが孝謙天皇（七一八〜七七〇）です。これまでの中継ぎ的女帝とは違い、学識豊富な一見苦労知らずの三十一歳の孝謙天皇でしたが、聖武太上天皇と、実母にしてこれまた前例を無視して皇族以外から皇后になった光明子皇太后とに、ことごとく後見、いや監視されていました。

孝謙天皇ご自身、「単に中継ぎ」と思っておられたかどうかは判りません。取巻きの藤原家はじめ貴族は、

「血族男子天皇」に固執し、自分たちの意に添う男子を立てようと、派閥を組み、互いに殺戮の悲劇まで繰返すようになります。これが、孝謙、のちに重祚して称徳となられる女性天皇の時代であったといえましょう。

母の光明子皇太后の宮には、律令にない家政機関がありました。

天平感宝元年（七四九）、これを「紫微中台《しびちゅうだい》」という皇太后が政事・軍事にまで直接指示命令する令外官司《りょうげのかんつかさ》に改めました。すなわち天皇の後見機関で、国家権力がここへ移行していったことはいうまでもありません。天平宝字元年（七五七）五月、長官には光明子皇太后の甥で、寵愛されていた藤原南家の次男、大納言藤原仲麻呂が、紫微内相《しびないそう》（軍事権を併せ持つ役）に任命されました。

より血統の近い男子皇族が即位し、力ある皇族や貴族が官人として周囲を固め、それを財力ある地方豪族（このなかに知力ある渡来系集団がいます）が支える社会構造ですから、いかに己に有利な体制にするか、権謀術策が渦巻くのは、いうまでもありません。

その前年、天平感宝八年（七五六）五月二日、病弱とはいえ謀臣たちの柵《しがらみ》になられていた聖武太上天皇が、崩御されました。忽ちに近親の鬩《せめ》ぎ合いがはじまると予知されていた聖武太上天皇は、皇太子には天武天皇の孫にあたる、新田部《にいたべ》親王の子道祖王《ふなどのおおきみ》（?〜七五七）を、遺言されました。

一応、道祖王《ふなどのおおきみ》を皇太子に任命しましたが、翌天平宝字元年（七五七）三月、「太上天皇の喪中にかかわらず、侍童と淫欲をほしいままにする皇太子は許せない」と孝謙天皇自らが廃太子してしまわれました。

替わりに、藤原南家の長者豊成（七〇四〜七六六、右大臣）と藤原北家の長者永手《ながて》（七一四〜七七一）が、天武天皇の孫で新田部親王の子塩焼王（?〜七六四。妻は聖武太上天皇の娘不破内親王、孝謙天皇とは腹違いの妹）を推薦しますが、聖武天皇に無礼があったという奇妙な理由で、これも孝謙天皇に反対されて実現しません。

次が、紫微中台令藤原仲麻呂推挙の、舎人《とねり》親王の第七子で、天武天皇の孫にあたる大炊王《おおいのおおきみ》（七三三〜七六五）でした。仲麻呂の亡くした長子真従《まより》の未亡人粟田《あわたの》諸姉《もろえ》を妻とする大炊王は、仲麻呂邸に住み、そのままここを皇太子邸としてしまいました。

反仲麻呂勢力の首謀者橘奈良麻呂（七二一?〜七五七）は、父橘諸兄ともども聖武天皇に仕え、信任厚い父子でした。天皇退位後、諸兄は、酒席で不敬の言動があったと讒訴《ざんそ》され、自ら左大臣の職を辞したばかりか、聖武太上天皇没後、追うように翌天平宝字元年（七五七）一月、死去しました。息子奈良麻呂は、藤原仲麻呂の専横を憎み、反仲麻呂派を糾合、その暗殺を画策しました。

仲麻呂側もそれを察知してか、六月九日、いちはやく氏族の長者に次の布告をします。① 公用を差し置いた氏族会合の禁止。② 王族・臣下所有の馬数は格により制限されている、それ以上の飼育禁止。③ 令に定めた以上の武器所有禁止。④ 武官を除き参内時の武器佩用厳禁。⑤ 宮中で二十騎以上の集団行動禁止。

六月二十八日、山背王《やましろのおう》から橘奈良麻呂らの謀議が密告され、事態は急展開しました。『続紀　巻二十』の大半は、この顛末に費やされていて、反仲麻呂一派は、皇族や貴族といえども論外で、徹底的に淘汰されてしまいました。

主な被害者を列記しますと、

皇族

安宿王《あすかべおう》（正四位下・讃岐守。長屋王の子、母は藤原不比等の娘長娥子）　事情を知らず黄文王《きぶみおう》仲介の謀議に加わっただけで、妻子とも佐渡国へ流罪。のち許されて臣籍降下し高階真人《たかなしまひと》の姓を賜う。

黄文王（?〜七五七、従四位上・散位頭。長屋王の子、母は藤原不比等の娘長娥子）　「久奈多夫礼《くなたふれ》（誑《たぶら》かす者）」と改名させられたうえに、杖で拷問《ごうもん》、獄死。

道祖王《ふなどおう》（?〜七五七、前皇太子。天武天皇の孫）「麻度比《まどひ》（惑《まど》い者）」と改名させられ、杖で拷問《ごうもん》、獄死。

橘氏

橘奈良麻呂（七二一?〜七五七、正四位下・参議。諸兄の子、二代目橘氏長者）　杖で拷問されて獄死（?）。実は、最大の首謀者であるのに、『続紀』にはその処置が不明で、史学者は他と同様獄死と推理しています。奈良麻呂は、彼の死後に生れた息子・清友の娘、嘉智子が五十二代嵯峨天皇の妃になって五十四代仁明天皇を生んだので、のちに正一位・太政大臣を贈られました。

藤原南家

藤原豊成《とよなり》（七〇四～七六六、正二位・右大臣、仲麻呂の兄）
大宰府員外帥に左遷、ただし病気と称し八年間隠棲。藤原仲麻呂が道鏡排斥に失敗して殺害されると、従一位・右大臣に復帰。

藤原乙縄《おとただ》（?～七八一、正六位上、豊成の三男）
日頃、奈良麻呂と昵懇を理由に日向国《ひゅうがのくに》の員外掾《いんがいのじょう》に左遷。後年、藤原仲麻呂の乱の後で、従五位下を叙爵、最終官位は参議従四位上・守刑部卿。

多治比《たじひ》氏

多治比広足《ひろたり》（六八一～七六〇、従三位・中納言。多治比氏長者）　一族から犢養・礼麻呂・鷹主等複数の処罰者を出した責任を咎められ中納言を解任。以後出仕せず。

多治比国人《くにひと》（従四位下・遠江守）　伊豆国へ流罪

多治比犢養《こうしかい》（?～七五七、従五位上）　杖で拷問《ごうもん》され獄死。

多治比礼麻呂　獄死？

多治比鷹主　獄死？

大伴《おおとも》氏

大伴古麻呂《こまろ》（遣唐留学生、正四位・左大弁、一族の長者）
捕縛の翌日、杖で拷問《ごうもん》され獄死。

大伴古慈斐《こしび》（六九五～七七七、従四位上・土佐守）
見込まれて藤原不比等の娘を妻にしていたほどの秀才でしたが、仲麻呂に疎まれ奈良麻呂の乱に連座、任地の土佐国でそのまま流罪。のち許され、最終官位は大和守従三位。

大伴池主《いけぬし》（?～七五七?）　獄死？

大伴兄人　獄死？

佐伯《さえき》氏

佐伯全成《またなり》（?～七五七、従五位上・陸奥守）　奈良麻呂から再三謀議に勧誘されたが、批判的であった。謀最終謀議に同席したかどうか、定かではない。謀反の証言を強いられ、素直に応えたのち、一族の長として自殺。

佐伯大成《おおなり》（従五位下・信濃守）　任地の信濃国でそのまま流罪。

賀茂氏

賀茂角足《かものつのたり》（?～七五七、正五位上・遠江守）　藤原仲

麻呂の側近であったが、比判を浴び、「乃呂志《のろし》（のろま者）」と改名させられ、杖による拷問《ごうもん》で獄死。

小野氏

小野東人《あずまびと》（?〜七五七、従五位上・前備前守《さきのぶぜんのかみ》、大徳冠小野妹子の後裔）　杖で拷問《ごうもん》され獄死。

その他

答本忠節《とうほちゅうせつ》（外従五位下）　獄死？

山田三井宿禰比売嶋《やまだみいすくねひめしま》（従五位下）　天皇の乳母で、しかも亡くなっていたが、奈良麻呂に加担したとして、「御母《みおも》」の称を削り、宿禰姓を奪い、もとの山田史《やまだのふひと》と改めさせた。天平宝字元年（七五七）八月二日に、彼女だけの処罰勅語が出ている（『続紀』）。

第一密告者山背王（?〜七六三）は、安宿王、黄文王と同じ、父は長屋王・母は藤原不比等の娘長娥子《ながこ》という実の兄弟であり、情愛などかけらも感じられない行動をとったのです。しかも密告の功労賞として、七月五日、従三位に叙せられ、その直後には臣籍降下し藤原弟貞《ふじわらのおとさだ》と名乗ります。最終官位は従三位・参議礼部卿でした。

山背王密告と同じ六月二十八日夕刻、中衛舎人・従八位上の上道臣斐太都《かみつみちのおみひたつ》（?〜七六七、備前国上道郡《かみつみちぐん》出身）も、小野東人に呼ばれ、大炊王皇太子と仲麻呂を殺害する計画がある、謀議は、黄文王・安宿王・橘奈良麻呂・大伴古麻呂ら、精兵四百で大炊王の田村宮を包囲、他には、任地へ向かう陸奥鎮守府将軍大伴古麻呂が、途中、美濃の関に着くと病気と詐《いつわ》り、関所を閉ざす、と誘われたので、敢えて協力するそぶりを見せて、仲麻呂に詳細を報告しました。この功績で上道斐太都は、いきなり従八位上から従四位下へ、さらに朝臣姓を賜わります。以後、美濃守、右勇士督、備前守と歴任、淳仁天皇の側近となって仲麻呂の懐刀となってゆきます。

事件の少し前、右大弁・巨勢朝臣堺麻呂も、答本忠節の家で、大伴古麻呂・小野東人・藤原豊成らの密談を偶然に聴き、仲麻呂に報告しました。のち堺麻呂は、従三位・紫微少弼《しびしょうひつ》・左大弁兼任へと昇進してゆきます。

まったくの未遂事件にかかわらず、その大量処置は激しく、ほとんどが訊問中の撲殺であり、これによって大伴、佐伯など古代からの武門の名家は、藤原によって淘汰されました。それにしても、改名までして殺すとは、ヒステリックな女性天皇のあざとさが垣間見えてなりません。

厭魅《えんみ》事件

ここにいま一つ、橘奈良麻呂の乱の少し前に、八幡神のかかわった奇異な事件が起きています。

この時代の権力には、武力、財力、血縁力の他に、神の託宣比重が大きかったことはいうまでもありません。特に東大寺大仏を完成へ導いたとされる霊験灼《あらたか》な八幡大菩薩の神託こそは、どの神よりも強烈でした。この事件は、強烈なものには、裏目もまた強烈、という証ともいえるものでした。

天平勝宝六年（七五四）、神託を司る八幡神宮神主大神田麻呂と禰宜杜女《ねぎもりめ》が、薬師寺の僧行信《ぎょうしん》と共謀して厭魅《えんみ》し、行信は十一月二十四日に下野薬師寺へ、二十七日には従四位下の大神朝臣杜女と、外従五位下の大神朝臣田麻呂（この個所の『続紀』の記述は「多麻呂」とある）を本姓に戻し、杜女は日向国《ひゅうがのくに》へ、田麻呂は多褹《たね》嶋《しま》（種子島）へ、それぞれ遠流《おんる》されたのです。

欠員になった八幡神宮の禰宜・祝《はうり》には、別人を補任して糊塗し、大仏完成に協力した功績で拝領の封戸位田や雑物まで、すべて大宰府に没収されてしまいました。

ところが、翌天平勝宝七年（七五五）三月二十八日には、宇佐郡の百姓津守比刀《つもりのひと》なる者の申請によって、宇佐郡司経由で豊前国司から次の解《たつし》があり、若干改められました。

八幡大神の「神である吾は、矯《た》めた神託は望まない（厭魅をいう）。さきに請けた封戸千四百戸、位田百四十町は、使うところがなく、山野に捨てるようなものだから、朝廷にお返しする。ただ常の神田だけは保留しよう」なる神託に従い、厭魅事件を一段落させてしまったのです（中野幡能『八幡信仰』）。

津守比刀なる一百姓がどんな人物か、不明ですが、そのころの宇佐郡司は、八幡神の一柱である比咩神《ひめのかみ》とかかわる辛嶋氏でした。宇佐八幡には、応神天皇の御霊と称する八幡大神のほかに、原始信仰時代からの渡来祖神（？）比咩神が祀られ、辛嶋氏は、初期渡来人といわれる宇佐氏と繋がりのある神職です。（注、「第二章　八幡神の誕生」参照）

東大寺の守護神を買って出て、一躍全国に名を高めた八幡神の華やかな功績によって、天平勝宝元年（七四九）十一月一日に、八幡大神《やわたのおおかみ》の禰宜《ねぎ》・外従五位下の大神杜女《おおがのもりめ》と主神司《かんづかさ》・従八位下の大神田麻呂《おおがのたまろ》は、大神朝臣《おおがのあそん》の氏姓を賜わったと述べましたが、この事件は、そのわずか五年後のことで、神に使える身とはいえ、大神一族転落の激しさを感じます。

「厭魅」とは、呪《のろ》い殺す呪法《じゅほう》です。では、何を、誰を呪ったのか、『続紀』には全く触れられていません。この年は、光明子皇太后の病気、聖武の母藤原宮子の死と朝廷でも不幸続きでしたが、史学者にもまだ充分な原因調査がなされていません。たとえば梅原猛氏の『海人と天皇』の「第十九章　道鏡と天皇」では、行信は、良弁《ろうべん》同様に行基の弟子で、東大寺の出現によって、これまで伊勢大神と仲の良い藤原氏の氏神春日明神と同体ともいうべき氏寺興福寺の上に、新たに新興僧侶集団が支える国家第一の寺、東大寺ができたための政治的抗争が、この事件ではなかったのだろうか、と解いています。確かに、行信の出自は定かでなく、行基一統が勢力を増していたばかりか、僻遠からの神八幡神までが、藤原氏が構築した政治宗教体制を揺るがしかねないと、危惧された現象か、ともいえましょう。

宇佐八幡でも、「八幡神は応神天皇なり」と唱え、いきなり伊勢大神に次ぐ偉大な神に、八幡神を格上げした功績ある大神氏一族が、忽然、追放され、原始八幡神比咩神からの辛嶋氏が復活したのは、何らかの内部抗争があったと思いたくなります。

旅に出られた八幡神

厭魅事件を知った八幡神が、天平勝宝七年（七五五）三月二十八日、「神である吾は、いつわりを言って神の宣託にかこつけることは願わない。先に請け取った封戸千四百戸・位田百四十町は役に立たない。山野に捨てたようなものだから、朝廷にお返しする。ただ、常に使っている神田だけは留めおきたい」と神託された

ことは『続紀』の通りですが、さらに、同年の『承和縁起』には、禰宜大神杜女に対し、

「汝等穢有過、神吾自今不帰、文則退給。従大虚渡大海、移坐伊予国宇和嶺（汝等は穢《けが》れていて過《あやま》ちがある。神である吾は、今より帰らないから、お前たちはやめなさい。大空から大海を渡って、伊予国宇和嶺に移る）」

と、神自ら旅に出るといわれました。社殿はあっても神さま不在では、奉仕する面々は、やめざるをえません。嫌われた巫女の大神杜女と、宮司の大神田麻呂は遠流されていましたから、代人が神がかりしても、神語を人語にかえて口走り、それを他の神官が料紙に書き取り、神宮司を経て大宰府から朝廷へ報告する仕組みが、充分機能したかどうか。無形の神が対象ですから、オロオロする関係者の時間だけが流れていました。ただ、宇佐八幡には、八幡神のほかに在来の比咩神がおられます。見えない聞こえない神の旅にかかわりなく、朝廷からは、重要な神として、奉幣使が出ていたことでしょう。

それにしても、八幡神は、旅のお好きな神さまです。「第三章　八幡神の変貌」の「八幡神は応神天皇なり」の項でも、大旅行される八幡神に触れました。大神を迎えた辛嶋の家伝に、応神天皇の霊魂・八幡神が、宇佐郡辛国宇豆高島《からくにうづのたかしま》に天降ると、大和の膽吹峰《いぶきのみね》から紀伊名草海島、吉備の神島《かみしま》、宇佐の馬城峰と旅をし、比志方《ひしかた》の荒城潮辺《あらきのうみのほとり》にある瀬社《せのやしろ》、鷹居社《たかいのやしろ》では、三年間も荒れに荒れて鎮まらず、ようやく辛嶋勝乙目が祝《ほふり》、辛嶋勝意布売《からしまのすぐりのおふめ》が禰宜《ねぎ》となって、霊亀二年（七一六）、こんどは路頭を離れた林のなかの小山田社に移し、辛嶋《からしまの》勝波豆米《すぐりのはとめ》が宮柱を建てました。

また、平安朝以降のことですが、宇佐八幡には、「行幸会《ぎょうこうえ》」なる特異な旅の神事があります。八幡神は隼人族征伐以来、三角池の薦《こも》を刈って神枕として神輿に乗せましたので、これに倣う枕作りの神事からはじまり、宇佐周辺の八幡神にかかわる社を巡回して、新薦枕を本殿に納めご神体（依代）とします。旧枕（旧ご神体）は、奈多社まで巡幸し、ここから海へ流されます。時代によって六年毎であったり、四年毎であったり、中断されたりしましたが、昭和四十六年（一九七一）に略式で復活されたほどつづきました。何分、莫大な労力と費用がかかる神事ですから、時代の趨勢

で、神事期間や場所などが違ったり、中断しています。ただ、行幸会神事の起源は、どうも宇和嶺への旅から帰還された頃からという説があるようです。

というのも宇和嶺への旅では、帰還までに十二ヶ年もかかっていたようです。八幡神は、宇和嶺がよほどお気に召したのか。『八幡宇佐宮御託宣集　威巻七』に、

「汝等が穢過《けがれあやま》有り。神吾《かみわれ》、今よりは帰らじてへり。嶺に在りて、大虚《おおぞら》より大海《おおうみ》を渡り、伊豫国宇和嶺《いよのこくうわのみね》に移り坐《いま》す（注、ここまでは、さきに掲げた『承和縁起』と同意）。天平勝宝七年乙未《きのとひつじ》（七五五）七月、杜女《もりめ》、日向に至る。田麻呂を多胤島《たねケしま》に遣わす。宇和嶺は十二ヶ年なり。この間の御託宣は、彼の嶺より茲に飛来し、以て告げ、示《しめ》し坐《いま》す。

同年、辛嶋勝久須売《からしまのすぐるくすめ》を（禰宜に）任ず。数年（九年なり。

天平勝宝七年乙未（七五五）より天平宝字七年　癸《みずのと》卯《う》（七六三）に至る）を経《へ》ると雖も、託宣無きに依り、天平宝字七年　癸卯《みずのとう》（七六三、廃帝五年）解却す。次に辛嶋勝志奈布女《からしまのすぐるしなざしなふめ》を任ず」

長い不在でも、八幡神は、神託を授ける都度、宇和嶺から宇佐に飛来された、ということになっています。ところが、後任の禰宜辛嶋勝久須売《からしますぐるくすめ》では「数年を経ると雖も託宣がない」、すなわち彼女は無能禰宜で、天平宝字七年（七六三）に解任し」、「次に辛嶋勝志奈布女《しなふめ》を任ず」というのが神託です。大神から辛嶋への神職転換期の混乱と中央政権の権力争奪の混乱とは、ともに係わりあったと思われる記述です。

もっともこの『八幡宇佐宮御託宣集』は、既に触れたように鎌倉末期に神吽《じんうん》（一二三一〜一三一四）という宇佐宮の神宮寺弥勒寺安門坊に住んでいた学僧の編著といわれ、彼は大神の子孫で、大神拠りの記述があることは否めません。

八幡神の旅先「伊豫国宇和嶺」とは

権力の保持や拡大に、八幡神をいかに活用するか。それは、権力者とその一派の知恵でしょうから、神は常に離れた位置からみておられるはずでしょう。それが世の常、構図です。しばらくは旅に出られ、俗界から距離を置かれた八幡神の、「伊豫国宇和嶺」とは何

処か、探査してみたいと思います。

その一　矢野神山八幡

『八幡宇佐宮御託宣集』（重松明久著、昭和六十一年刊）「威巻七」、伊与国宇和嶺《いよこくうわのみね》の注記に、「愛媛県八幡浜市は宇佐八幡信仰の一拠点。杵築市の奈多八幡の神体の御枕を、宇和八幡へ渡すことになっていた。『愛媛面影』には、「八幡大神の宮殿は此浜なる小高き岡上に立たせり」とみえ、嶺といわれたのであろう。」とあります。

宇和に「宇和の嶺」なる固有の場所はなく、宇和郡の山の頂程度の、普通名詞かもしれません。ここでいう八幡浜とは、いうまでもなく八幡神社（注、以後所在地を冠し「矢野神山八幡」とする）を祀った丘のある浜辺に開けた集落という意味で、南北朝以降の呼称です。

ただ、本来、この地はまだ「喜多郡の一部矢野郷」でした。古代の宇和郡は、石野《いわの》、石城《いわき》、三間《みま》、立間《たちま》の四郷からなっていて、石野郷は宇和川の貫通する宇和盆地の大部分、石城郷も宇和盆地の一部、三間郷は三間川と広見川の流域、立間郷は現宇和島市吉田町立間一帯とその南方、現在の南宇和郡は伊豫か土佐か、領国すらまだ不確かな時代でした。

ということは、矢野神山八幡は厳密には宇和とは呼ばず、宇和嶺であったかどうか、怪しくなります。もっとも、この地は、古代交通の要所で、九州から畿内に入るには瀬戸内海を舟でゆく海賊などの危険を避けるため、伊予官道が設けられていました。一六キロメートル毎に馬屋のある駅制度が整備され、一般の通行を禁じ、役人や朝貢の品などの移動に使われました。佐賀関には大宰府の秘密港があって、対岸の四国佐田岬にも守備兵がおかれ、その間を舟行して、矢野神山八幡を目指しました。ここから宇和郡の関所（現、西予市東多田）は近く、あとは道後平野を北上して、讃岐へ通じる安全な官道でした。すると、矢野神山八幡は旅の守護神としてこれほどありがたい神はありません。

八幡神がここにしばらく鎮座され、宇佐の神職たちの反省するのを待たれたのでしょうか。

『八幡神と神仏習合』（逵日出典《つじひでのり》著）にも、前述した中世からの神事「奈多行幸会《なたぎょうこうえ》」では、巡幸に使われた御験《みしるし》（薦枕《こもまくら》）が豊後国奈多宮から豊予海峡を渡って、伊予国宇和郡《ママ》（厳密にはまだ喜多郡のはず）矢野山宮に納められたとあります。矢野山宮とは、八幡浜市にある愛宕山の南端突出の尾根にある八幡神社（矢野神山八幡）です。これが移座された「伊予国宇和領」だというのです。もっとも、奈多行幸会の経路は中世以降の神事で、これからの推測で、確かな記録があるわけではありません。

それにしても八幡神が、なにを好んで交通繁多な官道沿いの丘に移坐されるでしょうか。大和から帰えられたときなど、瀬社《せのやしろ》や鷹居社《たかいのやしろ》では、三年間も荒れに荒れて鎮座されず、霊亀二年（七一六）、路頭を離れた林のなかに小山田社を建てさせられたほどの神さまです。

その二　須賀八幡

宇和郡ではありませんが、喜多郡矢野郷三机にも由緒ある八幡神社（須賀八幡）があり、ここにも宇佐八幡の分霊が、神伏鼻→御所浜→小振と海を渡って、最後に須賀の森に上がられたといわれています。ここを「御着江《みつくえ》」と呼び、いまでは「三机」の文字が当てられています。

須賀の森は、三机湾に突出した自然の砂嘴で、ウバメガシやビャクシン、ハマボウ、シャリンバイの叢林です。奈多八幡のある杵築の奈多と三机とは、同じ伊豫灘の東西の浜ですから、宇佐八幡の神事「行幸会」で海に流された旧薦枕（神体）が須賀の森に上ったとしても不思議ではないでしょう。しかし、ここも海上交通の繁多な入江で、旅の神さまを癒やす場所であったでしょうか。

その三　伊吹八幡

宇和郡を探すとすれば、立間郷の八幡神社（伊吹八幡）があります。ここが八幡神の移座される静謐な場所であったのではないかと、わたしは思われてなりません。

この神社については「第十四章　宇和島　伊吹八幡」で詳記します。ここここそ確かに「宇和嶺」であり、伝承でもこの神の出現経路を丁寧に踏襲して居られます。日本の神の伝承は、顕われましても無空です。光るモノであったり、仏像であったりするのは、後世の説話にすぎません。

伊吹八幡には、伊予国守源義経が命じて、神前に伊吹の樹を植えさせたので、伊吹八幡という、とわたしたちは素直に納得し、この時点から伊吹八幡の思考がはじまっています。宇佐の八幡神が天降られた山を、「御許山《みもとやま》（馬城嶺《まきのみね》）」というように（第二章　八幡神の誕生「原始信仰時代の八幡神」参照）、伊吹八幡の大神も大浦の海から顕われて、「馬城《まき》の高根《たかね》」を越えて、中間村麓《なかいだむらふもと》に鎮座されました。文字は違いますが、ここにも同音の「槙《まき》の山」という美しい姿の霊山が大浦と中間村の間にあるのです。（付記、槙の山はのちにミニ四国八十八ヶ所霊場となり、信仰の山になりました）

また、宇佐から大和へ旅された八幡神は、まず膽吹《いぶき》峰《のみね》に降り立たれたました。その膽吹峰は、諸学者の調査でも「伊吹山」ではないらしく、単に「イブキ」なのだそうです。では、なぜ、この宇和郡立間郷の八幡神にも「イブキ」を社前に植えたのでしょう。南国に自生する植物で、偶然、これを植えたでは、出来すぎていませんか。

八幡神が十二年間もひっそりと安堵される環境には、イブキの自生する磯辺で、すぐ裏山からは宇和海が一望できるこの安穏地こそ、『八幡宇佐宮御託宣集』に記載の「宇和嶺」であったといっては、詭弁でしょうか。

八幡神の帰還

天平神護元年乙巳《きのとみ》（七六五）三月二十二日、宇和嶺に坐《いま》す八幡大神は、辛嶋勝志奈布女を通じて神託されました（『八幡宇佐宮御託宣集　威巻七』）。

「今我が居る所の宮（宇佐の八幡宮）は、穢等を蹋《ふ》み達りて、縦横既に故塘（古い堤）と為れり。我が安んずる所に非ざるなり。願わくは浄き処に移って、朝廷を守護し奉らん。その地は我が占んに随うへてへり」

翌二十三日、神託にもとづき、造宮押領使に宇佐公池守を任じ、小椋山東の大尾山を切り開いて新たな宮を造ります。

新宮の造営が終った同年（七六五）閏十月八日、従三位大弐《だいに》（大宰府の次官）石川豊成（?～七七二）が勅書を持って宇佐へ八幡神の帰還を仰ぎました。

帰路が詳しく載っています。伊予国宇和郡（注、ここでは嶺でなく郡とあり）→豊後国国崎郡安岐郷奈多の浜辺の巨石（御机石）→安岐林→同国奈保利郡→豊前豊後の国境にあたる田布江《たぶえ》（豊後高田市田笛）→豊前国鷹居→郡瀬《ごうせ》→大禰河《おおねがわ》（大根川）→酒井→乙咩浜《おとめはま》→馬木嶺（馬城嶺・御許山）→安心院《あじむ》→小山田の林→菱形池（小椋山北麓の池）→大尾山となっていまして、いずれも後年はじまった神事「行幸会」に係わりのある土地です。

天平神護二年（七六六）十月二日、無位の大神朝臣田麻呂は、外従五位下を授けられて、豊後国員外掾《じょう》に任ぜられ、復帰しました。日向に遷されていた大神杜女も八幡大神宮の禰宜に復帰しました。

八幡神の帰還された天平神護一、二年（七六五、六）には、中央政権の変貌が多分に係わっていました。

恵美押勝《えみのおしかつ》と改名した権力者藤原仲麻呂は、後ろ盾の光明子皇太后を逝去で失いましたが、孝謙天皇に仕え、押勝推薦の皇太子大炊王を淳仁天皇として即位させ、孝謙には「宝字称徳孝謙皇帝」なる尊号を捧げて、一応、光明子に替わる天皇後見の座に据えました。ところが、さらにその後ろ立てに看病禅師道鏡が頭角を現したのです。

淳仁天皇を抱える恵美押勝と、孝謙・道鏡との対立構図が崩壊したのは、八幡神が宇佐に帰還の前年で、すでに淳仁天皇は廃されて悶死、押勝も斬死、尼法師のまま重祚した称徳天皇と、法王なる最高権力を握った道鏡との異常な独断政事が渦巻いていました。

恵美押勝《えみのおしかつ》の乱

奈良時代は僅か一世紀足らずですが、権力抗争激しく、親の世代の勝者が、子の世代では不思議と敗者になって、無惨な最期を遂げています。しかも、恵美押勝の乱もまた、見方によっては、その陰に八幡神が見えるのですから、神力の恐ろしさを感じます。まず、年次を追うと、

天平宝字元年（七五七）

八月　「天平勝宝」を「天平宝字」と改元したこの年、

藤原仲麻呂は、強敵橘奈良麻呂グループを倒し、皇太后光明子庇護の下に、専政を強固にしてゆきます。

天平宝字二年（七五八）

八月　孝謙天皇が譲位、仲麻呂の傀儡《かいらい》的皇太子大炊《おおい》王《おう》が淳仁《じゅんにん》天皇として即位。

天平宝字三年（七五九）

六月　淳仁天皇は、亡父舎人《とねり》親王（六七六～七三五、天武天皇の諸皇子の中で最後まで生残り皇親勢力を堅持された）に「崇道尽敬皇帝」なる尊号を贈り、母の当麻《たぎまの》夫人《ぶにん》を大夫人とし、兄弟姉妹をすべて親王とします。

このことは、仲麻呂が、藤原南家一族の権勢をほしいままにせんとする意図の、裏付けとでもいえましょうか。このとき親王になった船王と池田王は、乱のあと再び王に格下げされて、隠岐と土佐へ流罪になっています。

天平宝字四年（七六〇）

一月四日、高野天皇《たかののすめらみこと》（『続紀』は孝謙上皇をこう呼びますので、これに従いますが、二人の天皇が並存という奇妙な時代です）と帝（淳仁）が内安殿に出御し、大保《たいほ》（右大臣）・従二位の藤原恵美朝臣押勝に従一位を授ける。

さらに、任ではないと辞退する大師《だいし》（とくに人材のいない時には空席にしておく乾政官《けんじょうかん》の大臣で「太政大臣」のこと）を命じました。

六月七日、仲麻呂の最大の庇護者皇太后光明子が没くなられ、このあたりから、これまでは隠れて見えなかった仲麻呂と高野天皇の軋轢が、急速に表面化してゆきます。

天平宝字五年（七六一）

六月七日、高野天皇は、母である光明子の一周忌法会に、藤原の氏寺山階寺《やましなでら》（興福寺）で、毎年この日『梵網経《ぼんもうきょう》』を講じさせるため、その費用に平城京南の田四十町を喜捨されました。また、光明子の住まわれた法華寺に田十町も喜捨し、ここで毎年、忌日から七日間、僧十人を招き、阿弥陀仏を礼拝させられます。

十月十三日、高野天皇と淳仁天皇は、平城京改修のため、保良宮《ぼらのみや》（滋賀県大津市石山国分遺跡周辺といわれる）

に行幸。ここを「北京《ほくきょう》」とする詔がでます。病気に罹った高野天皇は、傍に道鏡看病禅師（病を癒やす祈祷師）を侍らせます。この時から道鏡は高野天皇の寵を得るようになってゆきます。恵美押勝こと藤原仲麻呂は、淳仁天皇を通じて道鏡の扱いを高野天皇に諌言しますが、男女関係は、傍目の意見で、反って火に油を注ぐ逆効果になりました。

やがて、宮中には「高野・道鏡」対「淳仁・恵美」の、間一髪の構図が出来上がってゆきます。

天平宝字六年（七六二）

五月二十三日、高野・淳仁両天皇は、同じ保良宮に住む状態ではなくなり、怱々に平城京に戻り、高野天皇は法華寺へ、淳仁天皇は中宮院（大極殿近くの殿舎か）にそれぞれ居を移しました。

六月三日、遂に、高野天皇は、五位以上の官人を朝堂に集めて、皇位を阻む重大な詔を下します。

「母の大皇后《おおきさき》（光明子）が言うには、『天武天皇の第一皇子草壁皇子からの皇統が途絶えるので、聖武のあとを、やむなく朕に継がせる』といわれ、こうして朕は淳仁を帝《みかど》にした。ところが淳仁は朕の言に従わない。これは朕が愚かであるのかと、恥ずかしく思う。一方、これは、朕に菩提の心をおこさせる仏縁かと念《おも》われたので、朕は出家して仏弟子になった。ただし、政事のうち恒例の祭祀など小さなことは、今の帝が行われるように、国家の大事と賞罰の二つの大本《おおもと》は、朕が行うこととする」

天皇は日常の瑣末事だけ処理し、国家の大事と人事権は自分が掌握するというのですから、実際に大小二人の天皇が上下に存立してしまったようなもので、危機は、二人の亀裂よりも、それを取巻く勢力の蠢動《しゅんどう》になってしまいました。

天平宝字七年（七六三）

九月四日、少僧都《しょうそず》の慈訓《じきん》法師は、道理に会わぬ政務をしているので辞めさせ、代って衆僧の意見により、道鏡法師を少僧都に任命せよ、と勅《みことのり》しました。

もちろん、人事賞罰は高野天皇の独断、寵僧道鏡が政権へ頭角を顕してゆく証です。この時代、仏教と政事は一体で、高野天皇自身出家の身という奇妙な環境であり、常に神仏に左右された政事でした。（注、僧尼を統括する僧官には、僧正・僧都・律師があり、僧都は大僧都・権大僧都・少僧都・権少僧都と分れる）

天平宝字八年（七六四）

一月二十一日、従四位下の吉備朝臣真備《きびのあそんまきび》（六九五〜七七五）が、造東大寺長官に任ぜられました。

吉備地方の地方豪族が出自の吉備真備は、元の姓を下道《しもつみち》といい、安倍仲麻呂や玄昉《げんぼう》らと同期の遣唐留学生《るがくしょう》です。十八ヶ年も唐で学んだ末、帰路は種子島に漂着するという苦難でしたが、経書、史書、天文学、音樂、兵学など幅広く学び当代第一の学者になっていました。そのせいか、どうか、ときには政争に巻き込まれて左遷されましたが、人々は誰も、彼の学才を疎んじることはできません。しかも再度、遣唐副使として渡唐した、名実ともに稀有な国際人だったのです。学者でありながら、最晩年には、正二位、右大臣・兼中衛大将・備中国下道郡大領になり政権の中枢にいました。

実は、吉備真備は、造東大寺長官の前、なんと「節度使」に就いています。節度使とは、唐が辺境要地に置いた軍団司令官で、軍政ならず民政、財政まで兼ねる強大な権力を持つ役職です。これに倣って日本でも、天平宝字五年（七六二）十一月十七日、対新羅防衛強化策として臨時に設けられ、東海、西海、南海の諸道におかれました。

①　東海道節度使　従四位下の藤原朝獦《あさかり》　所管十二ヶ国（遠江・駿河・伊豆・甲斐・相模・安房・上総・下総・常陸・上野・武蔵・下野）任務は、船百五十二隻、兵士一万五千七百人、子弟（郡司の子弟か）七十八人、水手《かこ》七千五百二十人を徴発し、検査して決める。そのうち二千四百人は肥前国、二百人は対馬嶋から取る。

②　南海道節度使　従三位の百済王敬福《くだらのこにしきのきょうふく》　所管十二ヶ国（紀伊・阿波・讃岐・伊豫・土佐・播磨・美作・備前・備中・備後・安芸・周防）任務は船百二十一隻、兵士一万二千五百人、子弟六十二人、水手《かこ》四千九百二十人を検査して決める。

③　西海道節度使　正四位下の吉備真備　所管八ヶ国（筑前・筑後・肥後・豊前・豊後・日向・大隅・薩摩）任務は船百二十一隻、兵士一万二千五百人、子弟六十二人、水手《かこ》四千九百二十人を検査して決める。兵

士等は皆三年間田租免除、ことごとく弓馬を訓練し、五行の陣立てを調練して習得させる。それに残った兵士は兵器の製造に従事させる。

さて、大師恵美押勝の乱は、節度使なる臨時の強力な軍制訓練目標が終える三年後、すなわち、天平宝字八年（七六四）の九月十一～十八日のことです。

『続紀　巻二十五』は、巻末が「この年、兵乱（恵美押勝の乱）と旱魃が相重なって、米の値段は一石につき千銭となった」とあるほど、ほとんどこの騒乱詳記に埋尽くされています。

九月十一日、高野天皇は、押勝謀反の企ての密告をうけると、直ちに少納言・山村王（七二二～七六八）に命じ、中宮院の淳仁天皇が所持する駅鈴《えきれい》（公務出張時の官人が所持し、これを鳴らせば駅子・駅馬を徴発できた）と内印（天皇の御璽《ぎょじ》）を回収させました。

押勝は、その奪回に息子訓儒麻呂《くすまろ》らに待ち伏せさせます。高野天皇は授刀《たちはきの》少尉《しょうじょう》の坂上苅田麻呂《さかのうえのかりたまろ》と授刀将曹《たちはきのしょうそう》牡鹿嶋足《おじかのしまたり》を遣わし、訓儒麻呂を射殺《しゃさつ》。押勝側は、甲《よろい》を着けた馬上の中衛将監の矢田部老《やたべのおゆ》に、山村王を狙わせるが、反って授刀舎人《たちはきのとねり》の紀船守《きのふなもり》に射殺されてします。これが乱の発端で、押勝の誤算は、高野天皇側が、先制したことと、意外に多量の兵力と武器を所持していたことでした。

ちょうど九日前、九月二日に、大師（太政大臣）の押勝は、都督四畿内三関（鈴鹿《すずか》・不破《ふわ》・愛発《あらち》）・近江・丹波・播磨などの兵事使《ひょうじし》となっています。これは、管下の諸国の軍事権を掌握するために押勝が設けた謀略的組織でしたが、その機能が熟すまでにはいたりませんでした。

ともかく押勝は、聡明で理解力あり、およその経典は読破し、数的判断力優秀という貴族の子弟では抜群の能力を持っていました。功封三千戸、田百町を賜わり、姓に恵美を加え名まで押勝を与えられ、家印には「恵美」を使い、私的銭貨の鋳造や私出挙まで許され、子息は、正四位上の真先《まさき》・従四位下の訓儒麻呂《くすまろ》・従四位下の朝獦《あさかり》はいずれも参議、従五位上の小湯麻呂・従五位下の薩雄・辛加智《しかち》・執棹は、みな衛府や関のある国司に任命されていました。

武智麻呂《むちまろ》の第二子として、叔母光明子の寵愛に溺れ、藤原南家の繁栄に目がくらんだとでもいいましょうか、同族、北・式・京家からも、恵美押勝は怨嗟の的になっていました。

高野天皇は、この発端を素早く掴んで、同日、藤原仲麻呂(恵美押勝)の官位は勿論、藤原姓以外の姓、功封、雑物をすべて没収。直ちに三関（鈴鹿《すずか》・不破《ふわ》・愛発《あらち》）を厳重警戒。官人の士気を鼓舞するべく、緒戦の貢献者に、手早く昇叙を断行しました。

昇叙者は次の通り

①　藤原永手《ながて》　従三位から正三位
②　吉備真備　正四位下から従三位
③　藤原縄麻呂《ただまろ》　正五位下から従四位下
④　大津大浦《おおつのおおうら》　正七位上から従四位上
⑤　牡鹿嶋足　従七位上から従四位下
⑥　坂上苅田麻呂　正六位上から従四位下
⑦　粟田道麻呂　外従五位下から従四位下
⑧　中臣老人　従六位下から従四位下
⑨　弓削浄人　従八位上から従四位下
⑩　高丘比良麻呂《たかおかのひらまろ》　外従五位下から従四位下
⑪　日下部子麻呂《くさかべのこまろ》　正五位上から従四位下
⑫　紀船守　従七位下から従五位下
⑬　民総麻呂《たみのふさまろ》　正七位上から従五位下

①の藤原永手（七一七〜七七一）は、藤原北家の次男ですが、長男の鳥養が夭折したので、北家の長者でした。仲麻呂の南家とは対抗関係にあって不遇でした。いきなり南家の仲麻呂はじめその息子たちが反乱したため、天皇家を擁護する第一の障壁となって脚光を浴びる家となりました。

③の藤原縄麻呂《ただまろ》（七二九〜七八〇）は、藤原南家の豊成（橘奈良麻呂の変で左遷されたが病気と称してまだ難波に逼塞中）の四男で、母は北家の房前の娘です。父ともども仲麻呂の暴政を暗に批判しつづけました。ようやく陽の当たる場所へ坐った感じです。翌天平神護元年（七六五）一月には、この乱の功労で勲三等を授けたばかりか、さらに正四位下に昇叙しました。

④の大津大浦《おおつのおおうら》（?〜七七五）は、一挙に十階級も昇叙しています。その経歴は『続紀　巻三十三』の宝亀六年（七七五）五月十七日の当人死去の記述に詳細経歴があります。代々陰陽学を習得する家に生れ、仲麻

呂に信頼され彼の謀計を具《つぶさ》に知ったため、恐怖を覚え、朝廷に密告します。ほどなくそれが実現したので、朝廷は陰陽術の威力と感服したのです。姓《かばね》まで宿禰を賜わり、兵部大輔兼美作守に任じられる大出世です。ところが、天平神護元年（七六五）には、舎人親王の末裔で、淳仁天皇の甥にあたる和気王（?〜七六五）が、唯一生存していた天武系の皇親で、彼に皇位を期待する一味に加担したことが発覚し、たちまち宿禰姓まで没収されて日向守に左遷されました。やがて許され、京に戻り、陰陽頭兼安芸守となり、没しました。陰陽なる占いを業としながら、派手に浮沈人生を生きた人物です。

⑤の坂上苅田麻呂以下はいずれも直接中宮院で仲麻呂勢に立ち向かって戦功あった面々で、京から仲麻呂軍が敗走直後の昇叙は、追走官軍の士気高揚に効果があったことはいうまでもありません。

とくに⑨の弓削浄人は、従八位上から従四位下と目だって昇叙していますが、道鏡の弟といわれ、さらに昇進してゆきます。

そこで、問題は②の造東大寺長官の吉備真備への昇叙です。彼は、唐で学んだ兵学の権威者であり、対新羅防衛第一線部隊ともいえる西海道節度使でもありました。当代第一の超科学者でもありますから、ときには当時の人の発想や行動を超越したものがあり、ときには藤原広嗣の乱（「第五章　華やかな平城京《ならのみやこ》だが」参照）のように怨嗟の対象にもされるほどに吉凶の糾《あざな》う縄のような人物です。

自在に使える軍事力を蓄えようとする仲麻呂の態度は、同じ節度使に息子の朝獦《あさかり》を東海道節度使に任じたときから、彼は読んでいたでしょう。大師押勝以下参議の重職を、弟の巨勢麻呂《こせまろ》（?〜七六四）や息子真先《まさき》・訓儒麻呂《くすまろ》・朝獦《あさかい》が占めて、すべて反旗を翻したので、朝廷では、真備が、藤原永手に次ぐ地位を掴んだ仲麻呂追討作戦の中心人物でした。

兵力とは武器の充実です。はからずも、東大寺には、光明子が納めた聖武遺愛の品が正倉院にあり、そのなかに大量の武器が眠っていました。機を失せず借り出しえたのも、造東大寺長官吉備真備の機敏な判断にほかなりません。

大刀《おおたち》八十八口、弓百三張、甲《よろい》百領、靫《ゆぎ》三具、胡簶《やなぐい》九

十六具を蔵出しして、朝廷に献じました。乱の後、そのほとんどは返還されていません。ただ、一胡簶に矢二十五隻を一束にして二束を入れて担ぎますが、矢四十八隻と漆葛胡簶が現存しています。さらに、「表木工衣縫大市《ぬいのおおいち》所給如件、裏　天平宝字八年九月十四日」と書かれた木牌がついています。衣縫大市に支給されて乱後に返納されたのか、支給洩れか、は不明ですが、乱との係わりを示す証といえましょう。

仲麻呂追討軍を率いた真備は、仲麻呂の反撃拠点を越前と読み、越前国守に息子の辛加智を配している仲麻呂の魂胆に、先手を打ちました。仲麻呂がまだ宇治にいるあいだに、間道を走った朝廷軍の、山背守日下部子麻呂《くさかべのこまろ》や衛門少尉佐伯伊多智《さえきのいたち》らが、勢多橋《せたばし》（瀬田の長橋）を焼き落とします。そのまま馬を駆って越前国へ入った伊多智は、国守辛加智を斬りました。

一方、仲麻呂はそれを知らず、勢多橋を諦め、湖西を北上して、前《さきの》高嶋郡少領の角家足《つののいえたり》の家に一泊します。仲麻呂は連れてきた臣籍降下し氷上塩焼と呼んでいた天武の孫（神田部親王の子）で従三位・中納言・参議の塩焼王を「今帝《いまのみかど》」と称し、真先・朝獦らを三品《さんぼん》の位にして愛発《あらち》の関を抜けんとしました。ここも、授刀舎人物部広成らが拒んで、通れません。舟で浅井郡塩津へ向かわんとするも、風激しく、沈没しかねない有様。再び山道に変えたところ、伊多智軍と遭遇して、八、九人が射殺されてしまいました。やむなく高嶋郡三尾の崎まで引き返し、疲労困憊《ひろうこんぱい》のところに、藤原蔵下《くらじ》麻呂《まろ》の率いる朝廷の援軍が到着しました。

乱戦となり、妻子三、四人を連れて湖上に逃れた仲麻呂は、石村村主石楯に捉えられました。妻子と従者三十四人は斬られ、仲麻呂の子のうち刷雄《よしお》だけは、年少で仏道修行を理由に隠岐国へ流されました。

完全に、東大寺の武器と戦略がものをいった勝利でした。高野天皇は東大寺を支えた八幡大菩薩の加護こそこれだ、と安堵されたにちがいありません。吉備真備はすくなからず自分の兵学に満足したことでしょう。

藤原仲麻呂鎮圧後の朝廷

仲麻呂一族、すなわち藤原南家の暴政を制圧した高野天皇は、はやばやと貢献者の昇叙と賞詞を行ないました。

なかでも、もはや一心同体ともいえる側近の道鏡禅師については、乱直後の天平宝字八年（七六四）九月二十日、高野天皇は素早く、「仲麻呂は、道鏡の大臣を狙う野心を見抜いて、退けるよう進言していたが、禅師は心浄く、仏法の継承を伝え、朕も護ってくれた。わが師を簡単に退けることはできない。仏典にも『国王が王位についている時は、菩薩の守るべき浄らかな戒《かい》を受けなさい』といっている。これを思うと、出家して政事《まつりごと》を行なって、何ら障害はない。出家している大臣があってもいいではないか。当人が願ってはないが、道鏡禅師に大臣禅師の位を授ける」と告げました。

さらに天平神護元年（七六五）閏十月二日、道鏡大臣禅師を、太政大臣禅師《だいじょうだいじんぜんじ》に任じます。太政大臣は、適任者がなければ欠員となる則闕《そっけつ》官で、太政官の最高位です。

それでも高野天皇は気が休まらず、翌天平神護二年（七六六）十月二十日、曽祖父藤原不比等の屋敷の東北隅にあたる隅寺で、毘沙門天《びしゃもんてん》像から出た舎利《しゃり》を、法華寺へ移す法会の際、神秘的な舎利に感動して、詔《みことのり》しました。「太政大臣である朕の道鏡大師に「法王」の位を授けよう。道鏡は、今までに、世間の位を願い求められず、一途に、菩薩の行を修め、人を救い導こうと心に決めておいでになるが、朕は、道鏡を敬い報わんとする行為として、この地位をお授けする」

つづけて、その場で、つぎの位をそれぞれに授けられました。

円興《えんこう》禅師には、法王の両翼に当たる地位「法臣」。

基真《きしん》禅師は、法参議・大律師、正四位上とし、物部浄之《もののべきよし》なる朝臣の氏姓を与える。

藤原永手は、右大臣から左大臣へ昇進し、藤原は南家から北家へ、権力が完全移行しました。

吉備真備は、右大臣。永手・真備が、道鏡の政事監視人的位置に坐ったといえましょう。

道鏡の弟、弓削浄人を、参議・従三位から参議・正三位に。

道嶋嶋足を、正四位下から正四位上にしました。

いま一度天平宝字八年（七六四）十月九日に戻さな

ければなりません。この日、高野天皇は、兵部卿和気王・左兵衛督《かみ》山村王・外衛大将百済王敬福らに、兵士数百人をつけて、淳仁天皇の中宮院を囲ませました。

淳仁天皇は、まだ衣服も履物も身につけておらず、使者に急《せ》き立てられ、護衛もちりぢりになって、わずかに母方の家の二、三人と歩いて図書寮《ずしょりょう》の西北まできたところで、山村王から詔書を読上げられました。

「帝《みかど》としての能力がないばかりか、仲麻呂と謀って朕（高野天皇）を除こうとした。密かに六千の兵を徴発して混乱させ、朕を討ち滅ぼそうとした。よって、帝の位から退《しりぞ》かせ、大炊親王《おおいのみこ》の位を与え、淡路国の公とする」

淡路国の官物・調・庸の類は自由だが、出挙《すいこ》の官稲は従来通りという仕置でした。

淡路公とその母は、小子部門《ちいさこべもん》の前で鞍付きの馬に乗せられ、右兵衛督藤原蔵下麻呂《ふじわらのくらじまろ》（七三四～七七五。式家、藤原宇合の九男）が、淡路まで護送しました。

淳仁天皇が廃されると同時に、高野天皇が出家のまま称徳天皇として重祚されました。もちろん中継ぎ天皇でしょうが、皇太子の人選に苦慮します。

淡路公は、翌天平神護元年（七六五）十月二十二日、幽閉を憤り脱柵しますが、すぐに淡路守の佐伯助《さいきのたすく》と掾《じょう》の高屋並木らに阻止され、翌日押し込められた、郭で薨じられました。おそらく異常死でしょう、世に、「淡路廃帝」といいます。

さきに「第五章　華やかな平城京《ならのみやこ》だが」の「皇族集団と藤原一族」で、天武天皇が皇子を集めて「吉野の会盟」なる歴史に遺る誓いをさせたと書きました。大勢の子を生すことは、世代維持の必須条件です。一方、子供たちが諍いを起こさず、末代まで天武系皇統がつづくよう誓わせました。こうまでしておきながら、十人の皇子や、その子、孫の皇統は、大炊親王の死によって、殆んど居なくなってしまったのです。しかも、対象者に不慮の死が多く、残忍そのものでした。

称徳天皇は、皇太子も決められない状態を承知しながら、淳仁を廃しました。いかに賢明とはいえこの女帝には、感情的な限界を感じざるをえません。

ただ一人残っていた天武天皇の曽孫（天武→舎人親王→御原王《みはら》→和気王）で、一時、臣籍降下し岡真人《おかのまひと》と称していた舎人は、淳仁から皇帝尊号を追贈されたとき、皇籍復帰して和気王となり、参議・従三位・民部卿として仕えていました。

ところが、親しい仲間の粟田道麻呂（参議・従四位下の近衛員外中将兼勅旨員外大輔・式部大輔・因幡守）、大津大浦（兵部大輔兼美作守・従四位上）、石川永年（式部員外少輔・従五位下）との自宅の宴席で、和気王のひそかにのぞむ皇位を、寵愛する巫女の紀益女に頼んだといいます。酒席の戯言だったかもしれませんのに、天平神護元年（七六五）八月一日、唐突に捕縛されました。

和気王は伊豆配流途中で絞首、益女も絞首、道麻呂夫妻は飛騨に幽閉中死去、大浦は日向守に左遷、永年も隠岐員外介に左遷の数年後自殺しました。粛清につぐ粛清の連続で、ついに天武系皇子は誰も居なくなりました。

いま一度、天武天皇以降の天皇を見ますと、

四十代天武→四十一代**持統**（**天武の皇后**）→四十二代文武→四十三代**元明**《げんめい》（**文武・元正の母**）→四十四代**元正**《げんしょう》（**文武の姉**）→四十五代聖武→四十六代**孝謙**《こうけん》（**聖武の娘**）→四十七代淳仁《じゅんにん》→四十八代**称徳**（重祚）→四十九代光仁《こうじん》（天智天皇の子施基《しき》皇子の子白壁王）

となり、十代（重祚があるので九人）で、女四人（太字で示した天皇、しかも重祚あり）と男五人（しかも一人は廃帝）、長期だったが聖武は、病弱で何かに脅えて遷都を繰返し、皇后光明子にやたら励まされる生涯でした。最後の光仁からは、ついに天武系に皇統者が見付らず、天智系皇子へ移ってしまいます。

道鏡天位神託

天平神護二年（七六六）四月十一日、宇佐八幡の比咩神《ひめのかみ》からの願いによって封戸八百戸を奉ると『続紀』にあり、宇治谷孟訳（講談社学術文庫）には、「この封戸願いは後に起きる神託事件の伏線のようなものである」と付記しています。

比咩神は、翌神護景雲元年（七六七）九月十八日に、初めて宇佐八幡に比咩神神宮を造営、その人夫として便宜的に八幡神宮寺の封戸の民を使役し、四年以内に完成させることにしたとあります。これがのちの中津尾寺本坊（真乗坊）になったと、『八幡信仰』（中野幡能著）

に述べられています。この造営者が、さきの厭魅事件で左遷された大神に替わって八幡神の宮司になった宇佐公池守でした。

この寺が建立されてまもない神護景雲三年（七六九）三月五日、大宰府の主神《かんづかさ》習宜阿曽麻呂《すげのあそまろ》が、「道鏡を天位につかせたならば天下泰平」という八幡神託を奏上したのです。これは、大神の権力を継承した禰宜の辛嶋や宇佐公池守らを焚き付けた阿曽麻呂の、中央政権との関係強化をねらった策謀とも思われます。

皇統でもない弓削氏から出た道鏡が、天皇になれば天下泰平とは、営々積みあげてきた皇統日本という体制（国体）を揺るがせる大問題です。

天智・天武の時代からでも、幾多の流血事件を重ねながら護持し、女子は単に中継ぎ天皇程度で、継承は必ず男子、と厳しく位置付けていました。そのため天武天皇などは、多くの皇子を生し、団結を誓わせました。この不文律をさらに強固にしようと、取巻く貴族、とくに藤原家は、ときに離叛も厭わないほど激しく鬩ぎあいます。

八幡神の一言は、その根幹を崩壊しかねない重大事件でした。

経緯《いきさつ》について、しばらく公式記録『続紀』から、関係事項を記述年月日順に拾ってみます。

その一　称徳天皇の措置

神護景雲三年（七六九）正月三日、法王道鏡は、西宮の前殿に居り、大臣以下はそこに行き道鏡に拝賀した。道鏡は自ら祝いの言葉を告げた。正月七日、称徳天皇は（道鏡の）法王宮に出御して、（左大臣藤原永手・右大臣吉備真備ら）五位以上の官人と宴を催した。

三月二十七日、今年から始めて、毎年大宰府の真綿二十万屯を運ばせ、京の倉庫に納めさせることにした（道鏡の弟弓削浄人が大宰府帥に任じられたため、中央との係わりを密にする行為か）。

秋七月十日、初めて法王宮職の印を用いた（道鏡の実権拡張）。

九月二十五日、称徳天皇のつぎの詔《みことのり》が、宣命体《せんみょうたい》（漢字の音訓を借り、国語の語格のままで天皇命令を宣べた上代文）で述べられています。

『続紀』は、いきなり、天皇の意に反し「道鏡天位神託」を持帰った清麻呂と姉の法均を処罰する、このような詔ではじまっており、いかに天皇が苛立った事件であったか、目にみえるようです。

要点だけを纏めますと、

「従五位下・因幡国員外介《いんげのすけ》の輔治能真人清麻呂《ふじのまひときよまろ》（七三三～七九九。和気清麻呂のこと。輔治能は藤野とも書く。神護景雲三年五月二十八日、清麻呂は、「輔治能真人」なる姓を賜わり、同年六月二十九日に藤野郡を和気郡と改めている）は、その姉法均《ほうきん》（七三〇～七九九。和気広虫という）と悪くよこしまな偽りごとを作り、法均は朕に向かってその偽りを奏上した。その様子を見ると、顔色表情といい、口に出す言葉といい、明らかに自分が作ったことを（八幡《やわたの》）大神《おおみかみ》のお言葉と偽って言っていると知った。問い詰めると、やはり朕が思った通りで、大神のお言葉ではない、と断定した。それで、国法にしたがって、両人を退けるのである。他人が偽りだと言ったわけではない、ただその言葉が道理に合っていなく、矛盾していたからである。面持《おもも》ちも無礼で、自分の言うことを天皇が聞き入れると思っていたのである。天地が逆転するというが、まさにそれよりひどい。諸聖（仏・菩薩・諸天）や天神地祇が偽りであると現《しめ》され、悟らされたのである。他に誰が、朕に偽りだと奏上しようか。人が奏上せずとも、心中が悪く汚く濁っていれば、必ず天地はそのことを示現されるだろう。だから人々は自分の心を清明に、貞《ただ》しくして、仕えるようにせよ。

清麻呂・法均のこのことを知っていて、共に謀った人のいることは知っている。ただ、君主は慈しみをもって天下の政治を行うものであるから、この度は免罪とする。しかし、このような行為の重なった人は、国法に従って処分するが、共謀者は改心して仕えるようにせよ。

忠実に仕える臣下と思えばこそ、清麻呂らは相応に取り立ててきたが、今は穢い臣下として退ける。前に与えた姓（輔治能真人）を取上げ、代わりに別部《わけべ》とし、その名（清麻呂）も穢麻呂《きたなまろ》と変える。法均の名も、もとの広虫売《ひろむしめ》に変えることにする。

また、法均と同心の尼、明基《みょうき》は、広虫売とは身体は別だが、心は一つなので、その名を取上げて還俗させ、同じく退かせる。」

初め、大宰府の主神《かんづかさ》の習宣阿曽麻呂《すげのあそまろ》は、道鏡に気に入られようと媚《こ》び仕えた。そこで、宇佐八幡宮の神のお告げであると偽って「道鏡を皇位に即ければ天下は太平になるであろう」といいました。道鏡は、これを聞いて深く喜ぶとともに自信を持ったのです。

（称徳）天皇は、清麻呂を玉座近く招き「昨夜の夢に、八幡神の使いがきて『大神は天皇に奏上することがあるので、尼の法均を遣わされることを願っています』とつげた。そなた清麻呂は法均に代わって八幡大神のところへ行き、その神託を聞いてくるように」と勅《みことのり》しました（称徳天皇の本心は、いうまでもなく夢の裏付けをさせたかったのです）。

清麻呂が出発するに臨んで、道鏡は、「大神が使者の派遣を請うのは、おそらくわたしの即位のことを告げるためであろう」と語り、吉報をもたらせば、官職位階を重く上げてやる、と持ちかけました。

清麻呂が（宇佐八幡）神宮の神託を承りますと、大神は、「わが国は開闢《かいびやく》より君臣の秩序が定まっている。臣下を君主にすることは、未だかつてなかったことだ。天《あま》つ日嗣《ひつぎ》（皇位）には、必ず皇統の人をたてよ。無道の人は、早く払い除けよ」と託宣されます。

清麻呂は帰京して、神のお告げのままに天皇に奏上しました。道鏡は、大いに怒り、清麻呂の官職を解いて、因幡員外介《いなばのいんがいのすけ》に左遷しました。清麻呂がまだ任地に就かないうちに、続いて詔があり、官位を剥奪し、籍を削って、大隅国《おおすみこく》（鹿児島県の一部）に配流となりました（注、『日本後紀』には、道鏡が人を遣わして殺そうとしたとある）。姉の法均は還俗させられ、備後国《びんごのくに》（広島県の一部）に配流されました。

その二　皇太子白壁王の配慮

神護景雲四年（七七〇、この年十月一日に宝亀元年と改元）八月四日、称徳天皇は崩御されました。直ちに、左大臣藤原永手・右大臣吉備真備・参議兵部卿藤原宿奈麻呂・参議民部卿藤原縄麻呂《ただまろ》・参議式部卿石上宅嗣《やかつぐ》・近衛大将藤原蔵下麻呂《くらじまろ》らが、禁中で策を練り、称徳天皇の遺言として、諸臣合議で決め奏上したとして白壁王立太子が伝えられました。

八月二十一日、皇太子（白壁王）は、つぎの令旨《りようじ》を下しました。

「聞くところによれば、道鏡法師が密かに皇位を窺う心を抱いて、久しく日を経ていたという。しかし、（称徳天皇の）山陵《みささぎ》の土がまだ乾かぬうちに、悪賢い陰謀は発覚した。これはひとえに天神地祇が守られ、土地と五穀の神がお助けくださったからである。いま先帝の厚い恩を顧みると、法によって刑罰を加えるのは忍びない。そこで、道鏡を造下野国薬師寺別当に任じ、派遣することとする。この事情を了解せよ」

その日のうちに、左大弁・正四位下の佐伯宿禰今毛人と弾正尹・従四位下藤原朝臣楓麻呂を遣わし、促して出発させた。

（宇佐八幡神託事件の首謀者）従五位下の中臣習宜《すげの》朝臣阿曽麻呂《あそまろ》を多褹嶋《たねのしま》守に任じた。

八月二十二日、道鏡の弟の弓削浄人《ゆげのきよひ》と、浄人の息子の広方《ひろかた》・広田《ひろた》・広津《ひろつ》を土佐国に流した。

八月二十三日、道鏡の悪賢い陰謀を告発した従四位上の坂上忌寸苅田麻呂《さかうえのいみきのかりたまろ》に正四位下を授けた。

八月二十六日、（道鏡の犠牲になっていた）慈訓法師と慶俊法師を再び少僧都に任じた。

九月六日、和気清麻呂と広虫を備後国と大隅国より召して京に入らせた。

その三　道鏡のその後

三年後、宝亀三年（七七二）四月七日、道鏡は死んだ。『続紀』の没伝には、（注、『続紀』には、史的有名人死没時に評伝が挿入されていて「没伝」という）

「大宰府の主神《かんづかさ》の習宜阿曽麻呂《すげのあそまろ》が偽って、宇佐八幡宮の神の教示であると道鏡を誑《たぶら》かし、道鏡はこれを信じて、皇位をうかがう志を抱いた。このいきさつは称徳天皇紀に記載されている（注、前記「その一　称徳天皇の措置」参照）。称徳天皇が崩御されても、道鏡はなお、権勢は衰えることはないとして、密かに僥倖《ぎょうこう》をたのみ、葬礼が終っても称徳天皇の山陵《みささぎ》を守っていた。先帝に寵愛されていたことでもあり、法によって道鏡を処断するに忍びず、『造下野国《しもつけのくに》の薬師寺別当』に任じ、駅屋《うまや》を順送りして下向《げこう》させた。死去した時は、庶人としての待遇で葬った」

天応元年（七八一）六月十八日、桓武天皇は、「河内国若江郡の人、弓削浄人・広方・広田・広津らを、さる宝亀元年（七七〇）に土佐国に流したが、その罪を許して郷里へ放ち還らせる。ただし、京に入ることは許すな」と勅《みことのり》した。

同じ天応元年（七八一）十一月十八日、従五位下の和気朝臣清麻呂には従四位下を授ける。

『続紀』を辿ると、宇佐八幡宮の二つの神託が相反したために、称徳天皇の意中がどちらなのか、理解に苦しみます。

皇位を道鏡に継がせたかったのは天皇自身で、神託を利用して有無を言わせぬ状況に、諸臣を追い込みたかったのではないかと、唖然とします。

戦前の皇国史観では、皇位を奪わんとする道鏡が、大悪人になっていますが、ここでは、罰せられたのは大忠臣のはずの和気清麻呂です。清麻呂は天皇の神託夢物語よりも、勅使出発直前の道鏡示唆のひと言で、日頃の法王への反抗心が一挙に沸いたのでしょうか。

称徳天皇は、天武系皇子淘汰の酬いとはいえ、もはや適任者がなく、天智系へ皇統を遷さざるをえなくなった苛立たしさを、ならば神託によって、この不文律皇統を帳消しできないものか。そんなふうに暴走されたのだとすれば、清麻呂や法均の追放などは、稚拙にして、すべて狂気の沙汰といわなければなりません。

天皇の苦悩を、宇佐八幡の神託と称して安らげんとした張本人は、大宰府の主神《かんづかさ》習宜阿曽麻呂《すげのあそまろ》ですが、当面、天皇に阿《おも》ねようとしたのは、大宰府の帥《そち》である道鏡の弟、弓削浄人《ゆげのきよひと》だったのでしょうか。とすれば、表向きには、道鏡も被害者です。

天皇の意志に沿った最初の神託に素直に従えば、道鏡は、やがては天位の輿に乗れただけです。もっとも皇位は、たえず殺戮の血腥さが付きまとい、決して安穏ではない、と覚悟しなければなりません。これまで何人の皇子が不慮の死を遂げてきたことか。

その後の称徳天皇には、法王道鏡の生地に設けた行宮「由義宮《ゆげのみや》」と、西大寺建立に執心の日々がつづきました。

清麻呂らを処分したすぐあと、神護景雲三年（七六九）十月十七日、称徳天皇は平群《へぐり》の離宮「飽波宮《あくなみのみや》」から「由義宮」に行幸されました（現在の八尾市弓削町付近で、弓削の表記を由義と改めていました）。

ここは平城京の西に当たるので「西京」としました。

「京」とは、本来貴族や民衆の居住するところで、「宮」は京の中の、天皇の居所や朝廷の諸官衙をいいます。由義宮を中心に外郭を設け、西京としたのです。

翌神護景雲四年（七七〇）にも、二月二十七日から四月六日まで、西京由義宮に行幸され、地元の渡来人らを加えて歌垣を催されました。

天平神護元年（七六五）創建の西大寺は、称徳天皇が東大寺を意識して発願され、「金光明最勝王経」に基づく四天王像を安置された護国鎮護の寺です。いうまでもなく道鏡の影響が多分に浸透しています。

『続紀』の神護景雲四年（七七〇）二月二十三日の条にはこんな記録があります。

「西大寺東塔の心礎を壊して捨てた。その石の大きさは一丈四方余り、厚さ九尺で、東大寺の東、飯盛山にあった石である。初め数千人で引き動かしたが、一日に数歩分しか進まず、時には唸り声がした。そこで人夫を増やして、九日かかってやっと運んだ。それから削り刻んで、据付の基礎が完了した。その時、男女の巫の中に、ともすれば石の祟りがあるかもしれないという者があった。そこで柴を積んで石を焼き、三十石余りの酒を注いで、細かく砕いて道路に捨てた。その一ヶ月余りして、天皇が病気になった。これを占ったところ、砕いた石の祟りであるというので、すぐまた拾って清らかな土地に置き、人馬が踏まないようにした。今、寺内の東南隅にある数十片の砕石がそれである」

神仏頼りの国家財政が、いかに莫大であったことか。これが国力だというものだ、と当時の為政者はひたすら叫んでいるようでなりません。

西大寺が東塔建立で苦慮する話が出た序でに、この寺にも東大寺同様鎮守の八幡宮があります。ここの八幡さまに奉納した茶のお下がりを、参詣者に振舞う「大茶盛式」は、鎌倉時代から行われる名物年中行事で、大茶碗（直径三十センチ以上、重さ六～七キロ）と大茶筅（長さ三十五センチ）は豪快です。

奈良の寺といえば、薬師寺の鎮守にも平安初期寛平年間（八八九～八九八）に宇佐八幡から勧請の、「休ケ岡《やすみがおか》八幡神社」があり、国宝「僧形《そうぎょう》八幡三神像」は有名です。当時、八幡神は、どの寺も護神として重要だったようです。

白壁王は、称徳天皇崩御と同時に皇太子になられ、この年冬十月一日、光仁天皇として即位、元号を宝亀と改められますが、皇太子に就かれてすぐに、称徳天皇とは全く逆の「道鏡は、密かに皇位を狙っており、陵がまだ出来ないうちに、その陰謀が発覚した。先帝に厚恩を受けていたことを考えると、刑罰するのは忍びない。造下野国薬師寺別当に任じる」と命じたのです（前記「その二　皇太子白壁王の配慮」参照）。

いうまでもなく、宇佐八幡の神託と偽って「道鏡を皇位に即ければ天下太平」と吹聴した大宰府の主神習宣阿曽麻呂は多褹嶋《たねのしま》守に任じ、道鏡の弟の弓削浄人《ゆげのきよひと》とその息子広方《ひろかた》・広田《ひろた》・広津《ひろつ》を土佐国に配流しました。

一方、道鏡の陰謀を告発した坂上忌寸苅田麻呂《さかうえのいみきのかりたまろ》には昇叙、道鏡の犠牲になっていた慈訓法師と慶俊法師とは少僧都に復任。和気清麻呂と広虫を配流地から京に戻すという措置が、矢継ぎ早にとられます。

なんと鮮やかな処置であることか。皇太子に白壁王を担いだ藤原永手や百川《ももかわ》の周到な根回しの成果でした。とくに藤原百川（七三二〜七七九）は、藤原式家宇合の八男で、はじめ雄田麻呂といい、白壁王の信頼厚く、つぎの山部王擁立にも貢献する人物です。

『続紀　巻第三十一』の冒頭に、光仁天皇となった白壁王について、

光仁天皇は、天智天皇の孫で、施基《しき》皇子の第六皇子。母は紀朝臣橡姫《きのあそんとちひめ》といい、紀朝臣諸人《もろひと》の娘。天平勝宝以来、皇位継承者がきまらず、人々はあれこれ疑い、罰し廃される者が多かった。天皇は、こうしたことから不慮の災難を恐れて、酒を飲んで行方をくらまし、たびたび被害を免れた。皇子であったころに、こんな童謡《わざうた》が流行った。（注、「童謡」とは時事の風刺や異変の前兆を謡い、政治的目的などから流行らせた民間の上代歌謡）

葛城寺《かつらぎてら》の前なるや、豊浦寺《とようらでら》の西なるや、おしとど、としとど、桜井《さくらい》の白壁《しらたま》しずくや、好《よ》き璧しずくや、おしとど、としとど、然《しか》すれば、国ぞ昌《さか》ゆるや、吾家《わぎえ》らぞ昌ゆるや、おしとど、としとど。

（葛城寺《かつらぎてら》の前じゃろか、豊浦寺《とようらでら》の西じゃろか、オシトド、トシトド、桜井《さくらい》に白壁《しらたま》が沈んじょる、好《え》え璧《たま》が沈んじょる、オシトド、トシトド、あれを拾《ひろ》やあ、お国が栄えるぞ、

俺《おれ》ん家《ち》も賑《にぎあ》ふぞ、オシトド、トシトド）

　この童謡は「桜井の白壁」が隠し詞で、「桜井」は「白壁王妃井上内親王」、「壁」は似た文字「壁」を指し、「白壁王」と誰にでもすぐ判ります。白壁王を皇位に即ければ、国家は安泰・天皇家繁栄と願った比喩唄だったのです。

　しかしすべては、称徳天皇崩御による天武系皇位の断絶まで待たなければならなかったわけで、その終焉と天智系皇位の幕開けに、八幡神が期せずして、道鏡神託ばかりか、このような童謡で立ち会われたのかもしれません。

　護国と皇統の守護神、八幡神の神格は、これ以降、様々に形を変えながら、延々とつづくことになります。

第八章　怨霊と八幡神

朝廷守護の神託

道鏡皇位神託騒動の最大の被害者は、八幡神だったのかもしれません。

いや、むしろ皇位すら左右できる偉大な神として、その神託は畏れ慄かれる権威を持ってしまいます。

皇位が天智系に移った朝廷は、安泰かといえば、これも、一概にはそうではありません。井上《いのえ》内親王（七一七〜七七五）、すなわち光仁天皇の皇后は聖武天皇の第一皇女でしたから、この皇后は、宝亀三年（七七二）、天皇を呪った容疑者とされました。さらに翌四年（七七三）には、天皇と同母の姉難波内親王が死ぬと、これこそ井上内親王の呪詛だとされて、息子であった皇太子他戸《おさべ》親王《しんのう》（七六一？〜七七五）まで廃されました。共に庶人に落されたばかりか、宝亀六年（七七五）四月二十七日には、幽閉先の大和国宇智郡（現五条市）にあった没官の邸で、両名同時に不自然な死を遂げてしまいました。

この奇怪な事件と併行して、宝亀四年（七七三）正月二日、中務《なかつかさ》卿で四品《しほん》という官僚の身であった山部《やまべ》王《おおきみ》が、皇太子になりました。山部王は、光仁天皇の第一皇子で、他戸親王の兄に当たります。生母は高野《たかのの》新笠《にいがさ》（七二〇頃~七八九）といい、身分の低い女官で、皇后には立てられない白壁王の愛妾にすぎませんでした。

高野新笠は、延暦八年（七八九）十二月二十八日に亡くなり翌九年（七九〇）正月十五日、大枝山陵《おおえのみささぎ》（京都市西京区大枝沓掛《くつかけ》町伊勢講山の円墳）に埋葬した当日の『続紀』に、つぎの「没伝」が載っています。

「皇太后の姓は和氏《やまと》、諱《いみな》は新笠《にいがさ》で、贈正一位の和乙継《やまとのおとつぐ》の娘である。母は贈正一位の大枝朝臣真妹《まいも》である。后の祖先は百済の武寧王《ぶねいおう》（在位五〇一~五二三）の子の純陀《じゅんだ》太子から出ている。

皇后は徳優れ、容姿上品でうるわしく、若い頃より評判が高かった。天宗高紹天皇《あまむねたかつぐ》（光仁）がまだ即位していない時、娶《めと》り妻とされた。皇后は今上《きんじょう》（桓武天皇）・早良《さわら》親王・能登《のと》内親王を生んだ。

宝亀年中に氏姓を「高野朝臣」と改めて、今上天皇が即位すると、皇太夫人《こうたいぶにん》と尊称された。延暦九年（七九〇）には遡って皇太后の尊称が追称された。

百済の遠祖都慕《つも》王（百済の始祖で、夫余《ふよ》を開国したと伝える伝説上の人物）は、河伯《かわのかみ》の娘が太陽の精に感応して生れた。それで天高知日之子姫尊《あめたかしるひのこひめのみこと》と諡を奉ったのである。（蛇足。『古事記』神話にも夫余伝説に似た部分がなぜか多い）」

この記録を踏まえて、平成十三年（二〇〇一）十二月十八日、天皇誕生日前の恒例記者会見で、天皇が、朝廷と武寧王との関係やその子聖明王が齎した日本仏教などについて発言され、話題になりました。

実は、山部王の推挙には、渡来系種族の血を引くことが、皇族・貴族たちの間で問題視されたことはいうまでもありません。

もちろん新笠を妻としていた白壁王には、身の危険を感じ、皇位など真っ平、と逃げ回っていたいたほどです。やむなく周囲の機運に押されて即位し、一応血統を継承した形をとって天武系の皇后と皇太子を立てたものの、不可解な「廃皇后・廃皇太子事件」で強引に幕を閉じざるをえませんでした。二十歳にもならぬ廃皇太子他戸と、官僚経験も積んでいる三十歳代の山部王とでは、周囲の目は違っていたのでしょう。とくに藤原式家の権力者百川が山部王擁立に回ったのです。

山部王の母が渡来系であることは、たまたま新羅との国交が微妙になっていたさなかであることを意識し、敢えて強引に渡来系豪族の聚斂《しゅうれん》策としたといえば言い過ぎでしょうか。かれらの因子まで継承する山部王を皇位に当てたことは、こんにちでも天皇が隣国との友好策に、発言されるほどの現象なのです。

渡来系の八幡神が、国家安泰の魁神《さきがけしん》として、急速に平城京で有名になっていったのも、こういう一連の流れが潜んでいたといわなければなりません。

能吏であった藤原百川には、こんな話も伝えられています。称徳天皇に虐げられ備後に流された和気清麻呂の姉法均が、その地に宇佐八幡を勧請して祀っていました。宝亀八年（八七九）、この社殿を造営したのが藤原百川で、いまに伝えられている広島県三原市八幡町の「御調《みつぎ》八幡宮」の姿です。

氷上真人川継の乱

天応元年（七八一）四月三日、光仁天皇譲位、同時に皇太子山部親王が桓武天皇として即位、翌日、実弟の早良《さわら》親王が皇太子になります。十二月二十三日には、光仁太上天皇が七十三歳で崩御されました。

もはや、名実ともに天智系皇位の新体制が発足したと思いきや、翌年早々、ふたたび天武系の皇位奪還未遂事件が発生しました。『続紀　巻三十七』の当該記録を抄記しますと、

延暦元年（七八二）閏正月十一日　因幡国守・従五位下の氷上真人川継《ひがみのまひとかわつぐ》（七三七〜七八五）が謀反を起こし、露見して逃走した。そのため、鈴鹿・不破《ふわ》・愛発《あらち》の三関を固め、京・畿内・七道に、川継の逮捕を下知《げち》した。

閏正月十四日　（前日は地震まで起こり慄《おのの》いたが、ようやく）氷上川継を大和国　葛上《かずらぎのかみ》郡で逮捕した。

天皇は次の詔《みことのり》をした。

氷上川継は密かに反乱を謀ったが、事件はすでに発覚した。法によれば極刑にあたる。川継の母不破《ふわ》内親王も反逆者の近親だから重罪に当たる。ただ、先皇の諒闇《りょうあん》がはじまったばかりで、彼らの

刑を論ずるには忍びないので、川継は死を免じて遠流し、不破内親王と川継の姉妹は淡路国に移配せよ。

　川継は塩焼《しおやき》王の子である。はじめ川継の資人《しじん》（諸王・内親王に給される従者）である大和乙人《やまとのおとひと》が、密かに武器を帯びて、宮中に許可なく進入した。担当の官人が捕らえて、問いただすと、乙人は白状した。

「川継は、今月十日夜、衆を集めて、平城宮の北門から入り、朝廷を覆そうと陰謀をめぐたしました。そのために乙人を遣わして、一味の宇治王を引入れて決行に参加させようとしています」

　そこで天皇が、川継を召喚されようとされた。川継は、勅使の到着を聞くと、密かに裏門から逃走、捕らえられた。罪は一等を減じ伊豆国三嶋（伊豆諸島）に配流となった。

　この『続紀』抄記だけでは、よく判らないので、若干付記します。

　氷上川継は、天武天皇↓新田部親王↓塩焼王↓川継となり、天武天皇の曽孫になりますが、塩焼王が臣籍降下し、「氷上真人」の姓を賜わっていました。いうまでもなく川継を担ごうとした貴族一派がいたはずです。処罰された主な家系をみると藤原の京家から浜彦と継彦、北家からは魚名、鷹取、末茂、真鷲たちが京外追放や左遷されていて、氷上やその他の皇族のような流罪はなく、しばらくは朝廷から遠ざけられてしまいます。北家の面々はやがて戻されますが、京家はこれを契機に凋落してゆきます。

長岡京　藤原種継暗殺と早良親王の憤死

　かつて聖武天皇が巨大盧舎那仏建立の詔をされたとき、「天下の富を所持する者は朕である。天下の権勢を所持する者も朕である」と、富と権勢を堂々と誇れたが、天皇となればすべては意のまま、桓武天皇とて、まずは怨念の渦巻く平城京《ならのみやこ》から離れようと念じられます。曽祖天智天皇も、飛鳥から遥か大津へ遷都されたのだから、新たな政事こそ新たな地で行おう、と気負われました。

天武系によって家を支えてきた既存勢力とは、距離を置かなければならないとしながらも、平城京では、ことごとに寺院勢力の抵抗を受け、専制政治の大きな障害になっていました。

また、これまでの国外からの交易路、難波津→大和川ルートは、土砂の堆積で難渋していて、三国川（現、神崎川）を改修、淀川経由で山背や近江へと開けつつありました。そこで、このルートに遷都することが、人心一新にもなろうと、候補地を探しました。

股肱の臣と頼むは、奇しくも同い年で意気投合していた藤原種継です。常々意中を漏らしておられ、彼を中心に、延暦三年（七八四）六月十日から山背国乙訓《おとくに》郡に都城の造営を開始しました。

行動的な天皇の性格でもありましょうが、着工半年足らずの翌年の朝賀は、未完の長岡宮で行われました。以降も、平城宮や難波宮などから、かなりの建材が移築されて、平城宮に並ぶほどの都城が、長岡宮で着々と形をなしつつありました。

ところが、延暦四年（七八五）九月二十三日夜、大事件がおきました。

率先して造宮監督中であった、中納言兼民部卿の正三位藤原種継が賊に射られ、翌日、亡くなってしまったのです。

平城京に行幸中の天皇は、直ちに戻って、その日のうちに、反逆者と看做す大伴継人《つぐひと》や大伴竹良《たけら》ら徒党数十人を逮捕し、斬首や配流を断行しました。

歌人で名高い家持《やかもち》（七一七？〜七八五）は、大伴一族の長で、当然、捕縛の対象ですが、たまたま八月二十八日に病死していたため除名処分のみですみ、息子の永主《ながぬし》が隠岐に流されました（後年、罪を許され家持は贈従三位、永主は従五位下を賜う）。

なかでも最大の悲劇は、皇太子で桓武天皇の実弟早良《さわら》親王の憤死です。

『続紀』、延暦四年（七八五）十月八日の条に、いきなり藤原小黒仲麻呂と笠《かさ》王を山科の天智天皇陵へ、壱志濃《いちしの》王と紀馬守を田原の光仁天皇陵へ、当麻《たぎま》王と紀古佐美《こさみ》を後佐保《のちのさほ》の聖武天皇陵へ遣わし、「皇太子（早良親王）を廃した事情を告げさせた」とあります。なぜか、その理由は述べられていません。

早良親王（七五〇？〜七八五）は、日頃、藤原種継とはあまり仲が良くなかったようですが、幼い時から、母方が下級貴族のために高望みなどせず、天平宝字五年（七六一）には出家し、東大寺羂索院や大安寺東院に住んでいて、親王禅師などと呼ばれていました。初代東大寺別当であった良弁も、死の間際に、早良親王に東大寺の後事を頼んだほど信頼していました。ところが、桓武天皇が即位のとき、父の光仁天皇から勧められたばかりに還俗し、思いもよらぬ皇太子にされてしまったのです。東大寺では、その後も諸事相談していたといわれます。もちろん長岡遷都は、平城の諸寺についていては大打撃で、その阻止はあらゆる方法でおこなわれていたでしょう。しかし、皇太子がその急先鋒などとは、とても考えられません。

『続紀』にはない廃皇太子早良親王について、『日本紀略』ではこうあります。早良親王は、長岡の乙訓寺《おとくにでら》に幽閉されましたが、無実を訴えるため自ら飲食を断ち、十数日後に宮内卿石川垣守らが遣わされ、舟に乗せて淡路へ配流しようとしたが、途中の河内国高瀬橋付近（現大阪府守口市高瀬神社付近）で息絶え、そのまま運ばれました。一説には、寺で既に亡くなっていて遺骸を淡路に運んだ、ともいわれています。

十一月二十五日　桓武天皇第一皇子安殿《あて》親王（のちの平城《へいぜい》天皇）が皇太子になりました。

ところが、天皇の周辺だけでも、皇太子の発病、皇妃の藤原旅子・藤原乙牟漏・坂上又子や実母高野新笠の病死と不穏なことがかさなり、疫病の流行や大洪水など災害が相次いで起こっていました。

『続紀』の延暦七年（七八八）九月二十六日の天皇の詔には、

「朕は微小ながらも、おそれ多くも帝王の大業を継承し、水陸に便利な長岡の地に都を建てている。しかし、皇居はまだ完成せず、建設の作業はますます多くなっていく。人民は徴発されて大変苦しんでいる。そのため提供したはたらきや物資に対して手厚い恵みを与え、苦労の煩いがないように望むものである。

今聞くところによると、都を造営している役夫は丈の短い粗末な着物を着て、それらの人のほとんどが、疲れ弱っているという。朕は静かにこのことを思って、深く心を痛めている。そこで、役夫を提供している諸国の今年の出挙は、正税稲・公廨《くがい》稲を問わず、すべてに利息を減ずるようにせよ。例えば稲十束を貸したとすれば、その利息の五束のうち、二束は人民に返還し、三束だけ国家に納入せよ。この勅の出される前に徴収し納入されたものは返還するようにせよ」

とあります。これを見ても、造都がいかに苦難であったかが分ります。

つづく冬十月二日も「雷雨と暴雨で人家の倒壊」が記録されていて、踏んだり蹴ったり、誰いうともなく怨霊の仕業だとつぶやき、やがてそれは憤死した早良親王だと騒ぐまでになってゆきました。

『日本後紀』の延暦十一年（七九二）六月十日に、「皇太子安殿《あて》親王の病が長期にわたり、卜《うらな》うと崇道《すどう》天皇（早良《さわら》親王）の祟りであるとわかり、諸陵頭《しょりょうのかみ》調使王《つきのつかいおう》らを淡路国へ派遣して、その霊に謝罪した」とあり、さらに十七日には、勅《みことのり》までされました。

「去る延暦九年（七九〇）、淡路国に命じて某親王《なにがしのしんのう》（崇道天皇）の塚に守冢《しゅちょう》（墓守り）一戸をあて、近隣郡司に墓守をもっぱらの任務にさせたが、墓の守衛につかず祟りが起きてしまった。今後は、塚の周囲に隍《ほり》を築き、濫《みだ》れ穢《けが》れたりすることのなきようにせよ」

平安京　怨霊鎮魂の都

桓武天皇は、天武系皇族とそれを担ぐ社寺勢力の平城京を捨てて、強引に長岡京に遷ったものの、ここも、これほど怨霊に祟られつづけられては、やがては自らが奇禍に遭いかねない不穏な土地となってしまう、と更なる遷都を考えられました。

道鏡神託事件で失脚していた和気清麻呂が、光仁朝になるといちはやく復権し、桓武朝では実務官僚として重用され、平安京遷都では造営大夫になっていました。

『日本後紀』延暦十二年（七九三）春正月十五日の条に、大納言藤原小黒麻呂と左大弁紀古佐美らを派遣して、山背国葛野郡の宇太村（京都市右京区宇多野）の土地を、遷都のため視察させています。

三月十日　参議壱志濃王らを遣わして伊勢大神宮へ奉幣し、遷都の由を奉告した。

同十二日　五位以上の者と諸司の主典以上の者に役

夫を提供させせ、新京の宮城を造る工事に充てた。
同二十五日　遷都のことを山陵《さんりょう》（山階の天智天皇）・後《のちのたはら》田原（光仁天皇）・先田原《さきのたはら》（施基皇子）の各陵に報告した。
延暦十三年（七九四）秋七月一日　長岡京の市を新京（平安京）へ遷した。店舗を建てる一方で市民を移住させた。
同九日　山背・河内・摂津・播磨の国の稲一万一千束を、従三位百済王明信・従四位上五百井女王・従五位上置始女王・従四位上和気朝臣広虫・因幡国造浄成ら十五人に賜わった。新京に家を建てるためである。
同十月二十八日　遷都が行われ、天皇は次のように詔された。
「（略）葛野《かどの》の宮が営まれることになった土地は、山川も麗しく、四方の百姓《ひゃくせい》が参上するに際して好都合である。（略）また、愛宕《おたぎ》・葛野二郡の今年の田租は免除する」
同十一月八日　天皇はさらに次のように詔された。
「（略）山背国の地勢はかねて聞いていた通りである。（略）この国は山と川が襟と帯のように配置され、自然の要害である城の様相を呈している。このすばらしい景色に因み、新たな国号を制定すべきである。そこで、山背国を改め山城国とせよ。また、天皇を慕いその徳を讃える人々は、異口同音に平安京と呼んでいる。また、近江国滋賀郡の古津《ふるつ》は、天智天皇が都を置いたところで、いまは平安京の近接地になっている。往時の地名を追って大津と改称せよ」

このように、長岡京の完成も待たず、ふたたび宮殿移築素材を、平城京へ運びました。

平安京は天然の城郭的地形であっただけではなく、この地を開拓し占拠している豪族は、渡来人秦一族で、桓武天皇にとって母方と同族という、地形以上の安堵感があったのではないでしょうか。

しかも、南都の寺院とは距離を置きたい文字通りの平安京にするには、怨霊を封じた平和都市として、新たな宗教を模索することでした。

遷都と同じころに創建されたといわれる崇道神社には、早良親王が祀られました。鎮座の場所、現在の京都市左京区上高野西明寺山町は、母の高野新笠の出たところともいわれます。京都では、「御霊信仰」が注目されますが、その筆頭が早良親王とは知らなくても、いかに社の多いことか。

怨霊鎮魂は、やがて平安京の風俗に溶け込み、華やかな祇園祭すら早良親王はじめ多くの怨霊を鎮魂強化する牛頭《ごず》天王の祭というわけです（梅原猛『京都発見一』）。

藤原種継事件から十五年経った延暦十九年（八〇〇）の『日本後紀』に、

「七月二十三日　（桓武）天皇が次のように詔した。

『朕に思うところがあり、故皇太子早良親王を崇道天皇と称し、故廃后井上内親王（早良親王の母）を皇后に戻し、二人の墓をともに山陵と改称せよ』

従五位上守近衛少将《しゅこのえしょうしょう》兼春宮亮丹波守《とうぐうのすけたんばのかみ》大伴宿禰是《これ》成《なり》に、陰陽師《おんようし》・衆僧《しゅうそう》を引率させ、淡路国にある崇道天皇陵を鎮め謝罪させた。

二十六日　淡路国津名郡の二戸を守戸として崇道天皇の陵を守らせ、大和国宇智郡の一戸に井上皇后陵を守らせることにした。

二十八日　少納言従五位下称城王《しょうぎおう》らを遣わして、崇道天皇陵へ天皇号を贈ったことを報告し、散位従五位下葛井王《ふじいおう》を遣わして井上皇后陵へ皇后へ復位のことを報告した」

と流石の桓武天皇も、悔悟の意を表されました。

空海と八幡神

桓武天皇にとって最大の怨霊は、弟の早良親王にほかなりません。

この鎮霊と平城京の寺から解放される平安京には、どうしても新たな神仏を唱える識者を必要としました。

それに応えた一人に、若い最澄（七六七〜八二二）がいました。最澄は、近江国滋賀郡古市郷（現、大津市）の人で、先祖は、後漢の孝献帝に連なる登萬貴王《とまきおう》が、応神天皇の時代に渡来したといいます。俗姓を「三津首《みつのおびと》」、名は「広野《ひろの》」、十四歳で出家、十七歳のとき得度し、最澄と改めました。延暦元年（七八五）、十九歳のとき東大寺で具足戒をうけますが、既存宗教に飽き足らず、独り比叡山に籠って山林修業をつづけ、天台思想の構築に励みました。やがて平安遷都が始まると、新たな宮廷で重んじられる国家的権威の「内供奉十禅師」の一人にくわえられました。まさに平安京を背負って立つ若い秀才といえましょう。

延暦二十一年（八〇二）、和気清麻呂（七三三〜七九九）の創建した氏寺高雄山寺に、長男の広世から、伯母広虫（法均尼）の三回忌に招請された最澄は、この寺で自著の『法華玄義』『法華文句』などを講義する法華会を行ない、さらに名声を高めます。

延暦二十三年（八〇四）には、入唐求法の還学生《げんがくしょう》に選ばれ、天台教学の奥義を習得するため渡唐しました。

このときの遣唐船は四隻で、第一船には大使の藤原葛野麻呂《かどのまろ》（七五五〜八一八）や橘逸勢《たちばなのはやなり》（七八二〜八四二）、さらに留学生《るがくしょう》空海（七七四〜八三五）らが、第二船には最澄らが乗り込みましたが、第三、四船は途中で遭難、行方不明になります。

最澄は、運よく一応の成果を収めて、翌年、帰国、日本の天台宗開祖となります。最大の支援者であった桓武天皇が崩御された後も、天台密教について満足できず、叡山で修業に明け暮れていました。

同じ遣唐船団では、まだ一介の留学生に過ぎなかった空海は、最澄より七歳も若く、しかも入唐したいばかりに慌てて得度した弱僧で、二十年間の留学指定年限がありました。それを僅か二ヶ年で切上げてしまったのですから、彼は秀才というよりも天才といわなければなりません。

金剛頂経と大日経の両密教を統合した真言八祖第七祖の恵果《けいか》（七四六〜八〇六）から直接、胎蔵界と金剛界の五部灌頂《かんじょう》を受け、遍照金剛の名まで授かり、最後に阿闍梨《おじゃり》位と、密教の大法を得ました。そればかりか、恵果の入滅《にゅうめつ》を送る劇的大業を短期間に終えて、大同元年（八〇六）に帰国します。ところが、この年、気宇広大な桓武天皇に替わって、皇太子安殿《あて》親王が、五十一代平城《へいぜい》天皇（七七四〜八二四、在位八〇六〜八〇九）に即位されたのです。

空海は、同じ船で帰国した橘逸勢らとは切り離されて、大宰府に留め置かれ、なぜか入京を許されません。留学期間を勝手に切上げたことが、役人の不興を買ったのでしょうか、いや、闕期《けつご》の罪は明らかです。空海は、すぐに持ち帰った多数の経典（二百十六部四百六十一巻）や両部大曼荼羅《まんだら》、祖師図、密教法具、阿闍梨付属物など密教の奥義が垣間見える『御請来目録《ごしょうらいもくろく》』を纏めて朝廷に提出し、しばらくは、大宰府の観世音寺に住し、京の動静を待ちました。ただ、行動的な空海のことですから、近隣の社寺、とくに神託の灼《あらたか》な宇佐八幡宮へは、しばしば参ったにちがいありません。

平城天皇は、生来病弱なうえに、寵愛した藤原薬子《くすこ》と、その兄仲成《なかなり》の専横が目立って、三年たらずで譲位してしまわれました。

五十二代嵯峨天皇は、実弟で神野《かみの》親王といい、すんなり皇位継承がなされましたが、依然、薬子に溺れた上皇は、弘仁元年（八一〇）九月六日、いきなり「平城太上天皇の指示により、平城旧京に遷都する（『日本後紀』）」といわれて、大騒ぎになりました。この首謀者は、藤原式家の薬子とその兄仲成で、その排斥を狙った藤原北家の冬嗣らが仕掛けた事件です。世に「薬子の変」といわれます。

朝廷を巻き込んだ貴族たちの権力闘争で、同じ藤原家でも時代とともに、敵対意識が激しく、やがて北家が、天皇の外戚として、摂政関白など権力を振るう平安中期へと移ってゆくのです。

「薬子の変」の前年、二十四歳で即位した若い嵯峨天皇の庇護もあったのでしょう、空海は、やっと京に入っています。

それにしても、空海の請来した諸経典をいちはやく読みたかったのは最澄で、その最澄を若輩の空海が、自ら訪ねたのは、大同四年（八〇九）二月三日でした。その空海の居住を、高雄山寺に勧めたのは最澄ではなかったでしょうか。

高雄山寺は、さきに触れたように和気清麻呂の氏寺で、実はこれと並んで同じ清麻呂創建の神願寺という寺院がありましたが、天長元年（八二四）には合併して神護寺となります。

神願寺は、延暦十二年（七九三）に「神願寺に能登国の墾田五十町が寄進された（『類聚国史』）」とあり、そのころ宇佐八幡宮の神意に基づいて創建されたと伝えられています。

最澄は、延暦二十四年（八〇五）高雄山寺に灌頂壇

を設け、多くの僧俗に灌頂を授けたようですが、短期間の在唐では十分に密教を習得しえた自信が持てませんでした。では、ここに空海を住まわせれば、請来経典の借用に容易だ、また空海を尊崇している和気家の当主真綱（清麻呂の五男）や六男の仲世（七八四～八五二）らも喜ぶにちがいないと最澄は読みました。その間に、しばしば経典を借用し、ついには腹心の弟子まで差向けるほどになってゆきます。

真言密教の大本が、そのまま唐から日本に居を遷したような、権威ある空海は、嵯峨天皇の庇護のもと、たちまち全国の仏教界に新風を巻き起こしました。

奈良東大寺の記録によると、空海は、大同五年（八一〇）から同八年（八一三）まで同寺の別当を任ぜられていて、さらに大同六年（八一一）十一月九日から一年ばかりは、乙訓寺《おとくにでら》の別当も勤めています。

東大寺別当は、既存権力の改革でしょう。乙訓寺別当の就任意味はなにか？　この寺はいうまでもなく平城京遷都の理由ともなった早良《さわら》親王（崇道天皇）憤死の寺です。なにかの不穏事でも起きたのか、嵯峨天皇の叔父となるこの怨霊を鎮魂するには、空海を置いてないとおもわれたのかもしれません。

空海は、寺内の撓《たわ》わに実った蜜柑を摘み取って詩を添え、嵯峨天皇に贈っています。黄金の蜜柑で天皇の心を癒やすとは、空海ならではの詩情といえましょう。

最澄との請来経典に関する交友はこの寺でも続いていて、空海の最澄宛書信『風信帖《ふうしんじょう》』（国宝）に「仏法大事を話し合うために、この院に（叡山から）降りてきてほしい」とある院とは乙訓寺のことだといわれています。大先輩の最澄に真言密教の体得は経典をひもとくばかりでは駄目だ、大いに議論しましょうというのですから、やがて疎遠になる二人を暗示していて、『風信帖《ふうしんじょう》』は書家空海の名筆として喧伝される以外に、最澄と空海の交友を探る最も貴重な尺牘《せきとく》です。

乙訓寺には、哲学者梅原猛（一九二五～　）が『京都発見　四』の「乙訓寺と御霊」のなかで、「日本の思想の本質を的確に表現している像といわねばならない」と述べているご本尊があります。「合体大師《がったいだいし》」といって、首から上は八幡神、首から下は弘法大師空海だそうです。「寺伝」では、空海がここで八幡神の神像を造ろうとしたら、老翁の姿で八幡神が現れて、空海が造っている八幡神に、首から下を空海の姿で造りました。終わって上下二つを合わせると、ピタリ一体におさまったとか。

　しばらくは秘仏であったが、平成の阪神淡路大地震の大修理落慶記念に開帳されたといわれます。また、この寺の御厨子には、八幡神と本地仏《ほんじぶつ》の阿弥陀如さまが、仲良く並んでおられるとか。

　神仏習合に積極的な空海の、八幡神にかかわる伝承は、他にも多々あります。京の拠点として住まいした高雄山寺が、和気清麻呂の氏寺であることは既にのべた通りで、この寺は、天長元年（八二四）、官が保護する定数私寺、すなわち「定額寺」となったとき、山寺号を「高雄山　神護国祚真言寺《じんごこくそしんごんじ》」（別称　高雄神護寺）と改められました。神護国祚真言寺とは、「八幡神の加護によって国家鎮護を祈念する真言の寺」という意味です。

　話が前後しますが、弘仁三年（八一二）十一月十五日三更《さんこう》（真夜中）、この寺で空海が金剛界灌頂を授けた人の、筆頭に大先輩の最澄、つづいて支援者の和気兄弟（真綱・仲世）が、空海自筆の『灌頂暦名』（国宝、神護寺蔵）に記録されています。

　また、神護寺には、大同四年（八〇八）十一月十日、空海が宇佐八幡から勧請したといわれる鎮守平岡八幡宮があります。高雄山八幡ともいい、『高野大師《こうやだいし》行状図画《ぎょうじょうずえ》』によると、空海がこの神社の前を通りかかると、八幡神が現われ、「私はあなたを描くから、あなたは私を写してほしい」といわれ、二人がそれぞれ御影を描いた。「互いの御影」といい、現在、神護寺にある僧形八幡《そうぎょうはちまん》がそれだといいます。

　千年後、いかに明治政府が神仏分離と叫んでも、形はともかく、心まで切り離すことはできないこの寺の証でしょう。

　京には、空海の寺がいま一つあります、東寺です。この寺は、桓武天皇が平安京の羅城門を挟んで東西の大宮大路に面し、左右両京と日本の東西両国を鎮護する官寺として、延暦十五年（七九六）に建てられました。左大寺、右大寺とも呼ばれ、両寺は外国からの賓客を止宿させる鴻臚館《こうろかん》の役割も附加されていました。しかし、鎮護国家の寺である西寺は、律令体制の衰退とともに衰え、廃絶しました。

東寺は、弘仁十四年（八二三）正月、嵯峨天皇から空海に賜わりました。空海は、ここを真言密教の根本道場とし、山寺号を「八幡山教王護国寺」と改めました。もっとも、従来のように「東寺」ともいい習わされますが、正式名称は「金光明四天王護国寺秘密伝法院」と「弥勒八幡山総持普賢院」の二つの名があり、宗教法人としては「教王護国寺」と複雑です。

ここでは東寺を使いますが、八幡山とか弥勒八幡とか、さまざまに八幡神の習合した寺であることはいうまでもありません。

東寺の守護神には「八幡神」と「稲荷神」の二神がいます。

八幡神は、薬子の変のとき、空海が嵯峨天皇と密談して宇佐八幡を勧請され、東寺創建時から南大門の西側にありました。もっとも明治元年（一八六八）に焼けて、平成四年（一九九二）に再建されました。ご神体の僧形八幡神と女神二体は、火災に無事だったので、しばらく東寺のあちこちに仮安置されたのち、新殿に戻されました。堂々たる体格の、存在感ある豊かな趣のご神体とかいわれます（『京都発見七』の「空海の寺東寺」）。

東寺を守護するもう一つ、稲荷神には、いささか奇妙な伝承があります。『類聚国史』巻三十四に、五十三代淳和《じゅんな》天皇（七八六〜八四〇、在位八二三〜八三三。桓武天皇の第三皇子、大友親王）が病気になり、占わせたところ、稲荷社の森の樹を切った祟りだというので、大中臣雄良《おおなかとみのをよし》を稲荷社に遣わし、礼代《れいだい》として従五位下を奉ると、天皇は平癒されたそうです。稲荷山の伐採は、東寺の搭心材《とうしんざい》・幢材《どうざい》各四枝、幢柱《どうちゅう》十六枝、計二十四枝の巨木で、嵯峨上皇が許諾した空海の要望とあれば、稲荷社の神官も承服せざるをえなかったわけです。

それにしても、伐採の祟りならば、空海か、許可した嵯峨上皇に降りかかるはずが、天皇に祟ったとは。神を巻き込んだ天皇派と上皇派の、権力抗争だったのかもしれません。空海の法力のせいか、淳和天皇は没し、嵯峨上皇の子孫が政権を独占する結果となりました。

そんな因縁もあってか、稲荷神はご利益《りやく》ある神として、ドンドン位が上がり、こんにちで「正一位」といえば「稲荷大明神」と相場が決まってしまいました。

ちょっと複雑になりますが、真言密教の胎蔵界曼荼羅には、その最外院に荼吉尼天《だきにてん》という神がいます。これは、人の死を六ヶ月前に知り、その心臓を食うという女性の悪鬼で、神体は白狐で表現されますが、稲荷神が真言密教とかかわったせいか、なぜかこの神と習合して、白狐が稲荷神の使徒またはそのものになってしまいました。

本来、稲荷神は、農耕・養蚕の神で、稲生《いねなり》が訛って稲荷《いなり》となった原始信仰神です。渡来人、とくに山背国に居を構えた秦氏が崇めていた神と言われています。

空海にとって八幡と稲荷の両神は、唐から持帰った最新の真言密教同様に、渡来の匂い豊かで、平安という新都には似合いの守護神、旨酒であったわけです。

平安朝でやや平穏というのは、嵯峨天皇・空海の時代ではないか、といわれます。やがて様々に姿を変える権力闘争が繰返され、武力で制圧する時代、すなわち武家の台頭がめざましくなってゆきます。

第九章　武家と八幡神

石清水八幡宮《いわしみずはちまんぐう》

平安京の裏鬼門（南西）を守護する神社の代表が石清水八幡宮であり、鬼門（北東）守護が延暦寺といわれます。

延暦寺の開祖が最澄だから、石清水八幡宮は空海か？　ただ空海の弟子で南都大安寺の行教《ぎょうきょう》が、貞観元年（八五九）、空海入滅の承和二年（八三五）三月二十一日から二十四年後に、宇佐八幡の「われ都近き男山《おとこやま》の峯に移座し、国家を鎮護せん」なる神託を受けて奏請《そうせい》、現在の京都府八幡市高坊《たかぼう》の丘陵に、宇佐に準じた堂々の宝殿を造営、翌年神璽《しんじ》を奉安したといわれます。

ここには、すでに「石清水山寺《いわしみずやまでら》」があり、これと習合して「石清水八幡宮《いわしみずはちまんぐう》」と呼ばれましたが、明治二年（一八六九）八月の神仏分離騒動で、「男山八幡《おとこやまはちまん》」と改められました。大正七年（一九一八）一月以降は、ふたたび「石清水八幡宮」に戻し、伊勢神宮に次ぐ第二の宗廟として、こんにちに伝えられています。なお、石清水山寺は、石清水社として境内に現存しています。

完全な神仏習合の社でしたから神官はなく、貞観十八年（八七六）に、勧請僧行教の一族紀御豊《きのみとよ》が、宇佐八幡宮に準じて神主《かんぬし》に任ぜられ、代々これを相続しました。

境内は広大で、上院（山上）と下院（山麓）に分れ、急勾配の猪鼻坂で結ばれています。現在は緩やかな七曲がり参道になりました。上院が八幡神ご本殿、下院は頓宮《とんぐう》（祭事の神輿御旅所《かりみや》）、そのほか習合の寺社など参拝に戸惑うほど社殿の多い境内です。

鎌倉時代末期（一四世紀）、吉田神社の社家卜部兼好《うらべのかねよし》（一二八三頃〜一三五二頃）が、『徒然草《つれづれぐさ》』の「第五十二段」にこんな文章をのこしています。

「仁和寺《にんなじ》にある法師、年よるまで石清水《いわしみず》を拝まざりければ、心憂《う》く覺えて、ある時思ひたちて、たゞ一人徒歩《かち》より詣でけり。極樂寺・高良《こおら》などを拝みて、かばかりと心得て歸りにけり。さて傍《かたへ》の人に逢《あ》ひて、『年ごろ思ひつる事果たし侍《はべ》りぬ。聞きしにも過ぎて尊《たふと》くこそおはしけれ。そも參りたる人ごとに山へのぼりしは、何事かありけむ、ゆかしかりしかど、神へまゐるこそ本意なれと思ひて、山までは見ず』、とぞ言ひける。すこしの事にも先達《せんだち》はあらまほしきことなり」

下院だけで本願を達したと満足する老法師に、小事にも先達《せんだつ》をケチるなと戒めた話ですが、石清水八幡詣がいかに庶民も信仰する悲願の社であったか目に見えます。

『徒然草』の「第二百十三段」にも、石清水八幡宮詣が出てきます。

「御前の火爐《かろ》に火おく時は、火箸して挾む事なし。土器《かわらけ》より、直ちにうつすべし。されば、轉び落ちぬやうに、心得て炭を積むべきなり。八幡《やはた》の御幸《ごこう》に供奉《ぐぶ》の人、淨衣《じょうえ》を著て、手にて炭をさされければ、ある有職《ゆうそく》の人、『白き物を著たる日は、火箸を用ゐる、苦しからず』と申されけり」

記録では、石清水八幡宮への行幸は、永祚《えいそ》元年（九八九）五月二十一日の円融法皇の参詣をはじめにして、明治十年（一八七七）まで、二百四十余度におよんだといいます。奉幣《ほうへい》には、即位由奉幣《そくいよしのほうへい》、同祈祷《きとう》、大嘗祭由奉幣《だいじょうさいよしのほうへい》、大神宝使、一代一度仏舎利使《ぶっしゃりし》などがあったようです。

平安京の裏鬼門に鎮座する「国家鎮護」の神とはいえ、総本社はいうまでもなく宇佐八幡です。都に近く、しかも宇佐に優るとも劣らない規模の境内とあっては、賑々しいこと宇佐が屋移りでもされた感は、否めません。

後白河法皇（一一二七〜一一九二）が集成された『梁塵秘抄《りょうじんひしょう》』は当時の今様歌謡集ですが、神社歌の筆頭に石清水八幡宮の五首が載っています。

山鳩《やまばと》は何処《いづく》か鳥栖《とぐら》石清水《いわしみづ》、八幡《やはた》の宮《みや》の若松《わかまつ》の枝《えだ》
此処《ここ》にしもわきて出《い》でけむ石清水《いわしみづ》、神《かみ》の心《こころ》を汲《く》みて知《し》らばや
石清水《いわしみづ》深《ふか》き誓《ちかひ》の流《なが》れには、幾《いく》せの人《ひと》か渡《わた》されぬらむ
石清水流《いわしみづながれ》の水《みづ》のはるばると、長閑《のどか》なる世《よ》に住《す》むぞ嬉《うれ》しき
石清水流《いわしみづながれ》の末《すえ》ぞ頼《たの》まるゝ、心《こころ》も行《ゆ》かぬ水屑《みくづ》と思《おも》へば
若宮《わかみや》の座《おほ》せん世《よ》には貴御前《あておまえ》、錦《にしき》を延《は》へて床《とこ》と踏《ふ》ません

紫式部（九七三?〜一〇一四?、藤原為時の娘、女房名「藤式部」）の『源氏物語』も、一条天皇（九八〇〜一〇一一）や中宮彰子《しょうし》はじめあまたの女房たちにもてはやされて書きつづけたらしく、当時の風俗が事細かく述べられて、石清水八幡詣も欠かすわけにはゆかなかったようです。

第二十二帖「玉鬘《たまかずら》」、主人公の光源氏が三十五歳のとき、夕顔の遺児玉鬘が筑紫国から都に還ってきます。夕顔は源氏が十七歳のときにふとした奇縁で付合った女性の一人で、彼女の頓死後、源氏は夕顔の女房の右近を引取って、紫の上の世話をさせていました。

玉鬘に従って都に戻った乳母《めのと》は、「神仏こそ、姫君を、きっと幸せに導いてくださるでしょう。この近くの石清水八幡宮は、筑紫でよくお詣りされた松浦《まつら》、筥崎《はこざき》と同じ八幡神のお社です。肥前国を発たれる時にも、沢山願を立ててお祈りされましたね。上京を果たされた今、こうしてご利益《りやく》を頂いて、無事に還ってきましたと、ご報告なさいませ」と諭します。

「次は、仏のなかでは初瀬《はせ》の観世音こそ、日本のうちではあらたかな霊験をお示しくださるそうで、その評判は唐土《もろこし》までも届いています。まして姫君は、たとい遠い辺鄙《へんぴ》な田舎だったとはいえ、同じ日本に長くお住まいなのですから、いっそうご利益をお恵《めぐ》みなさいますよ」と励まして初瀬の観音に詣でます。

ご利益があるようにと、ことさら徒歩《かち》でゆくことにしました。慣れぬ姫君のこと、たいそう苦心しましたが、他人の言うままに、無我夢中で歩きました。

難渋しながら、生き心地もなく疲れ切って椿市に辿りついた四日目の午前十時ごろのことです。姫君は脚が痛んで歩けず、休むことにしました。ここで相客になったのが、母夕顔の女房であった右近で、六条院の紫の上の中途半端なご奉公にだんだん居心地悪くなり、ときどき初瀬詣にきていたのです。

ここで、玉鬘は、源氏の君に救われる糸口を得るという、いかにも大衆小説っぽい展開になるのですが、要は神仏の加護で感動する読者に、石清水八幡宮や初瀬観音（長谷寺）が一役買ったということです。

とにかく石清水八幡宮は、京の護り神さまだけに希代な話には事欠きません。『今昔物語集』の巻二十七「左京《さきょう》の属邦利延《さかんくにのとしのぶ》、迷神《まどわしがみ》に値《あ》う事　第四十二」では、三条天皇（九七六〜一〇一七、在位一〇一一〜一〇一七）の石清水八幡行幸の供奉をした左京の属邦利延が、九条の辺りで迷わし神に取りつかれ、一行から離れて長岡の寺戸界隈を歩き回る話です。方向感覚を失う状態を当時は迷わし神の仕業だといいました。

石清水八幡宮行幸で、もっとも歴史の大舞台となったのは、文久三年（一八六三）四月十一日です。孝明天皇が、攘夷祈願を理由に、将軍家茂を連れて参詣し、神前で「攘夷の節刀」を与える、という長州藩とそれに組した公家の策謀がなされました。幕府は、既に開国を押進めていて、これに乗れば、二律背反の窮地に追い込まれます。将軍後見職徳川慶喜は、将軍を病気として欠席させ、自身が代理出席します。しかも、山頂（上院）の本殿で節刀を拝受の儀は、直前に腹痛と称して登山せず、長州藩の策謀を壊してしまいました。

長州藩の真意は倒幕ですから、つぎつぎと策が労され、翌年（一八六四）の「蛤御門の変」でも、石清水八幡宮が同藩の作戦拠点になりました。さらに、慶応四年（一八六八）一月、「鳥羽伏見の戦」では、山麓の宿院に陣取った幕府軍（大垣・桑名両藩）と、官軍（長州藩奇兵隊）が戦い、極楽寺・高良社など多くの社寺が焼失しました。

石清水八幡宮の三神

「第三章　八幡神の変貌」の「神功皇后《じんぐうこうごう》まで祭神に」で、八幡社第三の祭神神功皇后の奉斎経緯について述べましたが、この祭祀がはじまった年、弘仁十四年（八二三）は、嵯峨天皇が譲位され、弟の大伴皇子が五十三代淳和天皇に即位された年で、空海が、東寺を拝領した年でもあります。

　原始信仰の比咩神《ひめがみ》とは別に、八幡神は応神天皇だと大神《おおが》がいい、その神託で奈良朝は大仏とともに華やかな時代をむかえたのですが、たちまちに怨霊鎮護の激しい平安時代へと移行します。

　第二神の比咩神が、応神天皇とどうかかわるのか？后か、何か、と疑問視する向きもいたのでしょうか？とにかく比咩神を論《あげつら》うことは避けて、胎中天皇といわれる応神天皇には、母の大帯姫《おおたらしひめ》（『日本書紀』の気《おき》長足姫尊《ながたらしひめのみこと》、『古事記』の息長帯比賣命《おきながたらしひめのみこと》）が新たなひと柱と、平安初期から相場が決まっていたようです。

とはいえ神功皇后は、はやばやと夫の仲哀天皇とともに、神亀元年（七二四）から香椎宮に祀られていますから、神功皇后だけ宇佐に分神は、いかがなものか。

　この時代、母子信仰の兆しがあったのでしょうか、神々も時代に合わせて変化してゆかれたのでしょう。宇佐八幡の神功皇后奉斎より二十七年ばかり遅れて勧請された石清水八幡宮では、最初から主祭神が応神・比咩神・神功の三神でした。

河内源氏の台頭

平安朝の特質といえば、武家の台頭を上げなければなりません。

　なかでも皇族から臣籍降下し、栄誉ある氏族名を拝受し、地方の国司に就任するケースが増えてゆきました。いうまでもなく、中央貴族の差配は受けますが、当該地の筆頭官で「守」と呼び、ときには「遥任」で糊塗し、実務は次官（介）が行う職も少なくありませんでした。

一方、富を蓄えた百姓も田堵《たと》とよばれて、名田の耕作権を手中にし、租税だけを納付するという権力者、地方富豪へと変貌してゆきました。

こういう地方の財力と権力に加え、武力を前面に押し出した武家といわれる集団が、中央貴族と百姓の間に形成されていったのです。なかでも源氏は、関東に隠然たる力を得るようになってゆきました。

源氏は、皇族を源《みなもと》（水元）とするという意味の氏名で、姓《かばね》は朝臣《あそん》（「あそみ」とも）でした。嵯峨天皇のとき、皇子皇女が増えたため、臣籍に降下させれば、皇胤の繁栄と、逼迫する朝廷財政の護持になる、としてすすめられた策でした。はじめは上級貴族で朝廷の藩屏でしたが、数が増えるにつれ、受領階級となって地方へ赴任、土着し、いわゆる武士社会を形成していったのです。

臣籍降下には源氏以外に平氏、在原氏などがありますが、源氏の比ではありません。

源氏は増えつづけ、天皇ごとの出自を上げても、

①　**嵯峨源氏**　武家が目立つ。氏族に渡邊・松浦・蒲池などあり。著名者は、源信、源常、源融が左大臣。融の系統が地方に土着し、武家となる。

②　**仁明源氏**　源多や源光が右大臣、氏族に坂戸あり。

③　**文徳源氏**　源能有は右大臣、氏族に坂戸あり。

④　**清和源氏**　武家で有名。最も栄えた源氏で、清和天皇第六皇子貞純親王の子、六孫王経基の系統で「河内源氏」といわれる源義家は武家の棟梁となり、子孫は鎌倉将軍頼朝。嫡流の足利が室町幕府へとつづきます。氏族は、新田・足利・武田・佐竹・細川・今川・土岐・南部など多数。徳川・島津のように、本来、清和源氏でもないのに、仮冒《かぼう》の例まで現われます。公家には竹内。

⑤　**陽成源氏**

⑥　**光孝源氏**　代々、仏師を輩出

⑦　**宇多源氏**　源雅信・重信兄弟はいずれも左大臣。雅信の後裔、河内守・源光遠《みつとう》の子、仲章は源実朝とともに鶴岡八幡宮社頭で殺されました。公家には、庭田・綾小路・五辻・大原・慈光寺、武家には佐々木・出雲源氏諸氏があります。

⑧　**醍醐源氏**　源高明、兼明は左大臣。源博雅は管弦の名手。氏族には岡本・河尻あり。数代は公家で

あったが、やがて地方に下り武家や地下家《じげ》（昇殿を許されない廷臣）となりました。

⑨村上源氏　右大臣源師房の子孫は公家として繁栄。室町将軍足利に譲るまで源氏長者をつづける。公家には久我・中院・六条・岩倉・千種・久世・東久世・梅渓・愛宕・植松。武家には北畠など。

⑩冷泉源氏

⑪花山源氏　公家に白川。

⑫三条源氏

⑬後三條源氏

⑭後白河源氏　以仁王一人で、平家政権に叛逆挙兵、源以光《みなもとのもちみつ》を賜わって流罪、のち敗死。一代のみ。

⑮順徳源氏　源善成は左大臣。

⑯後嵯峨源氏

⑰後深草源氏

⑱亀山源氏

⑲後二条源氏

⑳後醍醐源氏　武家は大橋、社家は氷室。

㉑正親町源氏　公家は広幡。

「源氏二十一流《げんじにじゅういちりゅう》」といわれるほどあります。臣籍となっても「源」は格が高く、しかも皇族ではありませんから、ある程度自由がきいたのでしょう、武力をもって地方へ下れば、それなりの格式で、豪族の財力を牛耳り、権力を拡大してゆけました。

　清和天皇の皇子四人、孫十二人は、それぞれ源氏姓を賜わりました。なかでも第六皇子貞純王の子・経基王（源経基《みなもとのつねもと》、?～九六一）の系譜が、とくに武家として優れ、名をあげてゆきます。関東では、平将門（～九四〇）の乱を奏し、南海の藤原純友（　～九四一）の乱には出陣して功を輝かせました。

　経基の子、源満仲《みなもとのみつなか》（九一二～九九七）は、摂津国川辺郡多田（現、川西市多田）に住んでいたので「摂津源氏」と称して家子郎党《いえのころうとう》を養い、清和源氏武士集団の基礎を築きます。その長男が大江山の酒呑天童子退治や土蜘蛛伝説で有名な源頼光（九四八～一〇二一）で「多田源氏」、その傍流が美濃に土着し「美濃源氏」、満仲の次男頼親《よりちか》（生死不詳、興福寺に訴えられ土佐に配流）は大和国宇野に移って「大和源氏」、三男頼信《よりのぶ》（九六八～一〇四八）は河内国壺井（現、大阪府羽曳野市壺井）に移って「河内源氏」となり、武家集団として分裂拡大します。

余談ながら、夏目漱石が『坊っちゃん』のなかで、「これでも元は旗本だ。旗本の元は清和源氏で、多田の満仲の後裔だ」と息巻いているのは面白いですね。

河内源氏の頼信は、兄の頼光とともに、はじめは関白藤原道兼（九六一～九九五）に仕えますが、道兼の死後は、関白藤原道長（九六六～一〇二七）の「四天王（平維衡《たいらのこれひら》・平致頼《たいらのむねより》・藤原保昌《ふじわらのやすまさ》・源頼信）」と讃えられ、武勇に優れた源氏の棟梁として、その地位を確固たるものにしました。

寛仁四年（一〇二〇）、源頼信は河内国守に任ぜられると、ここに土着するべく石川郡壺井荘を拓き、館「香炉峰」を建てました。源氏といえば、「河内源氏」を指すほど武家源氏として台頭する基盤を成したのです。

諸国の受領《ずりょう》や鎮守府将軍を歴任した頼信は、地元豪族との関係をつぎつぎと密にします。

長元四年（一〇三一）、甲斐守のとき、上総介《かずさのすけ》・武蔵押領使《おしりょうし》であった平忠常《たいらのただつね》（?～一〇三一）の謀反を平定したのが発端となって、関東への進出チャンスを掴みました。

頼信は、長男の頼義（九八八～一〇七五。晩年、伊予守。剃髪したので伊予入道という）とともに平忠常を平定したのち、つづいて頼義の長子義家（一〇三九～一一〇六）を連れ、親子孫の三代で、奥羽の豪族安倍頼時とその子貞任《さだとう》・宗任《むねとう》らを、康平五年（一〇六二）まで十二ヶ年にわたって、討伐しました（前九年の役）。

この戦功によって陸奥守兼鎮守府将軍となった義家は、さらに永保三年（一〇八三）から寛治元年（一〇八七）までに清原家衡《いえひら》・武衡《たけひら》を平定して（後三年の役）、東国の源氏勢力を確固たるものにします。

当時、武家集団のなかでも河内源氏は、断トツに恐れられる最強集団と見られるようになっておりました。出る釘は打たれるの類で、さんざ義家を利用した白河天皇も、譲位して法皇となり院政時代に入ると、彼をしばらく疎ましくするようになってゆきます。後三年の役は官符のない私闘とし、事後承認もなく、恩賞もない扱いまで受けます。

やがて河内源氏は、内紛と平家の台頭によって、冬の時代がつづくのですが、関東に蓄積された権力が復活し、鎌倉幕府の頼朝（一一四七～一一九九）で花開きます。念のためにこの系譜を書きますと、義家→義親→為義→義朝→頼朝で、義親は粗暴で棟梁になれませんでした。

源氏が関東に張り巡らせた権力分布を義家の系譜で辿ってみますと、

三男義国は、その長男義重が新田の祖で、さらに山名・世良田・里見・額田・脇屋・大館・堀口・由良・岩松などが輩出します。次男義康は、足利の祖で、仁木・細川・戸崎・畠山・斯波・石橋・渋川・一色・石塔・吉良・今川などが輩出します。

四男義忠は、長男が経国で河内源太、その長男盛経は稲沢小源太といい稲沢の祖、ここから長瀬が出ます。三男忠宗が飯富源太で、飯富の祖です。

五男義時は、その三男義基が「河内石川源氏」で、嫡男義兼が石川、四男義広が紺戸、ほかに二条・万力・杭全などの祖が出ます。

六男義隆からも、森・毛利・若槻などの祖が出ています。

八幡神、河内源氏の氏神になる

八幡神が国家鎮護の神であるならば、武家として国を護り朝廷を守護する源氏にとっても、八幡神は最高の神です。まして、祭神が、応神天皇ですから源氏の祖神、氏神であることはいうまでもありません。しかも、河内源氏が拠点とした河内国や関東諸国には、渡来豪族が多く、渡来神八幡信仰は厚い。この神の託宣《たくせん》は、統治上も唯一無二と念じたことでしょう。源氏の棟梁と崇められた源頼信以降、八幡神の崇敬には特別のものがありました。

なかでも河内源氏最盛期の棟梁、義家は、寛徳二年（一〇四五）、七歳の春に、石清水八幡宮で元服（幼名は不動丸または源太丸）し、生涯「八幡太郎義家」と敬意され、ときには脅威の的になりました。

平安末期から鎌倉初期にかけて流行った雑芸を、後白河法皇（一一二七～一一九二）が集録された『梁塵秘抄』に、こんな四句神歌《かみうた》があります。

鷲《わし》の住《す》むみ山《やま》には、なべての鳥《と》は住《す》むものか、
同《おな》じき源氏と申せども、八幡太郎は恐《おそ》ろしや。
（四四四）

義家の弟義綱（一〇四二?～一一三二）は、賀茂別雷《かもわけいかづち》神社《じんしゃ》で元服しましたので、通称「賀茂次郎」といいました。賀茂別雷神社とは、下賀茂神社のことで、八咫烏《やたがらす》に化身して神武天皇を導いたという山背国の古代氏族、賀茂の氏神です。

さらに次弟の義光（一〇四五～一一二七）は、大津園城寺《おんじょうじ》の守護神新羅明神で元服しましたので、通称「新羅三郎《しんら》」といいます。園城寺とは三井寺のことで、智証大師円珍（八一四～八九一、讃岐の人、母は空海の姪）が密教を学ぶため入唐し、帰国の際、船中に老翁現われ、自ら新羅明神と名乗り、教法加護を約したので、園城寺再興の際、寺の守護神として祀りました。

とにかく、総領たる義家だけが、氏神八幡宮で元服したように家と氏神との係わりには、厳然とした一線が画されていました。

もちろん河内源氏の本拠地となる河内国にも、康平七年（一〇六四）五月十五日、源頼義が、前九午の役に勝利して凱旋したとき、館の香炉峰を壷井と改め、その東側に社殿を造営して、石清水八幡宮を勧請し、「壺井八幡宮」を創建しました。

壺井八幡はいまも有りますが、河内源氏の勢力が、のちに鎌倉に移っていったことは歴史の示すとおりで、「鶴岡八幡宮」が氏神の主流となります。武家たる河内源氏が関東に隠然たる勢力を展ばしていった証の一つとして、この地方に氏神八幡神社の多いことは歴然たる事実です。

河内源氏の祖、頼信は、その子頼義が下総の乱を鎮定した際に、すばやく関東進出の拠点として、懐島郷矢畑村に、石清水八幡宮を勧請します。これが関東における源氏最初の氏社八幡宮ですが、以後のこの社の経緯はすこし複雑なので、掻い摘んで記します。

長元三年（一〇三〇）の創建時には、「懐島八幡宮」といいました。

康平六年（一〇六三）八月、「前九年の役」の戦勝を報告した際、社殿を懐島郷から鎌倉の由比郷に遷し、

「鶴岡《つるがおか》八幡宮」の前身となる元八幡を建てます。

応徳二年（一〇八五）、源義家は、懐島郷に隣接の浜之島郷（現、茅ヶ崎市浜之島）の領地を寄進し、「鶴嶺《つるみね》八幡宮」を建てました。このとき、元の八幡旧社であった懐島八幡宮は、「本社宮」とあらためました。

以後、鶴嶺八幡宮は、鎌倉期に大庭景義が大仏殿や三重塔を建て、再興。源頼朝も懐島郷の領地を寄進して繁栄しますが、戦国期からは荒廃。徳川幕府になって再度復興します。明治初期には再び寒川神社の摂社になったこともありましたが、現在では関東源氏の興亡史を刻んだ八幡神社として存続しています。

なんといっても頼朝以降、源氏の総氏神といえば、「鶴岡八幡宮」です。創建由来は、さきに触れた懐島八幡宮から鶴嶺八幡宮（鶴岡八幡宮）になったという説や、壷井八幡宮か、または石清水八幡宮から勧請したという説など様々ですが、とにかく最初は、河内源氏の棟梁八幡太郎義家が、由比郷鶴岡（現、材木座一丁目）に建てたのがはじまりです。

降って治承四年（一一八〇）の十月十二日、平家打倒の兵を挙げて鎌倉に入った源頼朝が、現在の小林郷北山に遷座しました。

社殿を中心に、町造りがなされます。建久二年（一一九一）、社殿が焼失したため、その機会に、上宮と下宮に体制を整えました。

翌建久三年（一一九二）、頼朝は征夷大将軍に任ぜられました。

承元二年（一二〇八）には、石清水八幡宮護国寺まで勧請、神宮寺を創建し、武家源氏一族郎党の総社であることを、ますます明確にしてゆきます。

一族郎党もこれに倣い、それぞれの領地に八幡神を祀り、一門結束の証とします。

後年、平家打倒で率先挙兵した通称木曽義仲（一一五四～一一八四）が、産湯に使った清水が、いまも涸れないという「鎌形八幡神社」というのが、埼玉県比企郡嵐山町鎌形あります。創建由来では、河内源氏台頭より少し古く、征夷大将軍坂上田村麻呂（七五八～八一一）が、延暦年間（七八二～八〇六）に宇佐八幡から勧請したといい、とにかくこれを源氏は、領地の氏神として崇敬したわけです。田村麻呂は百済からの「漢氏《あやうじ》」で、後漢霊帝の曽孫阿知使主《あちのおみ》の子孫「東漢《やまとのあやの》直《あたい》」の後裔であることは既に述べました。田村麻呂が八幡神に帰依したのは、祖神のせいでしょう。

八幡太郎義家の弟新羅三郎義光は、元服が園城寺新羅明神の神前だから、この神一辺倒かといえばそうではなく、八幡神にも実に積極的です。奥羽の領地にまで八幡宮を建てています。たとえば、遠く青森県八戸市に「櫛引八幡宮」というのがあります。これは、甲州南部庄（山梨県南部町）にいた義光の孫、遠光（一一四三〜一二三〇、清光の四男、加賀美氏の初代）が、建久年間（一一九〇〜九）に、息子の光行《みつゆき》（南部氏の祖）土着の際、社殿を建て、現在の櫛引八幡宮に至るといわれています。

新羅三郎は、甲斐国（山梨県）に土着し、「甲斐源氏」の祖となりましたので、古代の国造である武田と何らかのかかわりをもって武田姓を名乗り、安芸国、若狭国、上総国などにも分派し、名には「信」を通字として栄えてゆきます。ですから甲斐には「武田八幡宮」（韮崎市）、「石和八幡宮」（笛吹市）、「窪八幡宮」（山梨市）など列挙すればきりがありません。

繰返しますが、源氏に繋がる家系を誇ろうとすれば、氏神はすべて八幡神へと変貌していったのでしょう。

源平合戦の八幡神

何時の時代も、人は誰でも、それがたとえ親兄弟といえども、突出すれば牽制しあい、やがては打倒し、抹殺しかねないのが、この世の業《ごう》というものです。とくに源氏のような一大集団になれば、誰もが、明日はわが身の危機を感じなければなりませんでした。

しかも、武力を所持しない皇室や公家貴族は、巧みに源・平の武士集団を利用して、時には彼らを持上げ、時には互いに牽制させ、淘汰して、その巨大化を防いでいました。

極端な表現ですが、風には靡くが、決して吹き飛ばされない皇室という漠とした形象は、この列島に住む人々が、長い時間をかけて、無言の了解のもとに織り上げた、錦のようなものです。漠たる形象でも、無形でないことが、有史以来の曲折を経ながら唯一掴みえた列島住民の天皇という接点であったのです。

一方で無形の神も創造しましたのに、なまじ天皇という有形の錦を添えたばかりに、それを争奪し、独占しようと謀る輩が、しばしば戦乱を引起すことになります。

源・平合戦も、武家軍団の平家横暴が、皇室や公家貴族の沸点を超えたところからはじまりました。

鎌形八幡神社の湧水で産湯をつかった源義仲の父義賢と、伯父義朝の対立で、父が従兄の義平に討たれたため、二歳の義仲は、畠山重能や斉藤実盛に助けられて、木曽谷の中原兼遠のもとに匿われ、木曽次郎として育てられます。やがて、後白河天皇の第三皇子以仁王《もちひとおう》（一一五一〜一一八〇）の令旨「打倒平氏」に応呼して挙兵しました。

寿永二年（一一八五）五月には、越中国礪波山《となみさん》の倶《く》利伽羅峠《りからとうげ》で、平維盛《たいらのこれもり》（一一五七〜一一八四?、平重盛の長子、悲劇の武将）の大軍に大勝、源平合戦の端緒を切ります。このとき義仲は、富山県小矢部市の「埴生八幡宮（護国宮）」に詣でますと、鳩が飛来して源氏の白旗にとまりました。義仲は、これぞ勝機の神託と気負いたち、倶利伽羅峠の合戦に挑みました。神社の境内には、いかにも八幡神の加護を背負っているような、馬上の木曽義仲像が、当時の俤を偲ばせています。

平家にも守護神がいます。厳島神社の祭神、宗像三女神が氏神です。そういえば原始八幡神にも、同じ女神の「比咩神《ひめがみ》」がおられて、いずれも戦いの神などではありません。いま一度、原始八幡神の比咩神を詮索しますと、その一つに「新羅の神が、香春岳《かわらだけ》の麓、金辺川の川原に天降った」（逵日出典『八幡神と神仏習合』）というのがあります。

一方、宗像三女神は、大陸や古代朝鮮半島への海上交通の平穏を祈念する玄界灘の神々で、八幡神の比咩神同様、渡来祖神であることはいうまでもなく、双方互いに源平に分かれ、戦の加護を祈られては神さまもお困りになられたでしょう。

しかし源平合戦は、絵巻物のような優雅な戦でした。屋島の戦場では、源平双方が拍手喝采したこんな話が伝えられています。

『平家物語』の巻十一「那須與一《なすのよいち》」から、八幡大菩薩が、影の主役を演じる、屋島壇ノ浦扇の的の一節を、朗吟するのも、ひょっとしたら、現代人に神慮を賜う夢《ゆとり》となるかもしれません。

比《ころ》は二月十八日の、酉《とり》の刻《こく》ばかりのことなるに、折節、北風激しくて、磯《いそ》打つ波も高かりき。船は、揺り上げ、揺り居え漂《す》えば、扇も串に定まらず、ひらめいたり。沖には平家、船を一面に並べて見物す。陸には源氏、轡《くつばみ》を並べて、是を見る。何れも何れも晴ならずと云う事ぞなき。

与一、目を塞いで、「南無八幡大菩薩、別しては我国の神明、日光権現宇都宮、那須湯泉《なすのゆぜん》大明神《だいみょうじん》、願《ねがわく》は、あの扇の真中《まなか》射《い》させ給え。是を射《い》損《そん》ずるものならば、弓伐折自害《ゆみきりおりじがい》して、人に二面《ふたたび》面を向《むか》うべからず。今一度本国へむかえんと思し召さば、この矢、はずさせ給うな」と、心の中に祈念《きねん》して、目を見開いたれば、風も少し吹弱り、扇もいよげにぞ成たりける。

与一、鏑《かぶら》を取りて番《つが》い、よ引いて、ひょうと放つ。小兵《こひょう》というじょう十二束三伏《ふせ》、弓は強し、浦響く程長鳴して、あやまたず扇の要際《かなめぎわ》一寸許《ばかり》置いて、ひゅっとぞ射切《いきり》たる。鏑は海へ入ければ、扇は空《そら》へぞ挙りける。暫《しばし》は虚空《こくう》に閃《ひら》めきけるが、春風に一もみ二もみもまれて、海へさとぞ散《ち》りたりける。夕日の輝いたるに皆紅《みなくれない》の扇《おおぎ》の日出《いだ》したるが白波の上に漂い、浮《うき》ぬ沈《すずみ》ぬゆられければ、沖《おき》には平家ふなばたを扣《たたい》て感じたり。陸《くが》には源氏箙《えびら》を扣てどよめけり。

こんにちでは、戦に美学などあろうか、と蔑嘲《べっちょう》のむきもありましょう、この時代は神慮のままであれかしと、祈る心が、彼我双方にあったのではないでしょうか。

源平合戦は、これぞとおもわれる個所で、しばしば八幡大菩薩のご加護を賜わり、絵巻のように展開します。

いまでも、弓道愛好の人々には「南無八幡」が的に向かう呪文とか。（注、「南無」とは、梵語の namas の直訳で、帰命《きみょう》、敬礼《きょうらい》などと同じ。南無は那謨《なも》とも書く。帰命頂礼《きみょうちょうらい》は、仏を礼拝するときの唱語）

源頼朝家の悲劇

　源頼朝は、朝廷貴族集団とは距離をおき、平家崩壊の轍を踏まぬため、鎌倉に武家河内源氏の政権を樹立、「御家人《ごけにん》」と称する譜代の武士を、巧みに全国に配しました。のちに、この組織を「幕府」といい、変転しながらも日本には、約六百八十年間、最高権威皇室と武力の幕府が分離し相対する、二重構造の「武家政権」と称する時代がつづきます。

　これほどに慎重にして鋭敏な頼朝にも、泣き所がありました。より慎重のせいか、身内にまで、激しい不信感を抱いていたのです。

　平家打倒に抜群の手腕を発揮した末弟の義経への仕打ちは、のちに触れる歌舞伎『勧進帳』に譲りますが、理に優《まさ》った兄頼朝よりも、不遇に終った義経（九郎判官といった）を、庶民はしばしば、弱者同情の俚諺、「義経（判官）贔屓」というようになったほど、頼朝とは距離を置く人物にしてしまいました。

　源頼朝（一一四七～一一九九）は、河内源氏棟梁源義朝の三男ですが、平治の乱（一一五九）では、義朝が後白河上皇側であったため、二条天皇を支えた平清盛らに破れました。源氏は、父義朝、長兄義平、次兄朝長をともに失い、十四歳の頼朝は、清盛の継母池禅《いけのぜん》尼《に》（生没不詳、藤原宗兼の娘、平忠盛の後妻）の嘆願で、命拾いし伊豆へ流されました。流人のさ中、監視役であったこの地の豪族、北條時政の娘政子が、父の眼を盗んで、頼朝のもとへ忍んできます。のちに、時政はこれを知り、二人の婚姻を認めます。

　北條時政は、平家の支配下にありながら、頼朝に政子を与えたことは、地元豪族とはいえ、大きな賭けだったのです。

　その頼朝が、以仁王《もちひとおう》の令旨をうけて、擧兵したのは治承四年（一一八〇）、三十四歳になっていました。緒戦の、石橋山の合戦では大敗。かろうじて安房国へ脱出します。関東には河内源氏の郎党が多く、その棟梁を継ぐ頼朝の地位が、彼らを信服、団結させるに、時間はかかりませんでした。

　さきにも触れましたが、治承四年（一一八〇）十月十二日、鎌倉に入った頼朝は、鶴岡八幡宮を現在の小林郷北山に遷座します。棟梁にたいする服従の誓約を、八幡神の社前でなさしめたのですから、その魂胆たるや尋常なものではありません。誰一人異論を挟む余地などありません。

このすぐあと、富士川の戦いでは、それこそ八幡神の加護とでもいいましょうか、平家の軍勢は、水鳥の飛び立つ音に仰天し、戦わずして遁走しました。

しかも、その翌日、奥州藤原氏宗主で鎮守府将軍の藤原秀衡に庇護されていた末弟の義経が、頼朝の黄瀬川の陣営に馳せ参じました。こんにちこの地、静岡県駿東郡清水町には、頼朝が勧請したという「黄瀬川八幡神社」があり、境内の「頼朝・義経対面石」と伝える巨石が、往時を偲ばせます。

ここからは、まさに神の加護を満腹でもするように、源氏は平家打倒に一瀉千里の進撃となるのですが、頼朝はあくまでも源氏の棟梁として鎌倉を動きません。平家追討軍の頼朝代官は、義経ではなく義経の異母兄範頼（一一五〇?～一一九三）で、義経には京都の治安を命じました。ところが、華やかな平家追激戦の主役は、勝手に行動した義経の独り舞台となり、範頼は陰の人になってしまいます。

命令に従わなかったばかりか、頼朝に報告すら不十分な義経は、たとえ抜群の功績を挙げえたとしても、頼朝の意には添いません。これに反し、範頼は逐一報告を怠らず、配下のご家人の不平を宥め、長期間の九州遠征に耐えました。

頼朝にとってこの両名は、自分の欠点を補い得る好個の玉のはずですが、平家滅亡につづき、いずれも謀反を企む者として、のちに淘汰される運命を背負わされます。

頼朝には己の支えとなるはずの貴重な弟たちを、自ら失う結果になりました。後世、史家は孤独な頼朝の不運といいますが、「弓は袋に太刀は鞘」でこそ泰平という武家社会の理念に、まだ手の届かなかった時代の悲劇と言わなければなりません。

余談。頼朝没後、御家人抗争の犠牲にされた範頼の墓は、修善寺にあります。夏目漱石が大患で修善寺温泉に療養中、ここを訪ねて「範頼の墓濡るるらん秋の雨」「秋草を仕立てて墓を守る身かな」と追悼句を詠んでいます。ところが愛媛県伊予市上吾川称名寺に近い岡の上に鎌倉神社と称する小さな社があり、その裏手にも、一・五メートルばかりの石碑があり「蒲冠者範頼公墓」と刻まれています。ここでも、正岡子規との散策句でしょうか、「蒲殿の愈悲し枯尾花」「凩や冠者の墓撲つ松落葉」と漱石は詠んでおり、親交あった松山の俳人村上霽月《せいげつ》の筆になる句碑があります。範頼は伊予の豪族河野氏の庇護で、この地に逃れていたという説があり、近くの池の辺《ほとり》には家臣の墓といわれる十数基の小さな五輪塔まであります。

　頼朝は、せめて子供だけは確り護りたい、河内源氏の家系存続もさることながら、親心は誰よりも強かったはずです。しかし、流人《るにん》時代からの押しかけ女房の政子がいては、その実家北條時政から、少なからぬ圧力を蒙っていたといわなければなりません。

　政子のと間には、頼家（一一八二～一二〇四）、実朝（一一九二～一二一九）の二子がおり、建久十年（一一九九）一月十三日、頼朝が急死したため、十八歳の兄頼家に、家督を相続させ第二代「鎌倉殿」としました。

　建仁二年（一二〇二）一月、頼家は、従二位に叙せられ征夷大将軍を宣下され、政事運営には、頼朝から続く北条氏ら有力ご家人十三人が合議制で行われることになりました。

　ところが頼家には、頼朝の乳母比企尼の甥で猶子の比企《ひき》能員《よしかず》がいて、娘（若狭局）を頼家の側室にし、一幡を生ませ、義父としての力を発揮していました。

　一方、実朝は、母政子の父、すなわち祖父北條《ほうじょう》時政《ときまさ》（一一三八～一二一五）にとって掌中の珠でした。やがて、比企と北條の軋轢が強くなってゆきます。

　建仁三年（一二〇三）五月、頼家は、弟実朝の乳母阿波局（北條政子の妹）の夫で、頼朝の異母弟阿野《あの》全成《ぜんじょう》（一一五三～一二〇三）を謀反の廉で殺し、さらに乳母も逮捕しようとして、政子に拒否される事件を起しました。

　この騒動は、頼家の心身不調がなせることと称して、静養のため伊豆修善寺へ護送されます。しかもその途中、元久元年（一二〇四）七月十八日、北條の手により殺されてしまいました。もちろん北条に邪魔な、一幡も比企能員も容赦なく抹殺されたことはいうまでもありません。異説もあるといいますが。

鶴岡八幡宮社頭にて

　実朝は、頼朝四十五歳征夷大将軍に補任された直後の誕生で、まさに将軍の子、頼朝は、八幡神にもまさる我が子よ、と幼名を千幡と名付け、「皆、意を一にして後々までも守護せよ」と、御家人に千幡を抱かせたといいます。

　建仁三年（一二〇三）九月七日、実朝は、従五位下・征夷大将軍に補任されます。このときはまだ頼家は亡くなっていません。北條の策謀で既成事実がドンドン作られていったのです。十月八日、百余名の御家人が参集し、十二歳の実朝は元服します。さらに、将軍の執権として、北條時政が就任しました。すべては北條が仕組んだ筋書きで、彼らの意のままに主役を演じるしかない実朝は、征夷大将軍になったとて、これぞという勲功はありません。執権は時政からその子義時（一一六三～一二二四）に移り、ますます北條の権力が強固になってゆくばかりでした。

　実朝は、こんにちでは、将軍よりも歌人として讃えられているのですから、なにをかいわんやです。正岡子規（一八六七～一九〇二）は『歌よみに与ふる書』で、「実朝という人は三十にも足らで、いざこれからというところにて、あえなき最後を遂げられ、誠に残念いたし候。あの人をしていま十年も活かして置いたならどんな名歌を沢山残したかも知れ申さず候。とにかく第一流の歌人と存じ候。（略）古来、凡庸の人と評し来たりしは、必ず誤りなるべく、北條氏を憚《はばか》りて韜晦《とうかい》せし人か、さらずば大器晩成《たいきばんせい》の人なりしかと覚え候。（略）」とまで絶賛しています。

　実朝は、将軍職などさして望まなかったのではないでしょうか。ひたすら朝廷の覚えよろしく、あっというまに昇進してゆきます。当人は、公家趣味といえばそれまでですが、和歌や蹴鞠《けまり》などに熱心で、しかも宋へ渡航したい大きな夢がありました。周囲の諫めもきかず、唐船まで建造させ、由比ヶ浜に進水させますが、なぜか浮かばず、そのまま浜で朽ちてしまいます。一方、朝廷からは、つぎつぎと昇進の沙汰があり、あれよあれよという間に「正二位・右大臣・左近衛大将・

左馬寮御監」になってしまいました。この急激な昇進に、御家人は、朝廷の意図を疑い、辞退の諫言すらしますが、実朝は「家名を挙げるためならば、やむをえなかろう」と逆らいませんでした。

逆らわぬといえば、母政子の命ずるままに、亡兄頼家の次男善哉《ぜんざい》（のちの公暁《くぎょう》）と娘（のちの竹御所《たけのごしょ》）を猶子《ゆうし》にしています。なお、実朝の正室は坊門信清の娘信子ですが、子は生していませんでした。

建保六年（一二一八）十二月二十六日、実朝は、後鳥羽上皇から贈られた装束と車で、右大臣昇任を鶴岡八幡宮に報告と新春拝賀の旨を伝えます。

建保七年（一二一九）一月二十七日、二尺ほど積雪ありましたが、予定通り八幡宮拝賀に御所を発ちます。八幡宮の楼門までくると、太刀持ちの執権北條義時が急に腹痛を起こし、文章博士・政所別当の源仲章《みなもとのなかあきら》（?〜一二一九。宇多源氏・光遠の子）と交替しましたが、その後は滞ることなく、拝賀を終え、石段を降り終えたとき、いきなり公暁（一二〇〇〜一二一九）が現われ、実朝の下襲の衣を踏みつけ、転倒したところを「親の敵！」と叫び、斬付けました。一太刀は辛うじて笏《しゃく》であわせましたが、二太刀は防げず、打ち据えられ、首を刎《は》ねられてしまいます。さらに公暁は太刀持ちを義時と誤って切り伏せ、実朝の首を抱えて石段を駆けあがると、楼門外で警備の面々に「我こそは八幡宮別当阿闍梨公暁なるぞ。父の敵を討ち取った」を叫び、消えました。

神の前とはいえ、なんという無防備、無警戒なことか。あっという間のできごとでした。いうなれば義父と猶子、将軍と別当の、こんにち風にいえば想定外の事件だったのです。父の敵呼ばわりなど、実朝には迷惑千万、お門違いも甚だしい。誰かわかりませんが、公暁は、唆《そその》かされて、強い暗示にかかっていたのではないでしょうか。

公暁は、父頼家が亡くなったときは、まだ五歳でした。七歳のとき、祖母の政子の計らいで、乳母の夫三浦義村に連れられて、叔父実朝の猶子になります。建暦元年（一二一一）、十二歳のときには、鶴岡八幡宮寺別当定暁のもとで出家し、公暁の法名をうけました。引続き受戒のため園城寺の公胤を訪ね、叔父貞暁の受戒弟子になります。建保五年（一二一七）六月、十八歳で一応修業を終えて鎌倉に戻り、政子の命により鶴岡八幡宮寺の別当になりました。八幡宮を総括する僧官ですから、祖母政子としては十分に気を配った役職であったと思われます。

公暁は、雪ノ下北谷の後見人・備中阿闍梨宅に戻り、食事の間も実朝の首を見据えて、「今こそ我は東国の大将軍である。その準備をしろ」と三浦義村邸に使いを命じます。義村は、公暁の狂気と豪腕に仰天しますが、すぐに応える振りして、執権義時邸へ注進しました。

公暁は、義村の対応の遅さに業を煮やし、独り鶴岡の裏山から義村邸へ向かう途中、追っ手に遭遇し、乱戦の末ようやく義村邸の板塀に取り付いたところで、討ち取られてしまいました。

なんとお粗末な、河内源氏の終焉であったことか。頼朝からの直系血族で、ただ二人残った男同士が、八幡社頭で突発的に殺しあい、共に殺されたとは。氏神の守護とはなにか？　容易に刀を抜放つことが神の神慮ではありません。実朝には、この日、「束帯の下に腹巻（鎧）を着ては」と、日頃情に流されない側近の大江広元《おおえのひろもと》（一一四八〜一二二五）がいうと、儒学者の仲章が「大臣大将に上る人に、未だそのような例はありません」といったとか。凡そ創り話のようですが、それだけにショッキングで、真の仕掛け人が、まだ何処かに居そうな事件でした。

別当職に耐えれば公暁とて必ずや影の将軍になりえたでしょうに。最も近い身内まで消してしまっては、北條はじめ御家人の意の儘になるのは、火を見るよりも明らかです。

実朝は、武人というよりも歌人といいましたが、『金槐和歌集』に、こんな歌があります。

大海の磯もとどろに寄する浪　割れて砕けて裂けて散るかも

もっともこれは、『萬葉集　巻四』の、笠女郎《かさのいらつゆ》が詠った「伊勢の海の磯のとどろに寄する波　かしこき人に恋ひ渡るかも」が元歌といわれます。恋慕う大伴家持《おおとものやかもち》に贈った相聞歌《そうもんか》で、「とどろに寄する波」は賢き人の修飾にすぎません。ところが、実朝は、浪そのものを歌った豪快にして華麗な歌にしてしまいました。

ただ、何処となく悲壮感が滲むのはなぜでしょう? もし、源氏そのものを大海の磯に轟く武家、河内源氏に擬えているとすれば、やがて割れて、砕け、裂けて、散る命運を暗示しているのではないでしょうか。

やがてどころか、自らが氏神八幡神の社頭で、河内源氏最後の棟梁として、鎌倉幕府第三代将軍のまま果てるとは、皮肉と言わざるをえません。

河内源氏の血統は、実はもうひとり実朝の猶子《ゆうし》竹御所《たけのごしょ》（一二〇二〜一二三四）がいました。第四代将軍藤原頼経に嫁ぎ、夫婦円満、四年後に懐妊し、難産の末、男子を死産して、当人も死没します。源平合戦では、壇ノ浦で平家の子供(安徳天皇)まで滅ぼした報いだと、都人は嗤ったとか。

幕府圧勝「承久の乱」

河内源氏の棟梁は消えましたが、源氏の一門一党、御家人は、全国に守護・地頭として領地を拡大し、守護神の八幡信仰がその魁となっていました。

彼らを統御する北條義時の強固な権力も、八幡神を抜きには語れません。といっても北条は、源氏が培った御家人の棟梁、征夷大将軍にはなれません。あくまでも北條は執権であり、将軍には源氏にかかわる者を京の都から招き将軍とする、奇妙な政事形態を作りました。鶴岡八幡宮の坐すところ、「いざ鎌倉」が、幕府大事に馳せ参じる御家人の団結合言葉にすらなっていました。

一方、朝廷も異形で、上皇や法皇が専政する天皇無視の「院政」のさ中でした。実朝の死後、幕府が動揺していると読んだ後鳥羽上皇が、武家政権打倒の好機とばかり、承久三年（一二二一）、策謀未熟なままに、「流鏑馬《やぶさめ》ぞろい」と称して、諸国の兵を招集し、まずは院に屯する親鎌倉閥を粛清しました。

朝敵にされては御家人の統御が難しい、と読んだ幕府は、急遽、関東勢を招集し、将軍代行の政子（尼将軍）自らが、「故右大将（頼朝）の恩は、山よりも高く、海よりも深い。逆臣の讒言《ざんげん》により、不義の綸旨《りんし》が下された。秀康、胤義（後鳥羽上皇の近臣）を討って、三代将軍（実朝）の遺跡を全うせよ。ただし、院に参じたい者は、直ちに申し出て参じるがよい」と檄して動揺を鎮め、素早く京へ攻め上りました。院の、幕府方の謀反を恩賞で誘う密書も出ていたのですが、幕府の後手になって役立ちません。わずか一ヶ月程度の戦乱で、幕府方が圧勝しました。

首謀者後鳥羽上皇は隠岐島へ、順徳上皇は佐渡島へ、倒幕には消極的だった土御門上皇も自ら望んで土佐国へ（のちに阿波国へ移される）、後鳥羽上皇の皇子、六条宮は但馬国、冷泉宮は備前国へ、それぞれ配流されました。天皇は廃帝（のちに仲恭と贈謚）となり、高倉天皇の二の宮行助《ぎょうじょ》入道親王を立てて、後高倉院として院政をはじめ、その第三皇子茂仁《ゆたひと》（一二一二～一二三四）が第八十六代後堀川天皇（在位一二二一～一二三二）として即位されました。

以後、幕府の意向に沿わなければ、朝廷はなにも出来ないという状態になってしまいます。これまでは関西から西には、まだ幕府の権力の及ばない荘園が多かったのですが、この乱を契機に、勝利した側から守護・地頭が配され、京には六波羅探題が設置されて、朝廷を完全監視のもとで、利用されることとなってしまいます。

執権北條義時も、承久の乱の三年後、元仁元年（一二二四）七月一日、急死。つづけて、摂関家から二歳の藤原三寅（のちの頼経）を連れてきて四代将軍とし、その簾中政治を行なっていた尼将軍政子も、その翌嘉禄元年（一二二五）八月十五日、亡くなりました。

第十章　元寇と八幡神

蒙古《モンゴル》からの使者

蒙古帝国第五代の世祖フビライ（一二一五～一二九四）は、草原の雄ジンギス汗の孫で、一二七一年に国名を「元《げん》」と定め、東アジア征派のひとつとして日本侵略の野心に燃え、六度も使者を派遣してきました。

① 文永三年（一二六六）、蒙古の属国となった高麗《こうらい》（国王元宗）が、済州島まで使者を案内しますが、海の荒れていることを理由に断念、フビライの激怒をかいます。

② 文永五年（一二六八）一月、高麗の使節団が蒙古の国書を持参、大宰府に到着しました。三月に鎌倉幕府八代執権に就任した北條時宗は、外交は朝廷の担当として、院にその処理を任せます。朝廷は後嵯峨上皇の院政中で、連日、鳩首しますが纏まりません。

一方、幕府は、いちはやく侵略を予知し、十分な警戒を御家人に通達します。鎌倉建長寺には、南宋から禅僧が渡来していて、蒙古の暴虐を熟知し、幕府へ進言していました。

フビライは、日本の返書を待つまでもなく、この年五月、既に「宋（南宋）と日本を討つ」と公言、十月には、高麗に軍兵一万、軍艦一千隻を準備させ、宋と日本が命に逆らえば直ちに討て、と厳命しました。

蒙古の国書要旨は「高麗は、君臣の礼（属国になっているという意）を尽くしているが、小国日本は隣国として、かつては貢《みつ》ぎもあったが、いまはない。兵を用いることは誰も好まないが、この点をよく考慮されよ」と恐喝したのです。

③　文永六年（一二六九）二月、正使・黒的、副使・殷弘、案内・高麗人の起居舎人と潘阜ら、総勢七十五人が対馬に上陸しました。拒むと塔二郎と弥二郎を拉致し、引揚げました。この二人には、蒙古が優れた国家であることを見せつけ、交渉の具とします。

④　文永六年（一二六九）六月、塔二郎と弥二郎の護送を名目に、使者高麗人の金有成・高梁らを大宰府に送りこんできます。こんどはフビライ本人の国書ではなく、中書省牒という下部機関の署名で、日本から容易に返書を得ようと狙います。

朝廷はしぶしぶ返答案を作りますが、幕府はその用なしと一蹴、朝廷もそれに従います。

⑤　文永八年（一二七一）九月、元の使者として女真族出身の趙良弼《ちょうりょうひつ》（一二一七〜一二八六）が、百人の兵を連れて大宰府にきました。しかし、都に来るのは許されないので、趙はやむなく国書の写しを手渡して、十一月末を期限に回答を迫りました。それでも返書は作成せず、代りに使節を元に送ることにしました。

文永九年（一二七二）一月、十二人の使節が、高麗を経由し元の都大都（現、北京）を訪問しましたが、元は日本使節の訪問が元軍の偵察と判断し、フビライに謁見を許さぬばかりか、元軍の備えは高麗の内紛、「三別抄《さんべつしょう》の乱」を鎮圧するためと虚言します。

⑥　文永九年（一二七二）四月、日本使節の帰国と共に、趙良弼が大宰府を再訪しますが、今回も都入りは許されず、引き返さざるをえません。やむなく「日本人は獰猛で、親子といえども上下の礼を知らず、土地狭くして耕作に適さず、軍船が海を渡るに海風の定期性なく禍害ははかりしれない、これは有用の民をもって、深い谷を限りなく埋めるようなもので、侵攻する意味がない」と進言しました。

フビライは、ひとたびは進言を聞き入れましたが、五年もかけた南宋侵略に勝利し、さらに高麗の反乱、三別抄も滅ぼしたので、なんとしても念願の、日本侵略を命じました。

文永十一年（一二七四）一月、洪茶丘《こうさきゅう》（一二四四〜一二九一、高麗と元に仕えた軍人）を監督造船官軍民総監に任じて高麗へ派遣し、三万五百人余を動員して、戦艦三百隻を建造させたました。洪は、父親が高麗王族の讒訴《ざんそ》によって、元で処刑された遺恨があり、祖国高麗の民を日本侵略のために酷使したといわれます。元の忠臣でも高麗では売国奴と評価される軍人でした。

一方、執権北條時宗は、文永九年（一二七二）に「異国警護番役」を設置、鎮西奉行の少弐資能と大友頼泰の二名を中心に、筑前・肥前と博多津の沿岸警固総指揮に当たらせました。

すこし遡りますが、フビライの国書を黙殺した頃、諸社寺では「敵国降伏《ごうぶく》」祈祷のため、後嵯峨上皇の五十歳の祝いまで中止したことがありました。石清水八幡宮でも、連日、社僧四十五人の仁王《にんのう》経《きょう》法会《ほうえ》が行われ、さらに戒律を保持した清浄僧三十人が大般若経《だいはんにゃきょう》の転読、結願日《けちがんのひ》には金泥の大般若経を供養しました。

そのさなか、文永十年（一二七三）八月十五日、石清水八幡宮放生会《ほうじょうえ》に、神のお成りを請おうと、御殿司《ごてんす》が中御前《なかおんぜん》の御剣をみました。ところがなんと、鼠がその袋を齧り、鞘が三寸ばかり折れているではないですか。西・東御前の御剣の袋も同じように、食い千切《ちぎ》られています。鼠害《そがい》はこれまでにもありましたが、鞘まで折れていたとは、天皇への報告もはじめてでした。直ちに、「軒廊《こんろう》の御卜《みうら》（紫宸殿の軒廊で行われる占い）」を命じられますと、「火事の用心をしなければならず、天下に驚恐事《おどろきおそれること》があるやもしれない」とでて、神祇官や陰陽寮《おんようりょう》の役人も同様の意見を述べました。

そうこうするうちに、十月二十日子の刻（午前零時頃）、御所の万里小路殿《までのこうじどの》が焼けました。まさに占いの通りで、「天下の驚恐事」も決して軽くはない、と人々は慄き怖れました。

筥崎八幡宮の神託も「神剣は隣国の敵に振るって、攻撃を防ぐ」とあり、剣先は異国へ向け、かりそめにも我国の王城へ向けてはならぬ、と戒めました。

敵をくじく知恵の働きこそ、この剣であるのに、それに異変が起こったとは、異国襲来の証だ、と人々は慄きます。

文永の役

鎌倉後期、八幡神の神徳を子供にも理解できるよう、石清水八幡宮の社僧が書いたという『八幡愚童訓《はちまんぐどうくん》（「はちまんぐどうきん」とも）』には、元寇が詳述されています。元寇、すなわち文永と弘安の両役は、これを参考に辿ります。

　本書には写本が多く、表題も『八幡愚童記』、『八幡大菩薩愚童記』、『八幡大菩薩愚童訓』とさまざまです。八幡神が元寇にいかに貢献したか、庶民の脳裡に刷込まれる恰好の資料であったのです。

　八幡浜市の「矢野八幡神社」所蔵の元禄十二年（一六九九）写本を元に翻訳された、五葉道全氏訳注『八幡大菩薩愚童記　蒙古襲来の原典』が手元にありますので、これを見てゆきます。

対馬侵攻

文永十一年（一二七四）十月五日卯の刻（午前六時頃）、対馬の国府で、八幡宮の仮殿が突然、燃え上がりました。

　人々は仰天しますが、すぐに幻とわかり、ホッとしました。それにしても不吉至極、と囁きあっているやさき、申《さる》の刻（午後四時頃）、島の西、差浦《さすのうら》に、異国船が四百五十艘、三万人で攻め込んできました。酉《とり》の刻（午後六時頃）には、国府に報告されました。地頭の宗馬允《うまのすけ》助国が八十余騎を揃え、翌日丑《うし》の刻（午前二時頃）、現地へ向かい、通人《つうじん》真《ま》継男《つぐお》を使者に、蒙古人に事の仔細を尋ねさせました。

　ところが、容赦なく矢を浴びせられ、七、八艘から千人ばかりが降りてきたので、宗馬允も直ちに応戦しました。戦いは辰の刻（午前九時頃）までつづきましたが、多勢に無勢、宗助国以下十二名が戦死、差浦集落は元軍によって焼払われてしまいました。もちろん戦況は博多へ注進されました。

壱岐島侵攻

同じ十月十四日申の刻（午後四時頃）、壱岐の島の西側にも二隻四百人ばかりが侵入。守護代平内右衛門尉経高《たいらのうちうえもんのじょうつねたか》や御家人ら百余騎と、庄三郎《しょうのざぶろう》が城《じょう》の前で戦闘になりました。元軍の矢の飛距離は二町(二二〇メートル)ばかり、とてもかないません。二名の手負いが出ましたので、守護代は城内で自害してはてました。

十月十八日、庄三郎がようやく博多へ報告しますが、敵はすでに肥前沿岸に迫り、つぎつぎと上陸していました。

九州北部に襲来

十月十六、七日、肥前の松浦郡および平戸島、鷹島、能古島の松浦党《まつうらのとう》の領地を占領され、数百人が捕虜として元軍に拉致されました。

二十日、九州北部は瞬く間に戦場となってしまいました。少弐・大友をはじめ、臼杵・戸次《へつぎ》・松浦党・菊池・原田《はるだ》・小玉党や社寺の役人まで、我も我もと馳せ参じ、頭《かしら》と思われる者およそ十万二千余騎、総計何千万騎ともわかりません。

いささか誇張の表現ですが、とにかく『八幡大菩薩愚童記』にはこうあり、つづけて「馬の吐息は天に舞って風となり、馬蹄は地に響いて雷《いかずち》となる。三尺の剣が、氷光《ひこう》を放てば、引絞った弓は、半月となって胸に輝く。海水に影なす鎧《よろい》は、蜀江《しょっこう》の錦、浜風に翻る旗は、枯野の尾花か」とは、凄惨というよりの戦場絵巻を謳いあげたような表現です。

対馬や壱岐と違って、ここでは日本軍が多勢で、敵を捕らえて手柄にせんと、やたら群がりますから、日本古来の一人同士の腕自慢対決などとは、似ても似つかず、乱闘となりました。

それでも少弐入道覚恵の孫、十二、三歳が、矢合わせせんと小鏑《こかぶら》を射りますと、敵には子供あそびのように見えるのか、元軍はドッと哂います。彼らの短い矢には鏃《やじり》(矢の根)に毒が塗られていて、当たると少しの傷でも危《あぶ》ない。しかも矢の雨が、鉾・長柄・物の具の隙間から、降るように襲ってきます。

横一面に並んで攻めて来る中央に、突進すると、正面が後退し、両端がこれを取り囲み、突進武士はたちまち討たれてしまいます。

牛馬を常食の彼らは、軍馬の死骸はおろか、殺した者の肝まで食らいます。敵は、乗馬が得意で、軽量の甲《よろい》の上に、力があって、傲岸無礼。大将は高所から見ていて、退くときには「逃げ鼓《こ》」を、攻めるときには「攻め鼓」を打たせ、進退極めて自在、やたら太鼓を叩き、奇声を上げるので、驚く日本の馬は押さえがきかず、敵前を忘れる混乱ぶりです。

元軍が逃げるときには、「鉄法《てつぽう》（鉄放、鉄砲など表記さまざま）」を飛ばし、轟音が耳を劈《つんざ》き、瞬時に暗くなり、消えてしまいます。すでにこの戦では、火薬が使用されていたのです。日本の戦法とは違っていて、戸惑うばかり、日本ならば、まずは相互に名乗りあい、名を挙げようとすれば一人ずつの勝負で、他は観戦応援に回ります。ところがこの戦いでは、大勢が一挙によせて、押し殺したり、捕らえたり、これでは力自慢、業《わざ》自慢の武士も皆討たれ、『論語　子路篇』の「教えざるを以《もち》て戦うは、是れこれを棄つると謂《い》う」なる教えが役立ちません。松浦党、原田は全滅、控えの肥田・青屋の三百騎も混戦となり、気性激しい青屋の馬は敵陣へ暴れ込んで、若党が取押さえるまもなく、主人を振落として駆け周り、討たれてしまいました。

元軍に追われて逃げながらも、「南無八幡大菩薩！」と願って放った矢が当たり、「これぞ大菩薩の御加護よ」と喜ぶ武士もいましたが、元軍はますます強く、今津・早良・百道原・赤坂と乱入し、松原の中に陣を張りました。

あわや戦意喪失の寸前、肥後の御家人菊池次郎重基の百三十騎と、佗磨《たくま》の別当太郎頼秀の百騎が押し寄せて、乱闘となりました。家来の犠牲は出しましたが、重基・頼秀は多くの首級を持って砦に引上げました。重基は「ありがたや、祈念の賜ぞ」と、のちに幕府拝領の甲冑を、八幡宮に奉納しました。

総大将少弐景資《しょうにかげすけ》（一二四六〜一二八五）は、十四、五騎と徒歩七、八十人を従えた青い鎧で葦毛《あしげ》の馬の大男に、追われました。と、その時、景資の旗に鳩が飛来したのです。とっさに、これぞ八幡大菩薩の化身、と悟った景資は、一鞭当てて逃げながら、見返って放った一矢が、追って来た先頭の大男を射抜き、翻筋斗《もんどり》を打って落馬。つづく兵が、慌てて男を抱《だ》き抱《かか》える隙に、景資もようやく難を逃れ得ました。金覆輪《きんぷくりん》の鞍置いた葦毛は、これぞ大将軍流将公の馬だと、元軍の捕虜が、のちに証言しました。

どうにか、大宰府府中の水城《みずき》まで、退却することはできましたが、博多・筥崎を僅か一日の合戦で失うとは、口惜しいかぎりです。水城は、天智三年（六六四）、大宰府防衛のために築かれた全長約一キロ、高さ約一〇メートルの大堤という堅固な砦《とりで》で、ここには兵糧も十分にありました。

筥崎八幡宮は、留守居役や僧俗の社官が守っていましたが、元軍に荒らされるのは必至と、ご神体を朱染めの唐櫃《からびつ》にお入れし、宇美《うみ》の宮まで運び出しましたが、ここは戸が閉ざされていて入れません。やむなく山上の極楽寺へ動座願うことにしました。山から見下ろすと、遥か彼方の処々で火の手が上がっています。

頼みの武人が皆逃去った夕暮まじか、焼け落ちた筥崎八幡宮あたりから三十人ほどの白装束が、突如、矢先をそろえて、元軍に射掛けました。慄いた彼らは、われ先に松原の陣を棄て海へ逃げました。と、こんどは海に奇っ怪な炎が立ち、なかから兵船二艘が元軍に襲いかかりました。一騎も日本の兵を見かけない浜辺に幻惑のような記録です。『八幡愚童訓』の物語だと思ってください。これを挿入しなければ、つぎの元軍の行動がわからなくなります。

十月二十一日朝、あれほど博多の海を圧した元軍の船が、消えているではありませんか。今日こそ、最後の一戦を交えなければと、まんじりともせず夜を明かしたのに、忽然、退散してしまったとは。

日本の将兵は、泣き笑いながらも、生気を取り戻しました。

一艘だけが、志賀島《しがのしま》に船繋《ふながか》りしていていましたが、もはや拿捕する気もありません。そうこうするうちに、元軍から降伏を求めてきました。

船を出ろと命じますと、大将はすでに入水して命を絶ち、兵は弓矢を捨て、冑を脱いで、捕虜になりました。

水城の堤防には、敵の首級が百二十ばかりが並びましたので、これぞ勝利の証ぞとばかり、歓声を上げました。

敵が逃げたと知った民衆も、何処からともなく集まってきて、一夜にして焼け崩れた家々から肉親を捜し、嘆き喜ぶさまは、何時の世とて同じ乱世の地獄絵でした。

ところで、京では、この間、ひたすら敵国降伏の祈祷に明け暮れていました。博多の早良から赤坂・鳥飼潟・百道原・姪浜と大宰府の水城砦に逃げ込んだ御家人衆の奮闘が、京に届いたのは、十一月六日といいますから、現地では元軍がとっくに去っています。それでも、亀山上皇は、十一月八日に、石清水八幡宮へ御幸され、戦勝祈願をされました。

京から遥か東、鎌倉幕府の対応とて、同じようなもので、対馬侵略の報告すら、大宰府・鎌倉間で十二日半かかっています。急遽、執権北條時宗は、有力御家人と合議したのでしょうが、元軍退去後の十月二十九日になっても、対処未決の伝聞が、公家の広橋兼仲が記した『勧仲記』（八木書店）に載っているとか。元軍退去を勝報として、京にもたらされたのは十一月六日でした。

不思議な神慮によって元に大勝した、しかもそれが神風による艦船大破のせいだと伝えられますが、「文永の役」については、元軍撤退時、確かに彼らが予想した暴風雨で難儀しています。ただ、戦闘は元軍勝利といえましょう。予想外の激戦で武器（矢）の不足と兵の極度の疲労や左副元帥劉復亨の手負い、冬季になれば海が荒れ援軍は困難、などを考慮して、これまでの戦果を評価しつつ、元軍は、急遽、夜陰の撤退を強行したのです。

たしかに帰路の渡海は難航で、被害もあったが、十一月二十七日、朝鮮半島の合浦《がっぽ》に戻っています。

ちなみに、元軍総司令官は都元帥忽敦《くどぅん》、（左副元帥劉復亨（負傷））、右副元帥洪茶丘、高麗軍司令官は都督使金方慶です。忽敦は高麗軍の奮闘を激賞しました。彼の度量の程が窺われます。

鎌倉幕府は、奮闘した御家人百二十人に、論功褒賞をおくりますが、必勝祈祷専一の社寺も、黙視することはできませんでした。

「元寇と神風」なる奇妙な神への依存心が、わたしたちの胸に潜むには、あまりにもあっけない時間であったように感じられてなりません。八幡神の化身が、三十人の白装束で顕われたとか、炎のなかから兵船二隻となって出現したとか、すべて庶民の口碑でしょう。口碑ほど強い伝播力はありません。しかも蒙古襲来で八幡神の加護を伝えた『八幡愚童訓』のような流布本が、長く読まれているのですから、いうまでもありません。

弘安の役

八幡神へ連日祈祷した京の天皇はじめ公家たちや、さらに遠い関東から侵攻動静に気を揉んだ幕府の執権北條時宗には、夜陰密かに撤退した元軍が、猛風に翻弄されて海の藻屑と果てたと、仰々しく伝えられたのですから、凄惨な戦の場を目視していない後方の面々だけに、ひたすら神の加護よ、と感喜するばかりでした。

のちに、執権時宗は、大宰府まで追込まれた無策を悔い、再侵攻は必至とみて「異国警固番役」を強化します。水際防塁の構築などを、現地御家人に命じ、さらに、手柄を西国にだけ独占させぬため、関東御家人の出陣も要請しました。

息付く間もなく、再び使節の到来がはじまります。文永の役までに六回もありましたので、

⑦ 建治元年（一二七五）二月、フビライは、日本再侵略の準備と同時に、服属勧告使を派遣しました。正使は蒙古人の礼部侍郎杜世忠《とせいちゅう》（一二四二〜一二七五）、副使には唐人の何文著、通訳・高麗人の徐賛、その他・ウイグル人の刑議官徹都魯丁《サトウルテン》、果。計五名が長門国室津に上陸しました。

こんどは鎌倉まで呼寄せ、龍ノ口の刑場で斬ってしまったのです。国情の探偵が、彼らの使命と判断したうえに、先の戦の勝利に意を強くした処置だったでしょうが、使者の処断は野蛮です。

フビライは、それをまだ知りません。南宋攻略がほぼ終了したので、一挙に東夷（日本）遠征の準備をはじめます。もちろん部下の中に慎重派もいましたが、元の長期にわたった侵略策を停滞させることは、急ブレーキのようなもので、巨体国家が反って揺らぐおそれがあります。

高麗に艦船や矢の増産を命じました。高麗は、すでに疲弊激しく、前回のような気負いは感じられません。南宋とて、服属の末に遠征を命じられても、元の意のまま、というわけにはゆきません。とにかく、この二国を加えた遠征準備が始まっていました。

⑧ 弘安二年（一二七九）六月、南宋から投降した

政治家范文虎《はんぶんこ》（?～一三〇一）の進言によって、さきの使節の斬殺をまだ知らぬまま、最後の使者が派遣されました。

范文虎の推す周福と楽忠を正副使とし、それに南宋に留学中の日本僧暁房霊杲《ぎょうぼうれいこう》と通訳陳光らを加え、若干友好ムードを加味した使者でした。ただ、手渡された牒状は前回と変わらず、服属要求で、ためらわず大宰府で全員を斬首してしまいました。

使者派遣と併行してフビライは、一時停滞していた日本遠征の実行計画をたてていました。こんどは制覇した南宋の兵も加え、二方面からの侵攻で、元・高麗連合の「東路軍」と、元・南宋の「江南軍」が編成されました。まさに、秦の始皇帝が夢にまで望んだ極東の蓬萊島「日本」を、こんどこそ手中にする、というフビライの執念そのものでした。

文永の役から七年経った弘安四年（一二八一）五月三日、東路軍（兵力四万～五万七千、兵船九百艘）は、高麗国の忠烈王による閲兵ののち、朝鮮半島合浦《がっぽ》を出航。二十一日、高麗船が前回と同様対馬を侵攻。二十六日、元の船は壱岐を襲いますが、途中、暴風雨に遭い、はやくも兵と水夫百数十人を失いました。一部は長門国をも攻めますが、計画の通り全軍は博多湾に続々と集結。司令官は東征都元帥忻都《ヒンドゥ》（生没不詳、蒙古人武将）、同元帥洪茶丘（一二四四～一二九一、高麗と元に仕えた武将）、征日本戸元帥金方慶《きんぽうけい》（一二一二～一三〇〇、高麗の武将）で、いずれも文永の役を熟知していて、江南軍の到着を待って一挙に上陸するべく、慎重な行動をとりました。

まず元軍が筥崎の前、能古島と志賀島の両所に着けると、宗像の沖にいた高麗の兵船も、この位置まで移動します。こんどこそ占領して、緑の耕地で存分に豊かな暮らしができると思ったのか、軍船には耕作用の鋤や鍬まで積み込んでいました。

ところが浜辺には、石積みの防塁が延々と築かれています。しかも防塁は、内側には乗馬で駆け上がれる傾斜があり、浜側は一丈ばかりそそり立って、容易に越えることはできません。防塁の上には兵が、矢先をそろえて待っています。これでは、前回のように容易《たやす》く突破はできません。

元・高麗の東路軍には、江南軍の到着を待つ徒《いたずら》な時が流れていました。

日本とて、前回のような周章狼狽はしません。文永の役から七年の歳月に、九州の御家人が巨費を投じて、大防塁を構築したと同様に、九州全域や壱岐対馬二島ばかりか、社寺の輩まで、今度こそ戦功を挙げて過分の恩賞に与《あずか》ろうと、大勢が集まっていました。

ただ、対峙が長引けば、こちらも兵糧が減るばかりか、重い鎧と八幡神を頂く兜（注、兜の頂点を「八幡座」という）では、自在に身動きも儘なりません。神明の助けなければ、狙った「褒美どころではない」と苛立つ者が増え、競って敵へ切込もうと気負う連中が出てきました。

伊予国の住人河野六郎通有《みちあり》（〜一三一一）は、文永の役のあとで、氏神三島神社（大山祇神《おおやまつみのかみ》）に「十年以内に蒙古寄来《よせきた》らば、異国へ渡り戦わん」と起請文《きしょうもん》を十枚も書き、灰にして呑込んだという豪の者でした。「八年待った、いまこそ身の幸せなり」とばかり、兵船二艘で押し寄せました。矢衾《やぶすま》激しく、若党五人は射伏せられ、通有も石弓《いしゆみ》で左肩を打たれて弓が引けず、片手で太刀を奮《ふる》い、帆柱を倒して橋として元《ゲン》の軍船に乗移ると、群がる輩をなぎ倒し、散々に暴《あば》れて、遂に玉冠《ぎょくかん》を被った大将と思《おぼ》しき者を生け捕り、船霊《ふなだま》の筒柱《つつばしら》に縛り付けて、戻ってきました。

こういう猪突豨勇《ちょとつきゆう》は、豪奢な鎧兜にも似たこれ見よがしの振舞いで、戦場の華と讃えられました。後世、平穏な時代にも、歴史というより読み本で、彼らは「いのしし武者」なる人気者となって、日本人の習俗を育てます。もちろん、河野通有以外にも戦い、討ち死んだ面々は少なくありません。

元の東路軍は、江南軍の到来を待たねばなりませんので、やむなく遥か沖の鷹島まで引き下がりました。

情報の少ない京の都は、「九州滅亡、長門上陸、やがて京にも攻めもぼる」とさまざまな風説が渦巻きはじめていました。第一、西国の米穀が届き難くなていました。

さきの戦では八幡大菩薩が神軍を率いて制圧された、これまで以上に祈祷せねばと、六月四日には、石清水八幡宮の社僧が、最勝王経・大般若経・仁王経・

尊勝陀羅尼を読誦しました。十八日は、終日、五十人で最勝王経百部の転読。二十日には遂に亀山上皇が御幸、一泊されます。公卿・殿上人が神楽奉納。拍子は八条侍従実清・資行朝臣、笛は宗冬朝臣、和琴は大炊御門大納言、篳篥《ひちりき》は兼行朝臣、人長《にんちょう》（神楽舞人の長）は秦弘方という豪華メンバー。特に資行朝臣は、上皇の命で秘曲「宮人」をうたいました。

そのさなか、早馬が到着、「蒙古兵千余殺傷、残船退却」の吉報がもたらされ、「これぞ神の加護よ」と、祈祷に拍車がかかります。二十三日から石清水八幡宮の役人らが、一千部の法華経を百人の社僧に十日間転読させました。七月一日には、社僧三十人が大般若経の転読をします。山内の神々へは、さまざまな祈祷がつづきます。四日には、甲冑や兵杖《ひょうじょう》（弓矢や太刀）で風流《ふりゅう》した巫女《みこ》が、戦勝謝恩を込めて歌い踊り、夜は夜毎、有官無官僧の尊勝陀羅尼行道《ぎょうどう》（仏を右転し読経散華する練り）、修験者《しゅげんじゃ》は修験者で懺法《せんぽう》（法華経読誦）がなされます。

七月二十六日は初夜（午後八時）から、戒律僧七百余人が集まって、尊勝陀羅尼の読誦です。天を揺るがし山にこだましますので、「見聞の人、身の毛よだちてぞ覚えけり。毎日、酉《とり》の刻（午後六時頃）には皆参るなり」と『八幡大菩薩愚童記』には述べています。さらに「そもそも、異国にこの地を比ぶるに、蒙古は犬の子孫、日本は即ち神の末葉なり。貴賤相別れ、天地懸隔なり。神と犬と何ぞ対揚に及ばん」とまで罵倒しています。

くだってさきの昭和の戦争でも、幼児にまで「鬼畜米英」と叫ばせたことがありました。いつの時代も戦になると、迷惑されるのは神々で、冷静さを失い狂気するのは人々です。

元の東路軍は、戦場を少し後退した地点で江南軍の到着を待っていました。

六月中旬、江南軍は総司令官阿刺罕《あらかん》が病気で、阿塔《あた》海《かい》と交替した（しかもこの司令官は乗船していなかったという説もあります）ため、現浙江省寧波と定海からの出航が、かなり遅れました。なお、実際に総指揮をとったのは、日本行省右丞相范文虎ではなかったか、と言われています。范文虎は、南宋から投降した武将です。

江南軍は兵船三千五百隻に十万の兵力という大船団だったようですが、司令官に問題があったせいか、一斉に出航したようにも思われないし、その日時すら不明です。

はじめ壱岐を目指しますが、途中で平戸島のほうが大宰府攻撃に有利と判断してか、東路軍にも平戸島に集結するよう促します。

壱岐島に上陸していた東路軍に対しては、六月二十九日に薩摩の御家人島津長久《しまずながひさ》らが、七月二日に肥前の御家人龍造寺家清《りゅうぞうじいえきよ》らが、それぞれに攻撃を仕掛け、激戦となりました。

ともあれ、文永の役とは打って変わって、西国御家人は攻撃を繰返すほど積極的でした。東路軍はついに壱岐を放棄、七月中旬から十七日までの間に、ようやく平戸島沖に停泊の江南軍と合流を完了しました。

一方、京の都は、壱岐島撤退を喜んだかと思えば、平戸島から再度襲来の風説に、ただただ怖れ慄くばかりです。

元軍も、前回とはいささか勝手が違っていました。東路軍と江南軍の連携が、巧くいかないようなのです。両軍は、平戸島沖にしばらく停泊したのち、一部を鷹島沖へ移動させました。ここで大宰府侵攻の合同軍議がなされたのです。このとき江南軍の高官、万戸《まんこ》・厲徳彪《れいとくひょう》、招討《しょうとう》・王国佐《おうこくさ》、水手総監・陸文政《りくぶんせい》らが、欠席したばかりか、勝手に戦列を離脱して、帰国するという事件が起き、江南軍の事実上の総司令范文虎《はんぶんこ》は苦境に立たされました。なんといっても、東路軍と比べて江南軍の航海距離は長く、投入戦力は南宋滅亡直後の無気力な連中で、数量はともかく戦う気概などなかったのではないでしょうか。

後日譚ですが、范文虎も、生残った手勢を見限って、腹心と早々に帰国しました。取残された兵は、二十年後の一三〇一年に、ようやく帰国し、自分たちを見捨てた将官を告訴しました。フビライは既に死去していて、孫の成宗が激怒、范夫婦は斬首、厲・王・陸らは一家皆殺しの刑に処せられたといいます。

七月二十七日、鷹島沖に停泊中の船団に夜襲を仕掛けた御家人がいました。この戦闘は日本側史料にはないようで、元軍は招討使忽都哈思《クドゥハス》の戦死という犠牲のために、大宰府襲撃作戦から離脱、鷹島に土塁を築いて再度の襲撃に備えたといいます。

鎌倉幕府は、御家人宇都宮貞綱《さだつな》（一二六六～一三一六）を総大将として、山陽・山陰の六万の大軍を北九州の戦場へ差向けましたが、先陣が長府に到着したところで、元軍撤退という僥倖《ぎょうこう》を得ます。

七月三十日夜半、平戸島・鷹島周辺に広く点在、停泊していた元軍の大船団群を、一挙に攫う暴風雨が、通過したのです。「戌亥時（午後八時から十一時）まで大風おびただしく吹いて、閏七月一日は賊船悉く漂漾《ひょうよう》して海に沈みぬ」と『八幡大菩薩愚童記』に載っています。農民には中稲《なかて》開花期で大風は通年のこと、事無く過ぎ去るのを祈り、常に雲行きをながめる漁師は、舟を浜に上げ、波頭で舟同士がぶつからぬよう距離をおく手立てを怠りません。元軍の軍船集団も、海上暴風雨を知る指揮官と、そうでない将軍とでは、被害の差が顕著でした。

江南軍は、狭い湾内に密集して繋船したために、将官まで漂流するほどの大被害を出しますが、なかには衝突を避ける配船を指示した部隊もあって、沈没被害を避けました。


東路軍の被害は軽微で、これには江南軍との造船技術の差異が指摘されています。とはいえ東路軍でも、元に人質に出されていた高麗国高宗の孫、左副元帥阿剌帖木児《アラテムル》まで、溺死しています。

江南軍は、脆弱な艦船に加え、指揮官ともども士気の上がらぬ集団でした。つぎの侵略に備え、水練を命じたといいますから、このときはよほど膨大な溺死を出しました。暴風雨慣れした日本に比べ、粗製軍船と訓練未熟の大集団が一夜にして戦意を失ったわけです。

閏七月五日、江南軍の総司令范文虎《はんぶんこ》は都元帥張禧らと爾後の策を合議します。張は「溺死者が半数もあるが、残余は壮士ばかりだ。もはや、士卒に帰還を望む心境はない。食糧は敵から奪って、前進のほかはない」と訴えました。しかし、范は、「このまま戻って、罪を問われるならば、私がこれに当たる。貴公は私同様罪にはならん」と撤退に再起を図ります。船を失った范は健在な船の士卆をおろして乗り換え、張は軍馬七十頭を平戸島におろし兵四千人を収容して、鷹島の西浦《にしのうら》から帰国しました。

肥後の御家人竹崎季長《たけさきすえなが》らが、御厨の海まで追いかけ撤退船に乗移り、首級と捕虜を得たといいますから、もはや逃げる敵をも見逃さぬ、ひたすら戦功の恩賞を狙う戦へ変貌していったのです。

鷹島には指揮官に逃げられた残党がいましたので、閏七月七日、この総攻撃がなされます。抵抗兵十万、捕虜三万とあるほど、鷹島の掃討戦は苛烈でした。

島にはいまも、「首除《くびのき》」「首崎」「血崎」「血浦」「刀の元」「胴代」「死浦」「地獄谷」「遠矢の原」「前生死岩」「供養の元」「伊野利《いのり》の浜」など、それを伝える地名が残っているそうです。

捕虜は二〜三万、ほとんどは殺し、日本と交流あった南宋人で、工匠や農事智識のあるものはそれなりに生かされたといいます。

二十年後、辛うじて帰国できた南宋の兵于闐・莫青・呉万五の三人は、部下を置き去りにした将官を訴えたそうです。この時代の戦に狩り出された兵は奴隷扱いで、現在の価値観では一概に語れません。

将兵が退却しても、フビライには敗者意識なく、つづけて ⑨ 弘安六年（一二八三）、⑩ 弘安七年（一二八四）、⑪ 正応五年（一二九二）、⑫ 正応五年（一二九二）、⑬ 正安元年（一二九九）と、五回の使者がさまざまな形で送られてきました。

日本に着かなかった使者もあれば、最後の使者は、一山一寧《いっさんいちねい》（一二四七〜一三一七）という高僧で、はじめは伊豆の修善寺に幽閉されますが、のち赦免され、観音寺・建長寺・円覚寺・浄智寺などの住職から、京都南禅寺の三世となって病没、「一山国師」と諡号されました。

同時にフビライは、第三次日本侵略計画を進めましたが、内乱や南方諸国への外征などで、なかなか実現しませんでした。もっとも、瑠求《りゅうきゅう》（琉球）へ侵攻し、正安三年（一三〇一）十一月には、偶発的といわれる薩摩国甑島《こしきじま》の上陸記録があります。一方、日本も「高麗を討つべし」と息巻く者まであらわれました。

武力には武力で、と争えば、メービウスの帯のように捩れて、どちらが勝ったか、敗れたか、分らぬままに、怨念ばかりが増幅するのは、必至です。

元寇で八幡信仰広まる

文永・弘安の役のあとでもフビライは、「戦闘に若干の齟齬はあったが、日本を従属させる目的まで放棄してはいない」、と大国の強さを見せ付けんものと、つぎの機会を狙っていました。

ところが日本では、庶民が「我国は神の国である」と、理屈抜きに信じるようになってゆきました。鎌倉後期から江戸期へ読み継がれ、写本の多い『八幡大菩薩愚童記』の影響もその一つで、抽出しますと、

「異賊（元軍）を滅ぼし、日本を助けたまいしは、八幡大菩薩、護り給う。故に、風を吹かせて、敵を破る。数万の賊徒悉《ことごと》く、片時《かたとき》の程（いっときの間）に失せにしは、神威の致すところにて、人力かつて煩《わずら》わず。我が神（八幡神）の徳風を遠く仰ぐ国家の人民は、安全なり。神功皇后は、海水を上げ（新羅征伐時の故事をいう）、文永には、猛火を出し、弘安には、風を吹かせ、水・火・風の三災は、劫末《ごうまつ》ならねど、神慮に任《まかせ》て自在なり。濁世末代《だくせいまつだい》に生を受け、謀反殺害のときに合《あ》うは悲しみなれども、八幡大菩薩の霊験あらたにして、不思議神変《しんぺん》あらわされ給えるに生まれあい、和光同玄（仏が神の姿で現れる本地垂迹《ほんじすいじゃく》と同じ）の縁を結び、皆得解脱《かいとくげだつ》（悟り）の恵みを仰ぎ奉る悦び、昔に過ぎたり」

末世に起きる水・火・風の三つの災、「宇宙の根元とその作用、大気中の諸現象、雨・風・雷など（『広辞苑』）」気象という人智の及ぶところではない現象を、自在に駆使して頂けたと「神の国」信仰が、天皇はじめ貴族、武家から下々へと瞬く間に浸透してゆきました。

言い換えますと、「八幡神」という無空の神が、「神風」という気象に示顕《じげん》して、誰もが体感できたということです。

ただ、次元の違うさらなる動揺が起こりました。これこそ人の世というもので、やむをえない時流です。それは、「戦場で命を賭けた武士集団の恩賞に対する不平不満」でした。無足の（所領のない）御家人竹崎《たけさき》季長《すえなが》（一二四六～？）のように、文永の役のあと戦功を認めて貰おうと、肥後国竹崎郷から自費で鎌倉へ直訴し、肥後国海東郷の地頭に任ぜられた豪の者もいま

す。竹崎は弘安の役にも活躍します。のちに恩賞奉行安達安盛や総大将少弐景資の恩義に報いるため『蒙古来襲絵詞』を描かせ、肥後国南方の守護神「甲佐大明神」に奉納しました。この絵詞は、元寇の唯一画像史料として、現在は宮内庁に所蔵されています。

竹崎の例はいいほうで、借金までして九州北部の防塁を築いた御家人は、堪ったものではありません。幕府は、御家人が借金の担保に差し出していた土地や質物を、無償で持主に返させる徳政令を発布しますが、彼らの不満はなかなか解消されません。やがては、鎌倉幕府の要《かなめ》であった御家人の結束が緩み、崩壊へとひた走るようになってゆきます。

石清水八幡宮・宇佐八幡宮・伊勢神宮・住吉大社・厳島神社・諏訪大社・東大寺・延暦寺・東寺など諸国の社寺に大々的な異国調伏の祈祷や祈願、奉幣をしてきましたが、この行事は毎年盛んにおこなわれるようになり、朝廷や幕府の負担はますます大きくなってゆきました。

「蒙古高句麗《むくりこくり》」考

元寇以来、「蒙古高句麗」なる言葉がよく使われるようになりました。厳密には「もうこ　こうくり」ですが、「むくり　こくり」または「もくり　こくり」と訛って伝承されています。元寇が、わたしたちの習俗に、どんなに係わってきた、そのひとつだと思います。

①　むくりこくりの鬼

江戸時代の方言・俗語・俗諺を集めた明治の国語辞書『俚言集覧』に、「蒙古高句麗《むくりこくり》の鬼」というのがあります。「むくりこくり、鬼が来る」と泣く子を脅《おど》し、賺《すか》ししました。もちろん子供は「むくりこくりの鬼」ってどんな鬼か知りません。ただ、怖いというだけです。少し長じて、やっと元寇と判ったでしょう。蒙古と高句麗(高麗《こま》)の大軍が侵攻した故事は、『八幡愚童訓』か、古老の噺でしょうから、とにかく「むくりこくり」は鬼で怖い、とこどもに伝え、いまでは「死語辞典」入りのはずです。ところが『広辞苑』にはちゃんと載っていますから、これまた不思議なことばです。

ちょうど中国が、さきの戦争で「日本鬼子《リーベンクィズ》」と罵倒しつづけ、映画「鬼子来了《クィズライラ》」（二〇〇〇年カンヌ国際映画祭グランプリ受賞中国作品）で堂々世界に宣伝し、反日、排日、侮日を繰返し、政治の種《ねた》に使っています。「むくりこくりの鬼」も中国ならば、日本鬼子に似ている、というかもしれません。

つい七十年前の日本も、昭和の戦争で、「鬼畜米英」と国民の敵愾心《てきがいしん》を煽りました。それはすっかり消えたのか、昨今の日本のこどもたちは、アメリカやイギリスと戦争したなんて、「嘘っ！」と笑います。平和ボケの証かもしれません。

② **妖怪「もくりこくり」**

和歌山県に「もくりこくり」という妖怪伝承があるそうです。三月三日には山に出て、五月五日には海に出るという神出鬼没の妖怪で、麦畑では人間の姿をしていて、一瞬に大きくなったり、小さくなったり、煙のようにモクモクと消える。イタチのような姿であらわれる神子浜の「もくりこくり」は、夜の麦畑で尻を抜くとか。海に現われるときは、海月《くらげ》のようで、群れて漂い、伸び上がって舟に悪戯をする。河童か、船幽霊か、雑多な妖怪を混同させた感じです。しかし「もくりこくり」の由来も「むくりこくり」と同じ『蒙古高句麗』だと伝えられています。

ここでは「鬼」ではなく「妖怪」です。妖怪とは、不解明な奇ッ怪現象や物体のことですから、霊魂、いいかえれば隠《おに》（姿がみないこと）のような人知の彼方にあって、妖怪と似ているのかもしれません。もっとも、「隠」では、分らないので、仏教では「鬼」の文字を借り、死んで間がなく成仏していない霊魂をいいます。ですから人は死ねば鬼となり、やがては神仏となる、と信じるようになってゆきました。

蒙古《もうこ》が、「むくり」や「もくり」になっていて、どちらが先か後か分りませんが、海に潜《もぐ》る海洋族がいた和歌山県沿岸ならば、「潜る」と「もくり」が混同しても可笑しくはないでしょう。

③　供養碑　モクリコクリ

仙台市八幡五丁目、滝前丁通りの来迎寺境内に、小さな堂宇に保護された「モクリコクリ」という碑があります。もとは近くの道端にあったが、道路拡幅でここに移されたとか。元は、弘安十年（一二八七）と、その五十年後の延元二年（一三三七）に建てた板碑二基だったらしいのですが、前者は朽ちたのか、いまは後者のみだといいます。

いうまでもなく、これは供養の板碑、卒塔婆です。梵字・経文などが書かれ、蒙古高句麗の犠牲者の戒名はなく、「亡霊乃至法界平等利益」のためとあるばかりです。古来、人々は「モクリコクリの碑」と呼んでいます。

蒙古や高句麗、厳密には南宋の兵も加わるでしょうが、元寇で犠牲になった敵側の亡霊を供養した卒塔婆だと伝えられているのです。

最初の塔婆が弘安十年（一二八七）というのは、弘安の役（一二八一）の七回忌法会で、次がそれから五十年後にあたります。この延元二年（一三三七）という年号は南北朝時代の南朝年号です。北朝では建武四年、ということは仙台地方の政権が南朝方であったという証でしょう。そのような政権混乱時でも、亡霊については敵味方の区別なく供養したのです。

この「モクリコクリの碑」には、奇妙な習俗があって、板碑を削って持ち帰ると幼児の百日咳に効くという信仰が生まれ、こんにちでも「子どもの神」とされているとか。

戦禍で没した霊魂は、彼我を問わず神として祀るという思いは、日本人の平和を願う心の一つではないでしょうか。こんにち靖国神社にも「鎮霊社」という世界の戦争犠牲者を毎年祭祀する社があって、他国の批判がどうであれ、戦争犠牲者を祀り、毎年七月十三日を例祭として鎮魂と世界の平和を願っています。

ところで、なぜ、元寇の戦場から遠くはなれた陸奥に、こういう信仰があるのか？　いささか突飛で恐縮ですが、この場所「八幡五丁目」から推理しますと、その隣、八幡四丁目に「大崎八幡宮」というのがあり、征夷大将軍坂上田村麻呂《さかのうえのたむらまろ》（七五八〜八一一、漢人系渡来人阿知王《あちのおみ》の子孫）が宇佐八幡宮から鎮守府（胆沢城）鎮護のために勧請したと伝えられています。いうまでもなくこの地区の氏神です。八幡神が国家を鎮護し、元寇はその加護によって治まったと万人は認め、その平和は、彼我犠牲者の霊によって守護されていると祈ってきたのですから、八幡神の坐すところに犠牲者鎮魂の証があって、なんの不自然もありません。

話が飛びますが、「大崎八幡」とは、大崎領の氏神という意味です。平安時代、陸奥大崎五郡を支配した大崎は、本姓・河内源氏の足利氏流で、家祖は斯波家兼、すなわち斯波の一族であり、最上、天童などは、その支流です。

ところがやがて、家臣団の反乱によって、大崎は伊達へと領主が変わりました。

山形の置賜《おいたま》地方が地盤であった伊達には、伊達家の重臣片倉が神官を勤める「成島八幡宮」が米沢にありました。

戦国期が終って、所領替えになった伊達政宗が、それまでの呼称「千代《せんだい》」を、「仙台《せんだい》」と改め、慶長五年（一六〇〇）、青葉城の普請許可を徳川家康から取りつけ、本城としました。そこで、従来の伊達家氏神「成島八幡」を分霊し、「大崎八幡」と合祀、城下乾天門《いぬいてんもん》側の鎮護社とし、こんにちに至っています。もっとも、「成島八幡宮」もまた米沢に健在です。

第十一章　八幡神と新田・足利

河内源氏末裔の倒幕決起

御家人たちの、元寇に対する戦功不満も起因の一つですが、鎌倉幕府の権力が急速に失墜してゆきます。討幕の主体となるのは、八幡神を氏神とする河内源氏の末裔で、新田義貞（一三〇〇?～一三三八）と足利尊氏（一三〇五～一三五八）でした。

新田義貞は、源義家の三男義国の長男義重が家祖で、その支流には、山名・世良田・里見・額田・脇屋・大館・堀口・由良・岩松などの諸氏がいました。のちに徳川氏が新田の末裔と称して征夷大将軍の宣下をうけたほど、武家における河内源氏系譜は矜恃がありました。

足利尊氏もまた、同じ源義家の三男義国の、次男義康を家祖とします。また、仁木・細川・戸崎・畠山・斯波・石橋・吉良・今川などが諸支流でした。

天下が元寇で混乱の頃、朝廷では、持明院統と大覚寺統の両派の天皇が、交互に相手の統から皇太子を立てて即位する、という暗黙の了解を幕府や摂政関白家との間に交わしていました。朝廷は、天皇の発言よりも、早々に退位した上皇のそれを重視する、いわゆる院政時代で、天皇は政治的には象徴に過ぎませんでした。

「持明院統」とは、八十八代後嵯峨天皇の第二皇子で、八十九代後深草天皇の系列につづく天皇をいい、九十二代伏見天皇、九十三代後伏見天皇、九十五代花園天皇がこの流れです。廃帝を応じない後醍醐と並列して、一代光厳《こうごん》といい、二代光明・三代崇光・四代後光厳・五代後円融とつづきます。

「大覚寺統」とは、八十八代後嵯峨天皇の第三皇子で、九十代亀山の系列につづく天皇です。九十一代後宇多・九十四代後二条・九十六代後醍醐とつづき、後醍醐が流刑され（後に詳記）、廃されたにもかかわらず、承知せず吉野で皇統を維持（世に「南朝」という）されたので、九十七代後村上・九十八代長慶・九十九代後亀山と続きます。

ここで「大覚寺統」（南朝）と「持明院統」（北朝）の和解が成り、後円融天皇の第一皇子が百代後小松となり百一代称光・百二代後花園……と持明院統の天皇が続くことになるのです。

ともかく、政事から疎外されていたこれまでの天皇とは違い、自ら財力と武力を手中にせんとする後醍醐天皇と武家集団の策謀時代に、話を戻します。

幕府でも、形式的に無力の将軍を皇族から迎え、北條徳宗政治がなされていました。（注、北條義時の法名を「徳宗」といい、以後執権となった北條氏の嫡統当主を「徳宗（得宗とも書く）」という）

その幕府に不満の御家人たちは、北條徳宗家の打倒時期を秘かに待っていました。

後醍醐天皇も、院政を廃止して、親政体制を実現したいと、「後の三房」といわれた吉田定房、北畠親房、万里小路宣房や、日野資朝・俊基ら腹心を使って、六波羅探題の襲撃と寺院勢力の掌握を画策しました。ところが、実行直前に密告され、天皇は笠置山へ逃避します。

このとき天皇に従い、河内赤坂で挙兵したのが、楠木正成（一二九四？〜一三三六）でした。楠木正成は河内の千早赤坂村に館を構える豪族でした。非御家人ですが、徳宗（得宗）家の領地である河内国観音寺の地頭職だったようです。楠木正成が後醍醐天皇と係わりをもつようになったのは、真言密教僧文観と醍醐寺報恩院道祐、伊賀兼光らの仲立ちだちといわれます。

元弘元年（一三三一）八月、倒幕計画が幕府側に分り、正成はたちまち所領の和泉国若松荘を没収されました。「悪党楠木兵衛尉」と罵倒されながらも、河内国の下赤坂城や金剛山中腹に築いた砦千早城に籠って奮戦します。

九月、天皇は笠置の戦いに敗れて捕らえられ、譲位の意思を示さないまま廃帝にされ、隠岐島へ流されました。このとき即位したのが皇太子量仁《かずひと》親王で、光厳天皇（一三一三～一三六四。在位一三三一～一三三三）です。

楠木正成の討伐には、宮廷警護の指揮官大番役として上洛していた新田義貞も参戦していました。ところが義貞は、元弘三年（一三三三）三月、病気を理由に戦線を離脱、帰国してしまったのです。出兵中に後醍醐天皇の皇子護良親王《もりながしんのう》（一三〇八～一三三五）と接触、討幕の綸旨《りんし》を受取っていたといわれています。

新田義貞、鎌倉幕府を滅ぼす

上野国新田荘《こうずけのくににったのしょう》（群馬県太田市付近）に帰った新田義貞が、元弘三年（一三三三）五月、幕府に反旗を翻したのは、徴税使を殺したのが発端でした。幕府は、楠木正成討伐に予想外の費用がかかっていて、有徳銭（一種の富裕税）の強制徴収を命じました。

新田義貞の一族は、生品《いくしな》神社（現、太田市新田市野井町、祭神大穴牟遅神《おおあなむちのかみ》【大国主命】）に参集、決起を誓いました。このときは僅か百五十騎でしたが、その日のうちに上野守護所を攻めて、所領地八幡荘《やわたのしょう》に移り、鎌倉攻撃の体制を整えました。

上野国八幡荘は、河内源氏の祖源頼信（義家の父）が上野介に任官以後、河内源氏歴代の拠点としてきたところで、信濃国を結ぶ交通の要所でした。天徳元年（九五七）に頼信が、石清水八幡宮から勧請した「上野《こうずけの》国一社八幡宮《こくいちしゃはちまんぐう》」（現、高崎市八幡町、通称・八幡八幡宮《やわたはちまんぐう》。元は碓氷八幡宮《うすいはちまんぐう》という）があり、新田・足利・武田など関東源氏が、特に崇敬する社でした。ここに集まった面々は、信濃・越後・甲斐の新田一族や、里見・鳥山・田中・大井田・羽川など氏族およそ二千騎で、さらに山伏から義貞挙兵の情報を得、続々と集まってきました。その数二十万七千騎と『太平記』にはあります。

足利尊氏の子で、幕府の人質として関東に止めおかれていた千寿王（一三三〇〜一三六七、のちの義詮《よしあきら》）も参戦しましたので、鎌倉攻めには、河内源氏の本流となる新田・足利の二人の大将が揃ったことになります。家祖は、源義国の長男義重が新田、次男義康が足利ですが、この時代には義貞は、尊氏指揮下の一武将でした。

余談。「八幡荘」なる荘園は、上野国（群馬県）以外に、下総《しもうさ》国と陸奥《むつ》国にもありました。下総国八幡荘は千葉県市川市北部、陸奥国八幡荘は宮城県多賀城市八幡町から仙台市宮城野区辺りといいます。前者は石清水八幡宮の所領で、後者は、末松山八幡宮（多賀城市）を中心に拓らかれ、平家没官領から関東御領になりました。いずれも、祖神八幡神を勧請するのは河内源氏で、やがては武家社会の団結と統治の証の神になってゆくのです。

気負いたった新田の大軍は、一瀉千里鎌倉街道を南下、「小手指原《こてさしがはら》」「分倍河原《ぶばいがわら》」と合戦を重ねて進撃します。分倍河原で義貞軍は、一度は敗退しますが、三浦一族の大多和義勝が、河村・土肥・渋谷・本間ら相模国の六千騎で加担します。そればかりか、京から足利尊氏が六波羅探題を滅ぼしたという報が伝えられて勇を鼓し、五月十六日早朝、分倍河原を再度襲い、一挙に多摩川を渡りました。

霞の関（多摩市関戸）の北條泰家を攻め、ここでも鎌倉方から寝返る御家人を加えて体制を改めると、鎌倉街道をひた走りました。

五月二十二日、東勝寺で北條高時らが自害して、鎌倉幕府は終焉しました。世にこれを「元弘の乱　鎌倉の戦い」と呼びます。

新田義貞が挙兵して僅か二週間。義貞は、八幡大菩薩の加護よとばかり欣喜しますが、多くの御家人はなぜか義貞よりも足利尊氏の子、千寿王に靡《なび》きました。義貞はまだ無官で、従五位上の尊氏の人気度が遥かに上だったのです。政治手腕でも尊氏が優れていた、といわなければなりません。

足利尊氏の寝返り

新田義貞の上野国新田荘《こうずけのくににったのしょう》での挙兵に、応えでもするように、元弘三年（一三三三）五月、京で足利尊氏も、幕府に寝返ったのです。

後醍醐天皇が隠岐を脱出し、伯耆国船上山に篭城されたので、西国の反幕府勢力を鎮圧するため、尊氏は、妻登子と嫡子千寿王を鎌倉に残し、遠征を命じられていました。反幕勢力討伐の大将軍には、足利尊氏と並ぶ大将軍に、北条高家《たかいえ》（?～一三三三）が選ばれていました。北条氏一門で、名越高家とも呼ばれる高家は、いうなれば足利尊氏の監視役的立場でもあったのです。『太平記』には、「気早の若武者」とあるほどで、尊氏には煙たい存在でした。諱《いみな》高家の「高」は、執権北条高時から拝領したほど、徳宗（執権となった北条氏嫡統当主）に信頼されていました。

もっとも足利尊氏もこの頃は「高氏」といい、これも高時から拝領の「高」でしたが、後醍醐天皇側についていて、建武の新政がはじまると、天皇の諱「尊治」から偏諱《へんき》を賜わり「尊氏」と改めます。あえて新政の要職に就くことを避けていた尊氏への天皇の配慮だったかもしれません。ですから、このあたりは高氏と書くべきですが、混乱を避け、はじめから尊氏を使いました。

元弘三年（一三三三）四月、西下した尊氏・高家の幕府軍は、二十七日に久我堤（京都市伏見区）で朝廷軍と対峙します。朝廷軍の赤松則村一族作用範家の矢が、華美な鎧武者を狙い、その眉間を射抜きました。なんと、大将軍の北条高家だったのです。目立つ姿で前線にあっては標的も同然、元寇を前車の轍とせぬ旧態然とした戦法の災難です。

状況判断に優れた尊氏は、高家戦死を機に後醍醐天皇側の勧誘に応え、寝返りました。

四月二十九日、尊氏は、所領の丹波国篠村《しのむら》八幡宮（京都府亀山市篠町）で反幕府の兵を挙げました。諸国へ軍勢催促状を発すると同時に、播磨国の赤松円心、近江国の佐々木道誉ら反幕勢力を糾合して、京都に攻め入り、五月七日には六波羅探題を滅ぼしてしまいました。このとき、探題の北条仲時は討たれ、後伏見、花園両上皇と光厳天皇は近江で捕られられました。

篠村八幡宮は、延久三年（一〇七一）、後三条天皇の勅願により河内源氏二代源頼義（源義家の父）が、応神天皇陵守護の誉田《こんだ》八幡宮（大阪府羽曳野市誉田）から勧請した社です。篠村・誉田両八幡宮は、いずれも河内源氏の領地にあり、篠村八幡宮には、尊氏の必勝祈願状が現存しているそうです。

後醍醐天皇の手腕

新田義貞といい、足利尊氏といい、河内源氏の有力武士を、手玉にとった知力と行動力に優れた後醍醐天皇（一二八八〜一三三九）について触れておきます。

大覚寺統の後醍醐天皇、すなわち帥宮尊治親王《そちのみやたかはる》が、持明院統の花園天皇の皇太子に立たれたのは、徳治三年（一三〇八）、二十歳のときです。花園天皇の譲位で践祚されたのは文保二年（一三一八）、三十歳です。さらにその後も、父後宇多法皇の院政が三年間ありました。

後宇多法皇は、後醍醐天皇を、兄九十四代後二条天皇の遺児、皇太子邦良親王（一三〇〇〜一三二六）が成人するまでの中継ぎとして位置付け、天皇もこれを承知で即位されたようです。もちろん幕府も後宇多法皇の案に異存なかったのです。

ところが、後醍醐天皇は、幕府への反感から、元亨元年（一三二一）、十一年間あまりの後宇多法皇（一二六七〜一三二四）院政を、幕府を説得して停止してしまいました。院政はすでに二世紀余も続いていた陋習ではありましたが。

三十歳を越えた後醍醐天皇の即位は、三十六歳の七十一代後三条天皇以来のことで、二百五十年ぶり、その間の天皇は幼少のせいもあり、政治に介入されず、院政や摂政関白政治がつづいたのです。側近の寵臣には、「天皇はお飾りではありません」と逆の戯言を憚らぬ者もいたことでしょう。後醍醐天皇は、いまこそ「親政の好機」と決意されたのです。

持明院統と大覚寺統が十年毎に交互に即位、などといわなくとも、後醍醐天皇には、后妃が二十八人程（皇后二人・女御一人・典侍四人・掌侍二人・後宮十九人余）もいて、子供にいたっては、皇子二十人・皇女二十二人計四十二人ばかり、後継者には困りません。

因みに、皇子を列記しますと、満良親王（花園宮）・聖助法親王（聖護院）・恒良親王（後醍醐天皇皇太子、新田義貞に同行、金ヶ崎城で捕らわる）・成良親王（征夷大

将軍、光明天皇皇太子）・義良親王（後村上天皇）・護良《もりなが》親王（尊雲法親王、大塔宮、征夷大将軍）・尊性法親王・尊良親王（一宮、新田義貞に同行、金ヶ崎城で自害）・宗良親王（尊澄法親王、天台座主、征夷大将軍）・玄円法親王（一乗院）・最恵法親王（妙法院）・恒性（越中宮、大覚寺）・無文元選（遠江方広寺開山）・法仁法親王（躬良親王、大覚寺）・懐良親王（鎮西宮・筑紫宮、征西将軍）・世良親王・静尊法親王（恵尊法親王、聖護院）・尊真（醍醐宮、杲尊法親王とも）・知良王（守永親王とも）・竜泉令淬（万寿寺住持）となります。

通字に「良」が多く、「なが」と読むか「よし」と読むか、学者によって異説があります。

護良親王は鎌倉宮、宗良親王は井伊谷宮、懐良親王は八代宮、尊良親王と恒良親王は金崎宮にこんにち祀られています。

成良親王・護良親王・宗良親王・懐良親王のように倒幕の綸旨を携え、第一線に放たれた皇子もいて、後醍醐天皇の精悍さが窺われます。

なかでも、護良親王（一三〇八～一三三五）は、ある意味では父後醍醐天皇によく似ていて、革命の先端を突っ走られました。六歳のとき、尊雲法親王といって、天台宗三門跡の一つ梶井門跡三千院に出され、東山岡崎の法勝寺九重塔付近に門室を設けましたので「大塔宮《だいとうのみや》」と呼ばれました。後醍醐天皇の、叡山を倒幕勢力下に入れる策に添って、二度ばかり天台座主も務めます。ところがこの座主は、武芸に熱心な異例の座主でした。

元弘元年（一三三一）、天皇が二度目の倒幕を策したとき、尊雲法親王から還俗《げんぞく》して、参戦されました。もちろん天皇の示唆《しさ》か、命令でしょう。十津川や吉野、高野山などを転々とし、反幕勢力を募りながら、足利尊氏らと六波羅探題の滅亡に貢献されたのです。その後は、尊氏と相容れず、信貴山《しぎさん》を拠点に、尊氏を牽制しつづけました。

建武の新政で、護良親王は、征夷大将軍・兵部卿に任ぜられますが、鎮守府将軍となった尊氏を警戒しました。

護良親王が東北支配の策を講じると、尊氏や天皇と側近から批判されます。尊氏暗殺の兵を集めたため、征夷大将軍を解任され、建武元年（一三三四）には「皇位簒奪の企てあり」と睨まれ、天皇の意により捕縛、身柄は足利方預けとなりました。鎌倉へ送られ、尊氏の弟、足利直義《ただよし》（一三〇六～一三五二）の監視下におかれるのです。

そのころ、京の二条河原に、こんな落書が貼られて、評判になりました。つぎつぎと綸旨がだされ、田舎の俄大名が右往左往する建武の新政を、批判するもので、京童の代弁者という筆致で、民衆の新政にたいする不満ですが、筆者はある程度学のある者と思われます。

この頃都に流行《はや》るもの　夜討《ようち》、強盗、謀綸旨《にせりんし》
召人《めしうど》、早馬《はやうま》、虚騒動《そらさわぎ》　生頸《なまくび》、還俗《げんぞく》、自由出家《まましゅっけ》
俄大名《にわかだいみょう》、迷者《まよいもの》　安堵《あんど》、恩賞、虚軍《そらいくさ》　本領離《ほんりょうはな》るる
訴訟人《そしょうにん》　文書入りたる細葛《ほそつづら》　追従《ついしょう》、讒人《ざんにん》、禅律僧《ぜんりつそう》、
下克上《げこくじょう》する成出者《なりづもの》、器用の堪否《かんぷ》沙汰もなく、もる人なき決断所、着付けぬ冠《かんむり》上の衣《ぎぬ》、持ちも習わぬ杓《しゃく》持ちて、内裏交《まじ》わり珍しや、賢者顔なる伝奏は、我も我もと見ゆれども、巧みなりけり訴《いつわり》は、愚《おろ》かなるにや劣るらん（以下延々と続くが略す）

後醍醐天皇や公家の新政とは、武家政治以前の政治体制に戻そうというのですが、武家による統治体制を、元に返すことは難しく、諸大名の不平不満は一挙に充満して、収集不能になってゆきます。

翌建武二年（一三三五）七月、最後の執権北條高時の遺児、次男の時行（?～一三五三）を担いだ残党が、鎌倉奪回の兵をおこしました（北條・足利両政権の間という意味で「中先代《なかせんだい》の乱」という）。

防衛軍は、たちまち各所で敗退、足利直義は、鎌倉にいた征夷大将軍成良親王をいちはやく京に送り返し、二階堂《にかいどう》が谷《がやつ》東光寺（現、鎌倉宮）の土牢《つちろう》に幽閉中の護良親王は、北條方に利用されることを怖れ、部下に命じて殺してしまいました。

このとき北條時行は、まだ十歳前後。ひとたびは鎌倉を奪回したものの、京から駆けつけた足利尊氏の軍勢に、あっけなく潰えました。世に「二十日先代《はつかせんだい》」と笑止《しょうし》されました。ところが、破れた時行も、のちに尊氏が後醍醐天皇と不和になると、延元二年・建武四年（一三三七）には吉野の南朝と接触し、朝敵恩赦の綸旨を受けて、北畠顕家《あきいえ》の配下となり、新田義貞の遺児義宗・義興と共に上野国《こうずけのくに》で挙兵、足利尊氏とその子基行と戦います。たちまち敗れて、翌年五月、鎌倉龍ノ口

で処刑、という運命を辿りました。

「中先代の乱」で鎌倉へ向かった足利尊氏は、後醍醐天皇と距離を置くようになります。武家と公家の政治的感覚の相違とでもいいましょうか、その溝は急速に広がってゆきました。

足利尊氏は、鎌倉支援について征夷大将軍の官職を望みましたが、勅許を得ぬうちに出動して、後醍醐天皇は、やむなく征東大将軍の号を与えました。

尊氏は、弟直義を失うことをなによりも怖れました。心ならずも天皇に逆らうのも直義救援の心情からだったのです。この兄弟は、同母の年子で、尊氏は、石清水八幡宮に「今生の果報をば直義にたばせ給候て、直義安穏にまもらせ給候べく候」と願文を奉納しているほどでした。だが、軍の指揮権だけは弟に任せず、直義はまた兄のやや不備な政務面を支えました。のちに創設期の足利幕府で、世人は兄弟を二頭立ての馬車と評しました。

「中先代の乱」が終結後も、尊氏は、直義の意向で、そのまま鎌倉に止まり、独自に戦功恩賞を与え、帰京を命じられても容易に応じません。


後醍醐天皇の建武の親政は、十分に機能せず、朝令暮改を繰返しながら、はやくも危機を孕んでいました。

建武二年（一三三五）十一月、尊氏は、天皇君側の奸は新田義貞だとして、その討伐を要請します。ところが天皇は、独自の武家政権を始めようとする尊氏こそ逆賊と、尊良親王に、総大将の義貞をつけて、征討を命じました。

さらに義良親王を奉じて陸奥に下向していた北畠顕家《あきいえ》（一三一八〜一三三八）にも、奥州の兵を率いて尊氏追討を命じます。

北畠顕家の軍は五万、翌建武三年（一三三六）一月二日には、鎌倉を占領しますが、目指すは尊氏。義貞軍に連勝して京へ向かっている尊氏を、追撃する顕家軍も、休む間もなく三日には鎌倉を立ち、六日に遠江、十二日近江愛知川と、まさに鬼神の速さで追いかけました。

五万の、一日行軍平均四十キロ、六百キロを半月で走破することは、天正十年（一五八二）六月、羽柴（豊臣）秀吉が行った「備中大返し」の十日間二百キロより、遥かに速く超強行軍でした。大軍団の移動を支えるものは糧秣の確保です。おそらく顕家軍の進路では、徹底した食糧強奪がなされたことでしょう。

北畠顕家は、十二歳にして従三位参議・左近衛中将となり、十三歳のとき雅楽「陵王《りょうおう》」を後醍醐天皇の笛で舞ったと『増鏡』に載っているほどに、知力と気力の溢れた早熟の公家若武者、父は南朝正統論の『神皇正統記』の著者北畠親房で、その長男です。

ひとたびは京に入った足利尊氏ですが、北畠顕家・新田義貞・楠木正成の追撃軍に撤退を余儀なくされ、以前に鎌倉幕府打倒を決意した領地、篠村八幡宮に立ち寄ります。一縷の神頼みではなく、振出に戻った戦略再考だったのでしょう。京都の奪回を、あえて西方の九州へ求め、同志を糾合する戦力蓄積の迂回策に改めます。

途中、一度は新田勢に敗れる局地戦もありましたが、とにかく西には応呼に応える諸将がいます。長門国赤間関の少弐頼尚、築前国宗像大社の宗像氏範の支援を受けて、延元元年・建武三年（一三三六）三月、天皇方の菊池武敏、大友貞順を圧して京へ向かいました。

途中、鞆の浦で光厳上皇の院宣を得て、西国武士を急速に傘下とし、海路を尊氏、陸路を直義が、湊川の新田・楠木勢と対戦するべく進撃しました。

この時、楠木正成は、義貞を切捨て武家統御の巧みな尊氏と和睦する策を進言しますが、公家たちの同意をえられず、やむなく義貞の配下となり、五月、湊川に出陣、戦死するという楠木一族壊滅の結果を招きます。

片や義貞は、福山まで進撃しますが、破れて摂津まで退却、正成軍と合流せんと朝廷の指令を仰ぎました。湊川の合戦では、海路の尊氏軍に立ち向かうべく義貞は和田岬に配陣します。ところが、尊氏軍の奇襲に遭い、京へ退却を余儀なくさせられてしまいました。

天皇は比叡山に移り、義貞は近江東坂本に配陣します。尊氏軍は、京を睥睨する石清水八幡宮に陣を進め、つづいて光厳上皇を迎えて東寺に移りました。

双方対陣のまま、六〜八月が過ぎます。

朝廷軍には、北畠顕家がいますが、さきに尊氏を京都から退去させた時点で、奥州へ帰還していました。その顕家が再度京へ引き返すには、道中、足利の同調者と戦いながらですから、劣勢の義貞軍を加勢するなど、容易ではありません。

義貞は、東寺の尊氏に、一騎打ちを申込むこともありました。もはやこのような戦法は通じません。

尊氏は、密かに後醍醐天皇との和睦交渉を進め、天皇もこれを了承するはやむを得ないと思われます。その進展と併行して尊氏は、東坂本に配陣の義貞軍には、食糧封鎖を行なっていたました。いうなれば義貞は、天皇から捨て駒にされかねなかったのです。所詮武家は、皇室や公家の従僕、無用になれば情け容赦なく切捨てるまででした。

天皇が尊氏と妥協し、叡山を降りられる当日、はじめてこのことを知った新田一門は、驚天動地の騒ぎになりました。『太平記』では、このとき、義貞倒幕挙兵以来の重臣堀口貞満《さだみつ》（一二九七〜一三三八）が、鳳輦《ほうれん》の轅《ながえ》にとりすがって「当家累年の忠義を捨てられ、京都に臨幸なさるべきにて候はば、義貞はじめ一族五十余名の首をはねて、お出であるべし」と血涙にて奏上します。これまでに新田一族の戦死者はすでに百三十二名、郎党の損失八千を越えていました。やがて義貞も三千騎を並べて、天皇を守護包囲し、懇願しました。

後醍醐天皇は、義貞と貞満を呼び、和議は計略であると宥めます。ならば義貞の天皇包囲は叛逆にあたります。やむなく義貞は、妥協案として、恒良親王と尊良親王を推戴してひとまず北国へ下向、戦力を強化したい、と提言しました。

これは『太平記』の記述で、いかにも物語的ですが、天皇は、実直な新田義貞ばかりか二親王まで、無惨にも蜥蜴の尻尾のように切捨て、側近公家とともに京に入られました。

京では、後醍醐天皇を迎える前に、足利尊氏は、光厳天皇に対し、弟の豊仁親王に皇位を譲り光明天皇とし、光厳上皇として院政をおこなうよう要請しました。

京の花山院に入られた後醍醐天皇は、太上天皇の称号を使われ、成良親王を光明天皇の皇太子とされました。これでは、後醍醐天皇の信念「天皇親政」にはほど遠く、幽閉も同然です。

謀られたと知り、怒り心頭に発した後醍醐天皇は、大和国吉野（奈良県吉野郡吉野町）へ脱出されたばかりか、さきに和睦の証として光明天皇に渡した三種の神器は偽物だと称して、自らの朝廷を開きました。こうなってはどちらもどちら、狐狸妖怪の類といいたくなります。

ここで日本史上もっとも不可解な「一国二朝の時代」がつづきます。整理しますと、

延元元年・建武三年（一三三六）、後醍醐天皇が大和国吉野に入られてから、元中九年・明徳三年（一三九二）、後亀山天皇が京で退位される五十七年間を、京にあった持明院統系天皇が「北朝」、吉野の大覚寺統系天皇は「南朝」といわれ、一国二朝、二つの年号が並存する期間でした。

繰返しますと、「南朝」の天皇は、後醍醐・後村上・長慶・後亀山と四代。「北朝」の天皇は、光厳《こうごん》・光明・崇光・後光厳・後円融と五代。年号は南朝が延元・正平・建徳・元中、北朝は建武・暦応・文和・応安・明徳とつづきます。

当時の人々は、いずれを正統とするかというよりも、どちらを立てるのが己に有利か、と迷いました。幕末以降、南朝を正統とする潮流にありますが、では北朝は偽朝であったたか、というと意外と辺地には北朝の年号の碑石が多かったりして、一概に南朝の威光が広く浸透していたとは思われません。

新田義貞の死

河内源氏の新田義貞と足利尊氏とは、ともに武家の棟梁を願い、天皇という玉争奪に死力を尽くしているわけで、後世の史家が評価するようにいずれを悪人とも善人とも決められないままに時は流れます。

延元元年・建武三年（一三三六）十月十日、再起を謀った新田義貞は、北陸道を敦賀へ目指しました。金ヶ崎城へ入りますが食糧乏しく、足利軍の攻撃は後詰の杣山城ともども峻烈をきわめます。

翌延元二年・建武四年（一三三七）三月、義貞の長男義顕（一三一八〜一三三七）は戦死、尊良親王は自害し、恒良親王は捕縛されました。義貞は、四散した兵を立直さんと移動中で両城の陥落を知らぬまま、越前国藤島の灯明寺畷で遭遇した斯波《しば》高経《たかつね》（一三〇五〜一三六七）の軍と交戦中、七月二日に戦死したといわれます。

義貞の弟脇屋義助は、兄の不慮の死を知ると、軍勢

を纏めて、一度は越前黒丸城を攻落しますが、結局敗れて、越前から退きます。

脇屋義助は、興国三年・康永元年（一三四二）、中国・四国方面の総大将に任命されて四国へ渡り、土居・得能を指導、一時は勢力をふるいますが、伊予国府で突如発病し、没しました。

堀口貞満は、越前・美濃と転戦、義貞戦死の翌年まで活躍しますが、美濃から越前へ転戦の途中、没したといいます。美濃には、土着した貞満の子孫がいて戦国期、斉藤や明智に仕え、坂本を名乗ったとか。

北畠顕家の諫奏

南朝の武将で特異の人物といえば、公家貴族の北畠顕家がいます。一旦は任地陸奥へ義良親王を奉戴して帰還しますが、その帰途も足利方の勢力圏を突破しなければならず、決して容易な行軍ではありませんでした。建武の親政といっても、京の周辺に威光が届くかどうか、という程度にすぎず、北畠顕家は、親政の理想区を任地陸奥にうち建てたいと願いました。

延元二年・建武四年（一三三七）、多賀の国府が足利勢力によって脅かされる状態にありましたので、伊達行朝《ゆきとも》（一二九一〜一三四八）の勢力圏であった霊山《りょうぜん》（福島県相馬市・伊達市）に国府を移しました。行朝は伊達七世の祖で、仙台に居城する政宗は十七世に当たります。

伊達の祖は、常陸国伊佐郡に住んでいた伊佐といわれます。本姓は藤原北家山蔭流。異論もありますが、とにかくこの地方の豪族だったようです。七世行朝は、陸奥守北畠顕家に仕え、陸奥国式評定衆の一人として行政の中枢に参画していました。さきの尊氏追討では顕家に従って京に向かっています。

この頃、顕家には、父の親房から北畠領地である伊勢に来援を求める文書が届いていました。後醍醐天皇からも、京都奪還の綸旨が渡されたのですが、ただちに上洛困難の旨伝えざるをえませんでした。

ようやく、奥州五十四郡で十万の兵を調え、霊山城を発ったのが八月十一日でした。伊達行朝も重臣の一人として同行しますが、足利の強力な関東勢を突破するには、前回のようにはゆきません。霊山城で包囲された苦難の反動もあってか、道中は人家どころか一草一木も残さぬ、徹底した略奪進軍になってしまいました。

延元三年・暦応元年（一三三八）一月二日、鎌倉を発った顕家軍は、同月二十八日に美濃国青野原（大垣市）の戦いで、極度に兵力を損耗させましたので、そのまま京への攻略は諦めざるをえませんでした。父の親房の要請する伊勢へ入りました。

史家には、北陸で奮戦中の新田義貞と、なぜ合流しなかったのか、と疑問視する説もありますが、真冬の北陸へ向かう気力があったかどうか。義貞と顕家では、たとえ義貞が十八歳も年長とはいえ、位は逆で、義貞は正四位下左兵衛督・左近衛中将、顕家は従二位権中納言兼鎮守府将軍です。これでは統御に齟齬《そご》がおきかねない集団になります。顕家の伊勢転換は、妥当な行動であったと思われています。

二月から五月の四ヶ月は、畿内各地で、顕家軍と足利尊氏の側近高師直《こうのもろなお》（?〜一三五一）との死闘が、繰返されました。

双方互角に渡りあいますが、遠征の顕家軍は、急速に戦力が衰えました。しかも、九州の阿蘇惟時は、顕家軍の救援要請に応ぜず、片や師直軍には、瀬戸内水軍の支援攻撃があって、戦力に大きな開きが生じてゆきます。

軍勢の疲弊を、これで慰撫しろといわんばかりに、顕家に正二位権大納言鎮守府大将軍なる階位が与えられますが、明日をも知れぬ交戦に、なんの効果がありましょうや。ひそかに義良親王（のちの後村上天皇）を後醍醐天皇のもとへ戻し、伊達行朝には再起を誓わせ、戦線を離します。

五月二十二日、和泉国堺浦の石津で激突した両軍でしたが、供回りわずか二十騎で挑んだ顕家は、奮戦中に落馬、討ち取られてしまいました。享年二十歳。

北畠顕家は、死の七日前、延元三年・建武五年（一三三八）五月十五日に、後醍醐天皇にたいし「諫奏文」を遺していました。掻い摘んで述べますと、

①　速やかに人を選んで西府（九州）や東関（関東）に派遣すること、山陽・北陸も同様、人を配さなければ、反乱は鎮められません。

②　戦乱で疲弊した民の租税を三年間免除し、出費は

抑え、内裏《だいり》のような大土木建築や計画は取止め、諸事節約されなければ、反乱を治めることはできません。

③　爵位の授与や人材登用は慎重になされたい。たとえ功績があっても身分の低いものを高位の官職に付けるべきではありません。（尊氏や義貞のような低位にいきなり高職を与えることへの批判といえましょう）

④　恩賞は公平であること。貴族・僧侶には国衛領・荘園を、武士には地頭職を与えられよ。

⑤　臨時の行幸や宴会は止めていただきたい。（②の諸事節約をさらに具体的に訴えます。一方では命を賭して戦っているさなか、たびたびの行幸や夜毎の宴が目に余ったのです）

⑥　法令は峻厳にあられたい。法は国家の基本、いたずらに朝令暮改されませぬよう。（天皇の綸旨絶対の風潮にもかかわらず、朝改暮変甚だしく混乱と権威の失墜を招いていることを指摘）

⑦　政治に有害無益な者の発言を排除されたい。公家・女官・僧侶のなかに政治に介入する者がいて、重要な政務が彼らの私利私欲に蝕まれています。（天皇の寵妃阿野廉子《あのやすこ》・側近僧円観・僧文観らを指す）

と、若い情感の迸《ほとばし》るままに、顕家は書き連ね、最後に「先非を改められず太平の世に戻れないならば、私は陛下のもとを去って山中に籠ります」と、いかにも遺言の暗示すら与えています。

陸奥守で辺地にあった北畠顕家であってこそ、①の件は説得力があったといいますが、現地に赴任する顕家のような有能な官人がいなかったのでしょうか。

たしかに顕家は公家武者で、公家や武家の長短を肌で感じています。が、どちらかといえば、公家中心の政治体制を願い、③のように位階の低い武家が高い官職につくことを警戒しました。さらに若武者であったがために、戦時下を弁えぬ⑤のような宮中での、軟弱にして毀誉褒貶ばかり渦巻く社会を唾棄したといいましょう。

⑦でその元凶となりかねない人物の排除を訴えていますが、なかでも注記した三人はとくに寵愛されたようです。阿野廉子（一三〇一〜一三五九）は後宮でも皇子三、皇女三を生し皇后並みの待遇をうけた寵妃で、恒良親王（後醍醐天皇皇太子）・成良親王（征夷大将軍、

光明天皇皇太子）・義良親王（後村上天皇）の母であるところからみても、南朝での隠然たる発言力は否めません。親政挫折の一因は、鎌倉で殺された護良親王と廉子との、政権抗争であったとすらいわれるほどです。

円観《えんかん》（一二八一～一三五六）は、比叡山で円頓戒《えんどんかい》（日本天台で主張された大乗戒）を学んだ官僧で、これに飽き足らず叡山を降り遁世僧になったこともありますが、円頓戒の宣揚に勤めるうちに、後醍醐天皇の帰依をうけ、京都法勝寺の勧進職として同寺再興に努め住持となります。やがて後醍醐天皇の倒幕計画に参画、延暦寺・東大寺・興福寺など大寺の僧兵を募り、ひそかに北條調伏の祈祷を行い発覚、六波羅探題に逮捕されて、陸奥国へ流されました。建武の新政では許されて、法勝寺に復帰しますが、朝廷分裂後は、時の流れに逆らわなかっただけでしょうが、北朝側にあって活躍します。ただ、弟子の理玉に命じ、後醍醐天皇の勅許を得て遠国四戒壇（鎌倉宝戒寺・加賀国薬師寺・伊予国宇和郡等妙寺・筑紫国鎮弘寺）に円頓戒を設けました。

これは、倒幕勢力形成の一環であったともおもわれます。たしかに伊予の等妙寺（愛媛県鬼北町）などは、当時は山中に広大な寺院があり、山越えすれば土佐に近く、さきの北畠顕家の諫奏文①のように、地方勢力に無関心だったとは、思われない配慮です。

文観《もんかん》（一二七八～一三五七）は真言律を学び、円観同様遁世僧で貧民救済を行ったこともあり、のち後醍醐天皇に重用され醍醐寺座主・天王寺別当などになります。鎌倉幕府調伏の祈祷が発覚し、硫黄島へ流罪になりますが、幕府滅亡後、京に戻り、東寺長者となって建武の新政時には栄華を極めました。時代とともに有為転変を重ね、南朝の吉野に至って大僧正となり、河内国天野山金剛寺（河内長野市）で没しました。南朝の重臣日野俊基や楠木正成を後醍醐天皇に近づけたのも文観といわれています。高野山と同じ真言僧でありながら、彼らからは危険視される一癖もふた癖もある僧だったようです。

石清水八幡宮炎上

延元三年・暦応元年（一三三八）五月二十二日、石

津の戦いで北畠顕家が憤死するすこし前、三月に弟の顕信《あきのぶ》は、別働隊を組織して京へ迫る位置にいました。

京の西南、男山《おとこやま》（標高一四三メートル）、すなわち山頂には石清水八幡宮が鎮座されます。篭城には好的で多数の社殿が建ち並び、京の守護神として眼下に街を一望しておられ、攻める配陣にもこれほど叶ったところはありません。

しかもこのとき、顕信の配下には、遠征以来上野国から同行した新田義興（一三三一～一三五八）がいました。義興は、義貞の次男で、妾腹のせいかやや疎んじられていましたが、北畠顕家の西上に加わって挙兵しました。吉野では後醍醐天皇に謁見し、元服したという若武者でしたが、ともかく河内源氏の血を引くわけですから石清水八幡宮は故地のようなもの、北陸に陣を張る新田義貞とてわが子の初陣とあれば、支援の軍を差向けるにちがいない、と吉野の南朝公家たちは、義貞が京に迫るのを待っていました。

南から顕家の残党が、北から義貞の大軍が京を挟撃するのは間近、それまで顕信・義興の若武者が男山を持ちこたえればよい。男山の兵糧枯渇とは裏腹に、南朝公家は、夜ごとの宴で朗報を待つばかりでした。

畿内の北畠顕家軍追討に、腹心の高師直を差向けていた尊氏は、師直に、男山を孤立させ、食糧に窮せばやがて落城するとよみ、顕家の残党狩に執心するよう命じていましたが、時が経つとともに、徒に氏神石清水八幡宮を占拠されるは武門の恥辱、しかも相手は小倅ではないか、と早々の攻略を伝えました。

さらに、北陸から義貞の弟脇屋義助が南下した、という報に接した高師直は、男山を一挙に落さんと、延元三年・暦応元年（一三三八）、強風の七月五日、南と西から火を放ちました。炎はまたたくまに山頂へ駆け上がり、社殿は炎上し、北畠顕信と新田義興は多くの部下を失い辛うじて脱出しました。脇屋義助の南下は虚報で、尊氏の師直に対する策謀だったかもしれません。それにしても、社殿を灰燼にしたことは、予想外の遺恨といわなければなりません。

石清水八幡宮から逃れた北畠顕信は、伊勢を経由して陸奥の霊山城に戻り活動するものの抵抗空しく、正平二年・貞和三年（一三四三）、落城しました。

北畠顕信と別れた新田義興は、越後に潜伏後、尊氏死去の半年後正平十三年・延文三年（一三五八）、鎌倉奪回を狙って挙兵しますが、主従十三人のところを多摩川矢口の渡で謀殺されてしまいます。余談ながら、二十八歳若武者の死は、『太平記』から取材し、浄瑠璃『神霊矢口渡』となり、いまも語り継がれています。

もっとも被害を蒙ったのは、石清水八幡宮です。炎上の二十一日後、七月二十六日には勅使が被害を検分、十月二十二日には足利直義が、十一月十三日には尊氏自ら見て周り、翌十四日から築礎、再建がはじまり、十一月二十五日、上棟がなされました。足利尊氏のすばやい対応は、石清水八幡宮が氏神というよりも、京の守護神であり、庶民に目を背けることはできませんでした。

実は、社殿炎上は、保延《ほうえん》六年（一一四〇）一月二十三日、七十五代崇徳天皇のときにも全焼し、二月二十九日上棟、四月二日遷宮の記録があり、これが二度目でした。今回延焼の四年前、建武元年（一三三四）九月二十一日には、建武の新政を報告のため、後醍醐天皇の石清水八幡宮行幸がありました。

この天皇にとっては、最も輝いた行事でしたが、武家を統御、牽制するために、恒例の飾りたてた行列はせず、とくに公家は、質素な服装で参列しよう、と申合わせました。前衛を足利尊氏、中衛を楠木正成・後衛は名和長年と武士団が加わった大行列でした。ところが、なんと公家の姿たるや、申合せはどこへやら、武家たちの顰蹙《ひんしゅく》を買いかねない煌《きら》びやかな出立ちに、硬骨漢の右衛門督・検非違使別当万里小路藤房《までのこうじふじふさ》（一二九六～？一三八〇）は、呆然としました。

鳳輦はその日のうちに石清水八幡宮に到着し、翌日、公家たちは、山麓の善法律寺で紅葉狩を楽しみます。戦乱の果てにようやくの「建武の新政」です、この騒しい宴が、新政に命を賭けていた万里小路藤房には、どう映ったことでしょう。

翌二十三日は東寺、二十六日は賀茂社と巡幸されましたが、十月五日、万里小路は突然職を辞し、出家してしまいます。まだ三十九歳、二度と世にでることはありませんでした。

石清水八幡宮は、戦乱のなかでも祈られ、頼られ、慕われ、ときに恨まれながらも、人々を静かに見ておられました。敵味方双方から、同時に戦勝を祈られては、どちらに軍配をあげられましょう。神は、はるか遠くから、苦笑されるばかりでしょう。この時代になると、古代のようにひたすら巫覡《ふげき》が祈ればよいという時代ではなく、神に祈りはするが、運命に漂う自分を知ろうと、醒めた時代になっていったようでなりません。

新に建替えられた石清水八幡宮の社殿は、より神々しくて華やかに、庶民によりよい安らぎと憩いの場所へと変貌してゆきます。

それにしても、昨日敵であった人でも今日は友、その友も明日また敵、なんとわたしたちの周辺は、目まぐるしいことか。

やっと室町幕府の創建にたどり着いた足利尊氏とて、一天万乗の後醍醐天皇に踊らされて、運よく生残った一人にすぎません。

後醍醐天皇ほど、最後の最後まで意志の強い天皇も、これまた珍しく、崩御されたとき不動明王のように右手に剣を持っておられたとか。

清浄光寺所蔵の後醍醐天皇の肖像画は、昨今の認定教科書にも載るようですが、なんとも異様です。頭には冕冠《べんかん》という中国に由来する皇帝の礼冠《らいかん》を冠っておられます。冠の上部には五色の珠玉を貫いた糸縄《しじょう》をたらした、冕板《べんばん》が付いています。ところがこの天皇の冕冠にはさらにその上に、真紅の球（太陽を象徴と学者はいいます）があります。着衣は天皇専用の衣裳「黄櫨《こうろ》染御袍《ぜんのごほう》」と「王の袈裟」を付けておられます。右手に五鈷杵《ごこしょ》、左手は金剛鈴《こんごうすれい》（これは弘法大師画像と同じ、密教の法具）。座は「礼盤《らいばん》」という畳で、仏の座する八葉《はちよう》蓮華《れんげ》の敷物です。天皇が仏とは、なにを加持祈祷されるのか？　建武の新政に背く武士集団への怨念か？　実際に、天皇ご自身は何度も加持祈祷をされたとか。この肖像画は、天皇ご自身もご覧になったもののようで、冠の珠玉は、太陽と同時に、ギクシャクする新政への天皇の怒りの表現かもしれません。太陽ならば金色でありたいところ、なぜ真紅なのか？　辛苦の謎か？　崩御時に抱えられた御剣と同様の怨念の証か？

この肖像画には、後世につくられた「三社託宣」なる幅紙が添付されています。画像の上に貼られていて、右から「八幡大菩薩」「天照皇大神」「春日大明神」の三神の列記です。この風習は、室町時代にはじまり、江戸時代を通じて吉田神道によって弘められ、世に尊崇されました。八幡大菩薩は「清浄」、天照皇大神は「正直」、春日大明神は「慈悲」と当時の道徳律を表現しているそうですが、いくら後醍醐天皇が天照皇大神の直系と自負されても、内実は、春日大明神を祖神とする藤原貴族の掌中で踊らされ、八幡大菩薩を氏神とする河内源氏武士集団の強固な力を巧みに利用しなければ、この国は容易に機能しなかったのです。すなわち春日大明神の政事、八幡大菩薩の軍事を均衡させた秤の中心に天照皇大神がいて、礼盤という豪華にして堂々たる民衆の支えがあってこの国が成立つことを、暗示した肖像画だと思われます。

なお、現在の石清水八幡宮本社は、江戸期寛永十一年（一六三四）に建替えられたものです。八幡造の社殿と回廊が一体化する形式に、近世的装飾を兼備した神社建築として、高く評価され、平成二十七年（二〇一五）、国宝に指定されました。

第十二章　芸能と八幡神

室町幕府

運よく生きながらえ、武家政権を掌握した足利尊氏の終着点は、京都における足利幕府の創設ですが、さてその発足はいつか？

① 建武式目が施行された建武三年（一三三六）十一月か？

② 尊氏が光明天皇から征夷大将軍に補任された延元三年・建武五年（一三三八）八月か？

どちらなのか、不明確です。ついでにこの幕府の終末は？　これまた異論があります。

① 元亀四年（一五七三）に織田信長が足利義昭を京都から追放したときか？

② 天正十六年（一五八八）に豊臣秀吉に忠誠を誓って征夷大将軍を返上したときか？

これもはっきりしません。とにかく権力は、歴史の中で漠としてはじまり、漠として消えるものといえるかもしれません。

また、約二百五十年間に十五人の将軍が補任されていますが、これまた不遇の将軍のいかに多いことか。

① 幕府所在地（京都）を追われた将軍　七人（初代尊氏・二代義詮・十代義稙・十一代義澄・十二代義晴・

十三代義輝・十五代義昭）
②　京都以外で死んだ将軍　六人（九代義尚・十代義稙・十一代義澄・十二代義晴・十四代義栄・十五代義昭）
③　暗殺された将軍　二人（六代義教・十三代義輝）
④　更迭させられた将軍　三人（初代尊氏・十代義稙二回・十一代義澄）
⑤　京都に入れなかった将軍　一人（十四代義栄）

どうやらまともなのは、三代義満と四代義持の二代二十四年四ヶ月（一三六八～一四二三）と八代義政にすぎず、五代義量は十九歳で亡くなり、義持が出家のまま代理をつとめます。この間も有力守護大名の権力騒動が絶えず、安穏ではありません。それ以後は戦国時代で、混乱は南北朝時代どころではなく、将軍すら形骸のようなものでした。

とにかく、最も権力を誇示した三代将軍義満（一三五八～一四〇八）を通して、この幕府は特長付けられます。

足利義満は、二代義詮の子、尊氏の孫です。守護大名を抑えながら、南北朝をどうやら合体に漕ぎ付けます。北小路室町の「花の御所」とさわがれる邸宅のせいで、後世、「室町幕府」といわれる基礎を築きました。従一位・准三宮《じゅんさんぐう》（太皇太后宮・皇太后宮・皇后宮に准じる優遇）・太政大臣・源氏長者などと、公家と武家の頂点に立った将軍としては義満が最初でした。

明《みん》国と勘合貿易なる独占体制を整え、巨万の富を得た義満は、北山に舎利殿（金閣）を中心の山荘（北山第《きたやまてい》または北山殿《きたやまどの》、のちの鹿苑寺《ろくおんじ》）を造営して、ここに移り住みました。

そこで後世、義満と次ぎの四代義持へとつづく時代を、武家様《よう》・公家様《よう》・唐様《よう》（禅宗様《よう》）の融合した「北山文化」の時代と呼ぶようになりました。

能楽

室町時代には、宗教、建築、彫刻、文学、連歌、絵画、芸能など、その進化は多彩ですが、ここでは特に芸能「能」について触れてみます。

能は、平安時代に成立した芸能で、江戸時代までは猿楽と呼ばれ、明治になって狂言とあわせて能楽といわれるようになりました。
もとは散楽《さんがく》、転訛して申楽《さるがく》（「さるごう」とも。「神楽《かぐら》」の示偏《しめすへん》をとった「申《さる》」。「さん」が「さる」に転じたとも）、さらに「申」が「猿」に転じて、「猿樂《さるがく》」となりました。

明治十四年（一八八二）に、江戸時代までは有力諸大名の保護下にあった猿楽諸座の復興を図って「能楽社」を設立した際、その趣意書に「猿楽ノ名称字面《じづら》穏当ナラザルヲ以テ能楽ト改称」とあり、以降「猿楽」が狂言を含めて「能楽」と改められました。

散樂は、中国古代の雅楽にたいし、民間で普及した舞楽です。唐代から盛んで、軽業・奇術・滑稽物真似に歌舞音曲を伴った雑多な芸能で、奈良時代には大仏開眼で大々的に披露されました。

朝廷では、散樂師の養成機関「散樂戸」を設けて、この保護を図りました。平安時代になると、散樂戸が廃止されましたので、散樂師たちは、その芸を、社寺や街頭で披露し、独自の工夫をするようになります。なかでも物真似滑稽芸が発展するのが猿楽といわれるようになります。

猿楽に、農耕儀礼に歌い踊った「田楽」や、東大寺や興福寺など大寺院で僧侶や稚児が法会後の余興とした「延年」が取り込まれて、こんにちの能、猿楽が作られてゆきました。

平安末期には、滑稽な寸劇のなかに咒師《じゅし》猿楽がうまれ、翁猿楽へと発展してゆきます。

咒師とは、大法会で陀羅尼を誦して加持祈祷する僧で、やがてその呪法の内容を、演技で観衆に訴える法会付随の猿楽が、独立して鑑賞する芸能、翁猿楽へ発展し、社寺の祭礼や法会に欠かせないものになりました。

専門の集団「座」が組織され、社寺から公家や武家へと、その庇護をえるようになってゆきます。特に、奈良の社寺に属した大和猿楽四座は、夫々に芸を競い合って発展してゆきました。

大和猿楽四座とは、結崎座《ゆうざきざ》（観世《かんぜ》）・外山座《とびざ》（宝生《ほうしょう》）・円満井座《えんまいざ》（金春《こんぱる》）・坂戸座《さかどざ》（金剛《こんごう》）です（括弧内は後の名称）。

ほかに近江猿楽六座などもあり、いずれも流れ者の白拍子《しらびょうし》、神子《みこ》、鉢叩き、猿引きなどとおなじ下層賎民で、声聞師《しょうもんじ》（唱門師《しょうもんじ》　門毎に金鼓《こんく》を打って経文を唱え歩いた俗法師）の配下にありました。

一四世紀に入ると、武家には猿楽より田楽を庇護した時代もありましたが、これら芸能は庇護者の自慢の種のように、衣装・小道具・舞台が豪華になってゆきます。なかでも結崎座の座首観阿弥《かんあみ》（一三三三〜一三八四）が現われると、旋律に富んだ白拍子の曲舞を導入して革新をはかり、「立ち会い能」といわれた各座の競演能で頭角を現してゆきます。

永和元年（一三七五）、三代将軍足利義満は、今熊野（京都市東山区今熊野椥《なぎ》の森町二二番地、新熊野《いまくまの》神社）で、観阿弥がその子世阿弥（一三六三？〜一四四三？）と演じた猿楽（観阿弥作「白髭」（？）といわれている）を観て感銘し、直ちにこの親子を室町御所に連れ帰り庇護しました。

このときに世阿弥はまだ十二歳、以後、祇園会の桟敷に近侍させるほどに寵愛し、公家の批判をあびますが、猿楽への執心は強くなってゆきます。いうまでもなく、将軍に倣う守護大名も多く、一挙に猿楽への関心が高まってゆきます。

観阿弥も然る者で、義満の感銘によく応えました。当時、公家や武家には、幽玄（優艶にして、言外に深い情趣と余情のあること）を尊ぶ気風があり、猿楽にその美を漂わせる「夢幻能」を、子の世阿弥ともにつぎつぎと創作してゆきました。

「夢幻能」とは、旅人や僧が、夢まぼろしのうちに故人の霊や神・鬼・物の精などの姿に接し、その懐旧談を聞き、舞などを観るという筋立てです。

これに対し、現実人間界の出来事を筋立てとするものを「現在能」といい、神や霊魂でない現実の男性を主人公とする「現在物《げんざいもの》」、面《おもて》を用いない「直面物《ひためんもの》」もこれに含まれます。

戦乱を生き抜いた室町時代の人々には、霊魂を主役（シテ）とした夢幻能に、異常なまでの近親感を持っていたのではないでしょうか。

ともかくも夢幻能を大成させたのは世阿弥といわれ、現在演じ継がれている世阿弥作は五十曲近くあるといいます。

ただ、世阿弥が終世猿楽とともに安穏な生涯であったかといえば、決してそうではないようです。義満の没後、義持は田楽を好み、義持の死後義教からは弾圧されて、世阿弥は遂に出家したとか。興業地盤を失い佐渡島に流されますが、のち帰洛して亡くなったと伝えられています。

八代将軍足利義政（一四三六〜一四九〇）の時代になると、華麗な北山文化は成熟して、猿楽などは地方へ浸透し、京は禅の精神にもとづく簡素で枯淡な味わいの、侘《わび》を基調にした「東山文化」へと移行してゆきます。

石清水八幡宮に因む猿楽能三番

室町文化のなかから、あえて猿楽能を見てきたのには、猿楽が夢幻能を中心に発展したことから、いうまでもなく石清水八幡宮もその素材となっていることを、伝えたかったからです。

石清水八幡宮の創建由来などについては、これまでにもしばしば触れましたが、もはやこの境内は、都人にとって日頃の息抜き、遊山を兼ねた地域でした。ですから、ここを扱った猿楽能はそれなりに親しみを感じたといえるのではないでしょうか。

つぎの「放生川《ほうじょうがわ》」「弓八幡《ゆみやわた》」「女郎花《おみなめし》」の三番が、伝えられています。

その一　放生川《ほうじょうがわ》

総本社宇佐八幡宮ではじまった神事「放生会」の由来は、第四章　八幡神の隼人征伐「宇佐八幡の神事『放生会《ほうじょうえ》』」で述べました。

石清水八幡宮でもこれに倣い、この神事が行われるようになりますので、『八幡史年表』から、関係事項を抽出します。

貞観十八年（八七六）八月十五日に放生川で、はじめて神事「放生会」が行われました。

承平六年（九三六）八月十五日からは宿院前の庭で行われるようになります。

天暦二年（九四八）八月十三日、放生会執行をめぐり、検校《けんぎょう》と別当が争いました。九月二十二日には放生会中止を八幡宮に謝するために、臨時の御幣使が派遣されました。十月十二日、ようやく執行の宣命が下され、勅会《ちょくえ》となります。十月十五日には、争った検校の貞延と別当の清昭を退けて、執行されます。

天延二年（九七四）八月十一日、放生会は諸節会に準じて執り行われるようになります。

康平六年（一〇六一）三月、放生川の右岸（宿院河原）で、市が開かれます。

延久二年（一〇七〇）、勅使である上卿《しょうけい》が諸官を率いて石清水八幡宮に参拝する形式がきまりました。賀茂祭・春日祭とともに「三大勅祭」といわれます。

長寛元年（一一六三）、放生川が溢れて溺死《できし》者多数。

嘉禄三年（一二二七）、放生川右岸に家建ち、街並が整う。

明徳四年（一三九三）八月十五日、足利義満が上卿として放生会に参向。義満の石清水八幡宮参拝は二十回に及ぶ。

応永二十九年（一四二二）八月十五日、足利義持が上卿として放生会に参向。（以後、二回勤める）。

義持の石清水八幡宮参拝は三十回、七日間参籠九回。なかなかに信仰心ある将軍だったようで、没年の応永三十五年（一四二八）一月一日には、曽祖父尊氏が勧請した「三條坊門八幡」（「持統寺八幡」「持統院御所八幡」「高倉八幡」ともいう）へ恒例の参詣をし、二、四日、管領・畠山満家邸を訪ね、六日は鹿苑院に詣でますが、七日になって発熱、十八日には亡くなりました。敗血症、享年四十三。

義持は、子の将軍義量が早逝したため、石清水八幡宮の神前で、四人の弟から後継将軍に決める籤を引きます。ところが、「男子誕生」と出て、その日にはその夢まで見ます。再度引くのは神慮に背くと躊躇しながら、開封は死後と定めて臨終の床で引きました。これが、六代義教《よしのり》です。

放生会の舞台となる放生川とは、石清水八幡宮の坐す男山の東麓、八幡平谷を流れる大谷川の、買屋橋から全昌橋までの約二〇〇メートルをいい、中間に架る反り橋の安居橋《あんごばし》から生魚を放つのです。こんにちでは、よく整備されていて「やわた放生の景」なる碑と、能因法師（九八八〜？）の歌碑「石清水清き流れの絶えせねば　やどる月さえ隈なかりけり」があります。

さて謡曲「放生川」は、放生会に立ち会った鹿島の神職と、生魚を入れた水桶を持って現われた老翁が、八幡神縁起を語るという、至って単純明快な謡曲で、本来ならば食料の生魚を放流する神徳を、脇能として端的に演じられます。

　シテ（主役）の老翁は、アトジテで「竹内の神」、すなわち武内宿禰《たけうちのすくね》の神となって現われ、八幡神（応神天皇）の神徳を讃えます。武内宿禰は、八代孝元天皇の曽孫（一説には孫）といい、景行・成務・仲哀・応神・仁徳の五朝に仕えた記紀伝承の人物で、子孫には葛城《かつらぎ》・巨勢《こせ》・平群《へぐり》・紀《き》・蘇我《そが》の諸氏があり、古代朝鮮からの渡来人と係わりあるのではないでしょうか。それはさておき、年齢も二百八十歳から三百六十歳までの諸説があり、「放生川」のシテは「二百余歳」と謡っています。

　武内宿禰は、越前の気比《きひ》神宮、因幡の宇倍《うべ》神社、筑後の高良《こうら》大社などに祀られていて、とくに、高良大社の祭神高良玉垂命《こうらたまたれのみこと》は、八幡神を応神天皇とした中世以降、これに仕えた武内宿禰と比定され、第一伴神となりました。石清水八幡宮をはじめ全国の八幡神社では、境内に「高良社」を祀るようになってゆきます。「放生川」のアトジテとなる武内の神とは、すなわち八幡神の伴神高良社の祭神という設定です。

　この演目は、さきに触れた夢幻能で、旅人である「鹿島の神職筑波の何某」と高良神、すなわち武内宿禰の霊魂との対話で八幡神の功徳を語り、舞うという構成です。

　作者は世阿弥。神代の隼人征伐（「異国退治」と謡う）の故事を方便にして、生かすことこそ神徳と、優雅な能に仕立替えた結構な曲です。

　ところがこんにち、昭和の戦争以降約六十年間には、わずか三回しか演じられた記録がないそうです。動きのすくない居曲《いぐせ》の心気臭い能だからでしょうか。因みに、ダントツの人気は、天女と若い漁師白竜の登場する優美な鬘物《かずらもの》「羽衣」とか。

その二　弓八幡《ゆみやわた》

　これも世阿弥の作で、八幡神の神徳を讃えることはいうまでもありません。

　中国の古俗に「桑弧蓬矢《そうこほうし》」（『礼記』）という字句があります。男の子が生まれると、桑の弓に蓬の矢を番《つが》えて、天地四方を射《い》、将来の雄飛を祈りました。すなわち、天下を治める弓矢、国家鎮護に武力を象徴したのです。もっとも、他国よりも我が国を、他人よりもまずは己を護る、それが神への誓い、というのが桑弧蓬矢なのです。

この『弓八幡』は、この主題に添った能です。二月の初卯に、後宇多天皇（一二六七～一三二二）の臣下（ワキ）が、石清水八幡宮に参拝すると、錦の袋を持った老翁（シテ）がいます。「何処からこられた？」と尋ねると、「わたしは長くここに仕えていて、あなたにこれを差し上げようと、お待ちしていました」と応えたあとで、弓矢をもって天下を治めた神のいわれを語り、最後に「私は神託を伝えんと現われた高良《こうら》の神です」と身分を明かして、消えます。

アトシテで高良の神が現われ、舞ながら、御代を言祝《ことほ》ぎ、八幡神の神徳を讃えます。

高良の神とは、どんな神さまなのか？「放生川」では、高良の神を武内の神といいます。また、前に触れた『徒然草』の「第五十二段」では、案内人を雇わなかった仁和寺《にんなじ》の僧が、極樂寺や高良社《こおら》のある下院だけを拝んで、山頂のご本社に詣らなかった粗忽話ですが、高良社もなかなかに立派な社殿だったせいでしょう。この社は明治維新時の鳥羽伏見の戦いで焼失し、大正期に再建されました。

それにしても、高良の祭神高良玉垂命を、いきなり武内宿禰だといっても、納得しかねます。筑後にある高良《こうら》大社は、どうも古い土着神のようで、コウラは瓦《かわら》の転訛、渡来の瓦職人の祖神かな、と勝手な推理をしたくなります。とにかく高良社は、関西の八幡神社にはよくある摂社で、石清水八幡宮の高良社の祭神も、もちろん「高良玉垂命」で、地元八幡地域の氏神だとか。

いまひとつ、不思議といえば不思議なのは、なぜ弓矢を錦の袋に入れて現われるのでしょうか？　ひと言でいうと、武器は使ってはならぬ、大切に仕舞って置けというのでしょう。「威力あれども使うべからず」と戒めた威力の象徴が、武器本来の姿かもしれません。もし、やたら振りかざせば、他を倒すばかりか、己まで心身ともに傷ついてしまいます。ならば、なくてよいではないか。いや、戒めはあってこそ戒めで、だからこそ「鎮護の具」といえるのではないでしょうか。

最近の演能回数は、『放生川』より遥かに多く、六十年間に七十六回だとか。

錦の袋に納めてこそ弓は生きる、と熟考させられる今日この頃と思われてなりません。

その三　女郎花《おみなめし》

この能は、『放生川』や『弓八幡』とはガラリと変わって、一時の情欲をむさぼり、恋慕に沈んだ男女の、地獄を謡う夢幻能で、能柄（上演時の分類）は「四番目物・雑能」、舞台が石清水八幡宮の麓で、秋という設定です。『女郎花』の発想（定本）は、『古今和歌集序聞書《じょききがき》三流抄《さんりゅうしょう》』（亀山上皇時代の注釈書）の「男山の昔を思ひ出でて、女郎花のひとときをくねるにも、歌をひいてぞなぐさめける」、すなわち「男は、男盛りを思い出し、女は、女盛りのひとときを愚痴《ぐち》りながら、いまの自分に準《なぞら》えて、歌を引き、慰めるのもいいではないか」から創作された説話謡曲なのです。

「男山」と「女郎花」は、男と女の掛詞で、石清水八幡宮と直接かかわるものではありません。ただ、後世、この謡曲のお蔭で、ここに「女塚」や「男塚」まで設けられましたから、八幡宮がなんとも艶っぽい庶民噺の舞台になってしまいました。

後シテの小野頼風《よりかぜ》なる霊も、実在人物ではありません。平安中期、和様書道の基礎を築いた三蹟の一人、とくに女官《にょかん》に慕われた小野道風《おののみちかぜ》（八九四〜九六八）をイメージした創作でしょうか。それにしても「風（風評に頼《たよ》る」、「風にくねる」「男にすねる女に当て付けた」小野頼風とは、なんと小憎らしい命名でしょう。

作者は亀阿弥《きあみ》（喜阿弥《きあみ》とも、生没不詳）といわれます。近江田楽の役者で、大和猿楽の観阿弥・世阿弥とは同世代人、義満に目を掛けられた音曲の名手です。世阿弥は『申樂談儀』で、亀阿弥を音曲の先祖（模範）といい、文字は識らなかったが、「胡銅の物を見るやうなり」などと、通好みの芸風を讃えています。

曲名『女郎花』ですが、ここでは「おみなえし」とはいわず「おみなめし」です。山野に自生し高さ一メートルほどの多年草、夏の終りから黄色の小花を多数傘状につける「秋の七草」の一つ。呼称に、アワバナ（粟花）の異称がある奇妙な草花で、「おみなめし」も、「女郎《おみな》（若い女性）の召された黄金の衣裳」でも暗示したのでしょうか。男に捨てられたと思いこみ、放生川に身を投げた女を衣とともに塚に埋めると、そこから黄金の女郎花が咲くという設定ですから。

話を進めましょう。九州松浦潟の旅僧（ワキ）が、宇佐八幡宮の坐《いま》す故郷の筑紫を経て、攝津までやって来ます。宇佐と同じ八幡神の石清水にも詣ろうと、男山の麓に立寄りました。野辺は一面に女郎花、一本手折って土産にと、手を差し伸べますと、花守の老翁（シテ、能では老翁を「尉《じょう》」という）が現われ、「女郎花は男山の名草だから気安く手折ってはならぬ」といいますが、二人は古歌問答をはじめ、

シテ　折りとらば、手《た》ぶさ(腕)に穢《けが》る　立てながら、三世の仏に花奉る

ワキ　名に愛《め》でて、折れるばかりぞ女郎花《おみなめし》

シテ　われ落ちにきと人に語るな

ワキ　もと来し道に行きすぐる

シテ　女郎花　憂《う》しと見つつぞ行きすぐる　男山にし立てりと思《も》えば

互いに機知に富んだ応酬に心を許し、老翁は女郎花一本持ってゆけと勧めたばかりか、山上の八幡宮参詣を望む僧を案内します。下山途中で、女郎花ゆかりの「女塚」と「男塚」にまで伴い、ここで老翁は、自分は小野頼風の霊魂だと仄めかして消えます。

その夜、僧（ワキ）がその場で回向をすると、小野頼風の霊（後シテ）が、その妻の霊（ツレ）と現われて、かつての悲劇の顚末を語ります。都で契った妻は、頼風を追ってきて、尋ねますが、家人に留守だとすげなくされます。妻は悲しみのあまり放生川に身を投げ、それを知った頼風は、遺骸を塚に葬り、自分も後を追った、とその霊が語り、いまだに邪淫の悪鬼に責められ成仏できないと告げます。

恨みをのこして投身した妻は、「夫《おっと》の寄《よ》れば、なび《の》き退き、また立ち退けば元の如し」と女郎花にことよせ、現われては消え、消えてはまた現われる、くねる(すねる)女として描かれ、男を責めます。

「頼風その時に、かの哀れさを思い取り、無慚やな吾故に、よしなき水の泡と消えて、徒らなる身となるも、ひとえに我が咎《とが》ぞかし。しかじ憂き世に住まぬまでぞ。同じ道にならんとて、つづいてこの川に身を投げて、ともに土中に籠めしより、女塚に対して、また男山と申すなり。その塚はこれ、主は我、幻ながら来たりたり。跡弔いて賜《た》び給《たま》え、跡弔いて賜《た》び給《たま》え。あら閻浮《えんぷ》、恋しや。邪淫《じゃいん》の悪鬼は身を責めて、邪淫

の悪鬼は身を責めて、その念力の、道もさがしき剣《つるぎ》の山の、上に恋しき人は見えたり。嬉《うれし》やとて行き、登れば、剣は身を通し、磐石は骨を砕く。こはそもいかに恐ろしや。剣の枝のたわむまで、いかなる罪のなれる果てぞや。よしなかりける。花のひと時を、くねるも夢ぞ女郎花《おみなめし》、露の台《うてな》や花の縁《えにし》に、浮かめて賜《た》び給え、罪を浮かべて賜び給え」と演じます。

さて、旅僧（ワキ）の供養で成仏したかどうか、この能はそこまでは伝えていません。とかく一途な女心と男の悔恨は、今ならば都と里の重婚で大問題ですが、都の善男善女が多数参詣する石清水八幡宮なればこそ、いささか艶っぽいお話でも、神仏に救いを願いなさいと、作者の魂胆があったのでしょうか。小野頼風は在所でも、妻を娶っていたのですから、都では単なる浮気だったのでしょう。

悔悟に苛まれ、ともかく八幡神事に必須の神聖な放生川に、夫々身を投げたとあっては、来世では仲睦まじい救いのお話になるのかもしれません。

いまひとつ、現在の、男塚は京都府八幡市今田、女塚は八幡市八幡女郎花・松花堂庭園内にあるそうで、「これなるは男塚、また此方なるは女塚」と謡われるのとは、およそ離れすぎ。女塚にだけ駒型の案内板があり、流石は観光案内にも出た松花堂庭園の親切だと思います。こんにちならば比翼塚でもといいところですが、それでは能の筋立てから離れてしまいそうです。

戦国を経た侍《さむらい》の神仏観

戦神《いくさがみ》として崇める八幡神ですから、戦国時代には各地の武将も、競って勝利を祈願し、八幡神を勧請したことでしょう。

「祈る」とは「斎《い》告《の》る」ことで、「斎」は「忌み清め、けがれのない神聖な意の接頭語」、「告《の》る」は「告《つ》げる」、神仏の名を呼んで幸いを請い願う」と『広辞苑』にあります。もっとも、「幸いを希望する」ほかに「自分以外には禍が起きるよう願う」ことだって祈りですから、神さまはたまったものではありません。

京ほど街々、辻々に、さまざまな神さまや仏さまのおいでになるところは珍しく、それでこそ京の京たる所以、なんとかして自分に叶う神さまをと、人々は蠢いていました。

さて、その京には、戦国期の収束で、仕官を求める牢人（浪人）が溢れていました。かれらが神仏をどう崇めたか？　野盗の類に転落しかねない群衆の中で、ひたすら武芸修行に励む若者を対象にした吉川英治の小説『宮本武蔵』に、たまたま恰好の話が載っていました。

慶長九年（一六〇四）、宮本武蔵が、京都郊外下《さが》り松《まつ》で兵法家吉岡一門から決闘を挑まれた直前、指定の場所へ向かう山中で「八大神社」（祭神・素盞鳴命・稲田姫命・八王子命〈五王子・三王女〉）に詣る宮本武蔵を抜書きしますと、

> 彼は、拝殿に駈けて行くなりそこへひざまずいた。何神社とも思わず無意識に両手をついた。折も折、心魂のおののきを彼も禁じ得なかった。真っ暗な拝殿のうちに、一穂《すい》の御明《みあか》しは消えなんとしながら消えず、颯々と風の中にゆらいでいた。（略）
>
> 神こそはいつも正しきものに味方し給うものという強味《つよみ》、むかし信長が桶狭間へ駈けてゆく途中でも熱田の宮へぬかずいたことなど思い合わされて、なんとなく欣《うれ》しい吉瑞《きちずい》！
>
> 彼は、御手洗《みたらし》の水で口漱《くちすす》いだ。（略）拝殿の鰐《わに》口《ぐち》へ手をかけた。（略）（いや！　待て）と武蔵は、手を離した。（略）（自分は今、ここへ、なにを願おうとしたのか）（略）（常々から、朝《あした》に生きては夕《ゆうべ》に死ぬる身と、死に習い死に習いしていた身ではないか）（略）
>
> さむらいの味方は他力ではない。死こそ常々の味方である。（略）（恃《たの》もうとする気落ちも、祈ろうとする言葉も考えずに、ふと鰐口の綱を振ろうとした）（略）（愚鈍め）（略）
>
> すでに空身《くうしん》。なにを恃《たの》みなにを願うことがあろう。戦わぬ前に心の一端から敗れを生じかけたのだ。そんなことで、なにがさむらいらしい一生涯の完成か。
>
> だが、武蔵はまた卆然と、『有難いっ』とも思った。
>
> 真実、神を感じた。まだ、幸いにも、戦いには

入っていない。一歩前だ。悔いは同時に改め得ることだった。それを知らしめてくれたものこそ神だとおもう。

彼は、神を信じる。しかし、「さむらいの道」には、たのむ神などというものは無い。神をも超えた絶対の道だと思う。さむらいのいただく神とは、神を恃《たの》むことではなく、また人間を誇ることでもない。神は無いともいえないが、恃むべきものではなく、さりとて自己という人間も、いとも弱い小さいあわれなもの、と観ずるもののあわれのほかはない。(『宮本武蔵』 風の巻・生死一路《しょうしいちろ》から)

長い引用になりましたが、「神は信ずべし、恃むべからず」と武蔵が悟る場面で、作者吉川英治の信念でもあったといえましょう。ここにはもはや神託も加護もない、それをのりこえる心の葛藤だけ、といわなければなりません。

神の意思(神言)を、禰宜《ねぎ》(禰宜は「祈《ね》ぐ」の連用形。シャマン)が人語にかえて口走り、他の神官が料紙に書き取った神託が、国や個人の命運を左右した古代からの生きざまが、急速に変貌していったのです。「神は信ずべし、恃むべからず」と。

徳川家の八幡神

関ヶ原の合戦で勝利した徳川家康(一五四二～一六一六)は、慶長八年(一六〇三)二月十二日、右大臣(半年で辞任)、征夷大将軍と源氏長者《げんじのちょうじゃ》を宣下されます。ところが、早くも二年後には、秀忠(一五七九～一六三二)に将軍職を譲って駿府に隠居。もっとも源氏長者は留保し、大御所と呼ばれて政治の実権を掌握しました。

徳川家康が固執した源氏長者とは、いうまでもなく源氏一族全体の氏長者で、官位の高い者がなり、源氏のなかの祭祀、召集、裁判、氏爵の推挙などの諸権利を持っており、奨学院(皇室から出た在原・源・平など諸氏子孫の志学者収容組織)や淳和院(離宮)の別当を兼ねて公家社会の発言力を維持する場であったといえましょう。

とくに、権力にものをいわせた足利義満は、武家源氏の家格をより高め、公家社会を制御する為に、それまで公家源氏にあった「源氏長者」に着任し、征夷大将軍という武家社会の統御と、源氏長者なる公家社会掌握機構を手中にしてしまいました。

つづく織田信長（一五三四〜一五八二）は、公家を完全制御する時間をえられませんでしたが、豊臣秀吉（一五三七〜一五九八）は、家格のないのを特に意識していました。天正十三年（一五八五）七月、藤原家嫡流五摂家、近衛前久《さきひさ》（一五三六〜一六一二）の猶子《ゆうし》となって藤原姓に改め、従一位・関白の宣下、翌年九月九日には豊臣姓まで賜わり、太政大臣になりました。

そこで徳川家康です。もとは松平元康（幼名は竹千代→元信）といい、室町時代に興った三河国加茂郡松平郷（豊田市松平町）の弱小一土豪、松平広忠の長男にすぎません。今川氏の人質に出されていました。元服時の元信の元は、主人今川義元からの偏諱です。永禄三年（一五三〇）、桶狭間で今川が破れ、ようやく岡崎に帰城を許されました。早速、元信を家康と改め、織田信長の客将となりました。

秀吉ほどではないとしても、家康にも家格がありません。家祖松平親氏からみて、家康は九代目ですが、三代信光は本姓を賀茂氏、あるいは源氏と称したとか。三つ葉葵の家紋は、賀茂姓に由来するといいます。

家康は、永禄九年（一五六六）、三河統一の功により従五位下三河守に叙任されますが、このとき徳川と改姓しました。

また、安祥城《あんしょうじょう》（愛知県安城市安城町）から岡崎城主に移った七代松平清康は、清和源氏（源姓世良田）を名乗っていました。清和源氏から出た河内源氏は、源義家の子が義国で、その長子が新田の家祖で義重、その子に新田義兼、里見義俊、山名義範、世良田義季、額戸経義がいました。

すなわち四男の世良田義季が、松平の祖というのです。得川郷（現太田市徳川町）領主で得川四郎ともいい、さらに父から世良田郷（現太田市世良田町〈徳川町の北隣〉）も譲られたので世良田義季ともいいました。

義季の長子頼有が、得川四郎太郎で、得川郷を継承、次子頼氏は世良田郷にあって世良田頼氏といいました。得川を整理しますと、義季→頼有（四郎太郎）→頼泰→頼尚→尚氏（頼氏）‥‥となります。呼称も、本来は「えかわ」のようですが、のちに「とくがわ」と読まれ、文字も嘉字に変えて「徳川」と改めました。いうまでもなく家康の発案で、将軍家と御三家の嫡流にしか認めない姓としました。

徳川の本姓は複雑怪奇です。ときに「賀茂」だといい、「藤原」だといい、「源氏」だといい、諸説紛紛です。ならば氏神は、賀茂氏ならば賀茂神社、祭神は八咫烏に化身し神武天皇を援けた賀茂《かも》建角身命《たけつのみのみこと》です。

藤原ならば春日神社、祭神は春日神（武甕槌命《たけみかづちみこと》・経津主命《ふつぬしのみこと》・天児屋根命《あめのこやねのみこと》・比売命《ひめのみこと》）です。

源氏ならば、いうまでもなく八幡神社です。ところが徳川の氏神といえば「日光東照宮」を連想してしまいます。父の遺命によって二代将軍徳川秀忠が建立した神社で、主祭神は家康（東照大権現）です。もっとも、相殿《あいどの》に、豊臣秀吉と織田信長が、客神か従神のように祀られていることは、参詣者にはあまり知られていません。

さて、江戸は、徳川幕府になって一挙に栄えた街で、将軍と旗本集団、参勤交替する諸大名と侍集団、そしてそれに従属する工商などで構成された新興都市ですから、京都ほど歴史なく、社寺も多くはありません。それでも河内源氏の地盤ですから、八幡神社は散見されます。たとえば、虎ノ門にある源義家創建の八幡神社（通称、飯倉八幡）では、三代将軍家光の生母崇源院《すうげんいん》（一五七三～一六二六、浅井長政三女で淀君の妹、小督《おごう》）が、関ヶ原合戦の戦勝を祈願したとか。また早稲田の穴八幡は、流鏑馬神事があり、しばしば将軍の参拝があったとか。横穴から義家の鎧など神宝が発見されたので、「穴八幡」と通称し、冬至の「一陽来復」札をうける参詣者で賑わいます。

肝心の徳川が氏神とする八幡宮は、岡崎市伊賀町にありました。

松平の四代親忠（一四三一？～一五〇一、安祥城主初代で安祥松平家初代ともいう）が、文明二年（一四七〇）に子孫繁栄・武運長久を祈って勧請した「伊賀八幡宮」というのがあります。祭神は応神天皇・仲哀天皇・神功皇后・東照大権現です。総本社宇佐八幡宮の祭神は応神・比売神・神功で、仲哀は神功と夫婦で、香椎宮の祭神です。とはいえ、全国の八幡宮には、仲哀を加える社も少なくありません。東照大権現が加わる八幡宮はあまり聞きません。合祀は、権現の称号からして家康没後でしょう。また、八幡の神紋「三つ巴」ではなく、徳川家の「三つ葉葵」が使われていますので、いよいよ徳川家の氏神といえます。

「三つ葉葵」は賀茂とのかかわりから使われたようだと、さきに触れましたが、ならば八幡神の「三つ巴」の由来は？　神霊の象徴「勾玉」の図案化だとか、鞆《とも》を図案したものだともいいます。鞆とは弓を射る時、左手首内側につけ弦が釧《くしろ》などに触れるための皮製防具で、武神の象徴からでしょうか。いや渦巻く水の図案だともいいます。しかも、神社によって、右巻きであったり、左巻きであったり、さまざまです。

八代松平広忠が、織田勢を井田ヶ原に迎え撃ったとき、伊賀八幡宮に戦勝祈願すると、白馬の若武者が現われ、織田陣めがけて白羽の矢を放った。と伊賀八幡の神殿が鳴動し、宮の森に黒雲が湧き、神矢が雨となって降り頻《しき》った。たちまち二万余の敵は敗走。広忠はみずから神矢を拾い神の加護を謝した、と伝承あり、家康の初陣以来参詣を吉例としたそうです。

こんな話もあります。桶狭間では今川の配下ですから敗走を余儀なくされ、矢作川《やはぎかわ》までたどり着いたが、橋がなく川瀬を捜していると、鹿が現われました。「これぞ伊賀八幡の神鹿ぞ」と、追いかけて渡渉に成功し、菩提寺大樹寺で自害寸前のところを、ようやく挽回したといいます。

関ヶ原や大坂の陣でも、伊賀八幡の神殿が鳴動したり、石鳥居が西に傾いたり、吉兆な不可思議多々あって、徳川の崇敬をこんにちに伝えています。

歌舞伎の八幡神

江戸では、武の八幡神が、長い平穏社会とともに民衆の風俗として浸透してゆきました。人気芸能の歌舞伎などでは、お武家も長家の弥次さん喜多さんも平等に楽しみ、何かの形で八幡神が登場しないと客受けしないまでになってゆきます。参勤武士らの江戸土産噺に、その習俗は地方へも流れてゆきました。

そこで、評判歌舞伎の幾つかを紹介しましょう。

その一『勧進帳』

源氏が八幡神の加護で源平合戦を戦ったことは、『平家物語』などに、しばしば登場します。まずは八幡宮に祈願し、木曽義仲は挙兵。屋島の合戦で那須与一は、平家の挑発に応え、「南無八幡大菩薩」と念じ小舟の舳先の扇を一矢で仕留めます。もちろん源平合戦の主役源義経《みなもとのよしつね》（一一五九～一一八九）とて、八幡神の加護で生きた若武者でした。

江戸期になると庶民には、判官義経の、合戦とは裏腹の不運な末路に同情して、「義経贔屓（判官贔屓）」の情感が、日々の暮らしに浸透してゆきます。

歌舞伎『勧進帳』はそのひとつで、主題は義経主従への八幡神の加護です。

歌舞伎十八番のひとつ『勧進帳』は、天保十一年（一八四〇）三月、江戸河原崎座で初演されました。能の『安宅』から七代目市川団十郎（一七九一～一八五〇）が企画した松羽目物《まつばめもの》（能狂言の題・内容・様式を借用した歌舞伎の舞踊劇）の嚆矢《こうし》で、作者三世並木五瓶（一七八九～一八五五）、長唄四世杵屋六三郎（一七八〇～一八五五）、振付四世西川扇蔵（一七九二～一八四五）です。

兄頼朝に追われた義経主従が、安宅の関を通過するとき咎められ、弁慶が咄嗟の機略で、義経を金剛杖で散々に打擲《ちょうちゃく》し、「通れ、通れ」と罵ります。関守富樫は、「いかように陳《ちん》ずるとも、通すことまかりならぬ」と息巻くが、必至の弁慶は、

「こうれ、かたがたは何故に、かほど賎《いや》しき強力《ごうりき》、荷物の布施物《ふせもつ》もろともに、お預け申す。いかようにも、究明あれ。ただし、これにて打ち殺して見せ申さんや」

と叫びます。

富樫は、すでに弁慶の真情を察してか、

「いや、誤りたもうな。番卒どもが、よしなきひが目より，判官殿にもなき人を、疑えばこそ。かく折檻も、し給うなれ。今は、疑い、晴れ申した。とくとく、いざない、通られよ」

「大檀那《だいだんな》のおおせなくんば、打ち殺して捨てんずるもの。命《いのち》、冥加《みょうが》に叶《かな》いし奴《やつ》」

弁慶の言葉に、謝意が籠められていると知った富樫は、義経主従のさらなる陸奥への苦難を思い、怱々に番卒を引き連れ門の内へ入ります。（以上で、弁慶と富

樫の丁々発止の台詞劇がおわる）

やがて、義経は、

「さても今日の機転、さらに、凡慮《ぼんりょ》のおよぶべきところにあらず、とかくの是非を、あらそわずして、ただ、下人のごとく散々に、我を打って、助けしは、まさに、天の加護、弓矢正八幡《ゆみやしょうはちまん》の神慮《しんりょ》と思えば、かたじけのう、思ゆるぞ」

といえば、従う四天王も
「この常陸坊《ひたちぼう》をはじめとして、従うものども、関守に、呼び止められし、そのときは、ここぞ君の、おん大事、と思いしに、まことに、源氏の氏神《うじしん》、正八幡《しょうはちまん》の、我が君を、守らせ給う、おんしるし、陸奥下向《みちのくげこう》は、すみやかなるべし」と唱和します。「これまったく、武蔵坊（弁慶）の智謀によらずんば、まぬかれ難し。なかなかもって、我々が、およぶべきところに、あらず。ほほう、驚きいって候」

弁慶は、「それ、時は末世に及ぶといえども、日月いまだ地に落ちたまわず、ご幸運、はあぁ、ありがたし、ありがたし。計略とは申しながら、さましき主君を、打擲《ちょうちゃく》、天罰、空恐ろしや、もったいなや」

ついに泣かぬ、弁慶の、一期《ご》の涙ぞ、殊勝《しゅしょう》なる。判官、おん手を、取り給い（注、ここは長唄『勧進帳』の名曲。観客までもらい泣きする一場面）

「いかなればこそ、義経は、弓馬の家に、生まれ来て、かくまで、武運つたなきぞ。命は、兄、頼朝にたてまつり、屍は、西海の波に、沈め・・・・」

義経の愁嘆を受けついで弁慶の腰を落としたままの合戦回想の舞。途中で富樫に「それがし、あまりに、率爾《そつじ》を申せしゆえ、粗酒《そしゅ》ひとつ進ぜん」といわれ、弁慶は頂戴すると、三塔の遊僧時代に覚えた『延年』を舞って謝意を示しながら、「虎の尾を踏み、毒蛇の口を逃れる心地」で義経らを去らせます。それを見届けたうえ、弁慶は、飛び六法で、花道を退場します。

百数十年前の作品がいまもほとんど毎年演じられ、安宅の関ならぬ「またかのセキ」か、といわれながらも、これほど役者と観客の呼吸をひとつにする芝居はありません。いやこれも八幡大菩薩のご加護と興業主は手を合わせることでしょう。

余談ながら、元本となった観世信光（一四三五〜一五一六）作『安宅』では、シテ弁慶の威勢に恐れたワ

キ富樫で、義経は子方の役になっています。その子方が、

「いかに弁慶、さても只今の機転更に凡慮よりなす業にあらず。ただ天の御加護とこそ思え。関の者どもわれを怪しめ、生涯限りありつるところに、とかくの是非をば問答わずして、ただまことの下人の如く、さんざんに打って助くる、これ弁慶の謀《はかりごと》にあらず八幡の・・・」と語れば、地謡が「御託宣かと思えば忝くぞ覚ゆる・・・」と引取って、最高の音階「繰り」の謡がつづきます。

ここでも八幡の加護こそが、この謡曲の主題です。

その二　『梶原平三誉石切《かじはらへいぞうほまれのいしきり》』

源頼朝が石橋山で敗れ、再起を図らんとします。それに応えて源氏恩顧の関東武士が軍資金を工面する話です。

享保十五年（一七三〇）二月、大坂竹本座で上演された人形浄瑠璃『三浦大輔紅梅靮《みうらのおおすけこうばいたずな》　全五段』（長谷川千四・文耕堂らの合作）の三段目『星合寺《ほしあいでら》の段』を原作に、これだけを独立させて同年八月、大坂角座で演じた歌舞伎狂言の演目が『梶原平三誉石切』、通称『石切梶原』という芝居です。

八幡神と何処にかかわりある？　といわれそうですが、文楽ではいまでも「鎌倉星合寺の場」ですが、歌舞伎では鎌倉鶴岡八幡宮社前に改められています。神仏習合の江戸期でも、鶴岡八幡宮十二坊に、星合なる寺はなく架空です。

登場する大庭三郎景親・弟の俣野五郎景久、主役の梶原平三景時は、いずれも実在の、平家の流れを組む関東豪族の武将です。石橋山で敗れた源頼朝を、捜査する大庭と、それを邪魔し房総へ逃がした梶原の、怨念ある両人が、鶴岡八幡宮参詣の社頭で邂逅《かいこう》しました。そこへ大庭に刀を買ってもらおうと青貝師（螺鈿《らでん》職人）の六郎太夫親娘《おやこ》があらわれます。俣野は梶原に目利きを頼み、梶原は即座に名刀の折り紙をつけますが、俣野は「切れ味が劣れば、鰹かきと同じ」と憎まれ口。六郎太夫は「二つ胴でお試を」と願う。ところが囚人は一人しかいない。六郎太夫は、娘に「試切りした証明が家にあるから持って来い」と帰しておいて、自ら試人の一人を申し出る。

胴切りの証明書などないと、慌てて戻ってきた娘の目の前で、梶原の刀は、囚人胴の下に寝かされた六郎太夫の縄目までを、ばさっと切る。大庭兄弟は「それみたことか、鈍《なまくら》よ」といわんばかりに、あざ笑って立ち去ります。

　梶原は、六郎太夫親娘を呼んで、私は源氏に味方する心がある。目利きするとき、差し裏（鞘の内側）に「八幡」の文字を見て、貴方が源氏に係わりあると気付いた。石橋山で頼朝公を助けたのは、ほかならぬ私です。「形は当時平家の武士、魂は佐殿《すけどの》の御膝元の守護の武士、命をなげうって、忠勤をつくすべし」と本心を明かし、さらに名刀の証にと、傍の手水鉢を、見事真っ二つに切り裂《さ》きます。

「鎌倉殿《かまくらどの》を守護なすには、これ屈指の希代の名剣」と、三百両で買取るという結構なお話です。（注、佐殿も鎌倉殿も頼朝の通称）

　ここに登場する梶原平三景時は、出自は平家とはいえ、頼朝に信頼厚く、剣に長けた風格抜群の武将として描かれていますが、後世の評価は、さきの『勧進帳』でふれた頼朝・義経不和の原因をつくった義経讒訴《ざんそ》の張本人が景時で、悪人といわれています。いや、さにあらず、「義経贔屓（判官贔屓）」と裏腹で、「頼朝政治の憎まれ役に徹した第一の忠臣」だという人もいて、この判断こそ八幡神の託宣によるしかないでしょう。

その三　『仮名手本忠臣蔵　大序《だいじょ》』

元禄十四年（一七〇一）三月十四日、江戸城中で赤穂藩主浅野内匠頭が吉良上野介に刃傷、内匠頭は即日切腹、翌十五年（一七〇二）十二月十四日、内匠頭家来大石内蔵助以下四十七名が、吉良邸に乱入、主君の讐を討つ、世にいう「元禄赤穂事件」です。

　太平の世に、江戸のど真ん中で、徒党を組んで、主君の仇討ちを鮮やかに成功させた事件だけに、たちまち庶民の話題を攫《さら》いました。

　歌舞伎では、手を替え、品を替え、繰返し取上げられます。事件の翌年正月ですから、ひと月も経たないのに江戸山村座では、『傾城阿佐間曽我《けいせいあさまそが》』の大詰で、曽我の夜討ちにかこつけ、赤穂浪士の討入りを演じました。近松門左衛門の『碁盤太平記《ごばんたいへいき》』、吾妻三八の『鬼鹿毛無佐志鐙《おにかげむさしあぶみ》』、並木宗助ほかの『忠臣金短冊《ちゅうしんこがねのたんざく》』

など、つぎつぎと浄瑠璃や歌舞伎で人気をよびますが、当時幕府を直接批判するのはご法度で、時代をわざわざ遡らせて、庶民に人気のあった読み本『太平記』の南北朝に当てました。それでも筋書きは、赤穂事件とわかります。これら作品を「忠臣蔵」と呼び、なかでも寛延元年（一七四八）八月、大坂竹本座で初演された二代目竹田出雲ほか合作の人形浄瑠璃『仮名手本忠臣蔵』全十一段が、その決定版になりました。

　経営不振の芝居小屋は、『仮名手本忠臣蔵』を掛けると大入り満員、必ず当たるので、薬に擬え「芝居の独参湯《どくじんとう》（気付の煎じ漢方薬）」と重宝し、「なんぼ歌舞伎の独参湯でも湯茶代わりに飲んでは効くまい」といいますが、人気はこんにちもかわりません。

　よく練られた芝居で、外題の『仮名手本忠臣蔵』にしても、四十七人の仇討だから「いろは四十八文字」に当て仮名手本だ、というだけでもなさそうで、仮名手本を七文に区切って末尾の文字を拾うと「とかなくてしす（咎《とが》無くて死す）」となり、公儀への当て付け外題だ、と穿《うが》ったことをいう人もいます。

　さて、歌舞伎の時代物一段目を、『仮名手本忠臣蔵』では「大序」といい、儀式色の濃い一幕で主要登場人物は、浄瑠璃にあわせて、人形に魂が入ったような動きで、頭を上げる仕草の面白い演出がなされ、「鎌倉鶴岡八幡宮社前　兜改めの場」といいます。

　暦応元年（一三三八）二月下旬、鶴岡八幡宮の造営と、戦死した南朝の武将新田義貞が後醍醐天皇から下賜された兜を八幡宮に奉納するよう、兄の征夷大将軍足利尊氏から命じられた足利左兵衛督直義が、鎌倉にやってきます。

　その饗応役は、塩冶判官高定《えんやはんがんたかさだ》と桃井《ももい》若狭《わかさ》之《の》助安近《すけやすちか》の二人で、執権（儀典指導をする足利家の執事）は高武蔵《こうのむさしの》守師直《かみもろのお》です。

　社前に居並ぶ面々も、戦場で集めた兜が四十七もあって、どれが義貞のものか判らない。そこで、桃井の発案から、塩冶の妻顔世御前《かおよごぜん》が、元内裏に仕えた女官で、兜拝領の際立ち会っていたから、彼女に検分させては、と呼び出されます。義貞の兜には名香蘭奢待《らんじゃたい》が焚き込まれていて、顔世にはすぐ判りますが、問題はここからです。

　直義ら諸大名が一応去ると、師直が顔世に懸想《けそう》し、お芝居的に誇張された大きな結び文を渡し、夫塩冶が饗応役を無事勤められるかどうかは、そなたの返事次第と脅します。

そこへ桃井が現われ、困惑する顔世に気付くや、機転を利かせて、立ち去るようにすすめます。顔世が去ると師直は、桃井に悪口雑言。桃井あわや刀の柄に手をかけんとしたところへ、直義「還御」の声。しばらくは直義以下諸大名の引っ込みがあって、遅れて塩冶が登場します。

舞台には、老獪な師直と興奮おさまらぬ桃井、自分の妻のことで諍《いさか》ったとも、まだ知らぬ温厚純真な塩冶、三者三様の思い入れがあって幕という至って単純な筋で、忠臣蔵仇討ちの萌芽が、なんとも滑稽な形ではやくも描かれる一幕です。

しかも鶴岡八幡宮社前、舞台下手奥には大公孫樹《おおいちょう》あり、頃は二月というのに、黄金《こがね》の葉が一杯。一見、奇妙ですが、公孫樹といえば黄金色でないと恰好がつかぬというのかもしれません。お話が、全員潔く散るのですから、舞台までそれを暗示しているのでしょうかね。

それにしても、衆人周知のこの悲劇、八幡神の御前で、いとも厳粛にはじまるのに、まず事始《ことはじめ》は神社参拝からという習俗にもピタリといったところです。

その四　『壽曽我對面《ことぶきそがのたいめん》』

歌舞伎『壽曽我對面』は、通称『対面』といわれ、正月興業に人気があります。いわゆる曽我十郎・五郎の兄弟が、父河津三郎を殺されて十八年後、念願かなって、ようやく仇の工藤祐経に対面できたという儀式的な華麗な一幕です。

目指す仇工藤祐経は、諸大名筆頭の一臈職《ろうしょく》を任ぜられるほど源頼朝の信任厚く、間もなく富士の裾野で行われる巻狩りで、総奉行を命じられました。それを祝って館に諸大名が集まり、全盛の遊女大磯の虎と化粧坂の少将が侍《はべ》っています。

そこへ小林朝比奈の妹舞鶴が、引き合わせたい若者がいると、曽我の十郎・五郎を連れてくるのです。工藤祐経は、かつて所領争いで河津を殺させたことを思い出しますが、父の仇よりも、養父曽我祐信が紛失した名刀「友切丸」を捜すことが先決、と二人を諭します。

ところがそこへ、唐突すぎていかにも滑稽ですが、兄弟の家臣鬼王《おにおう》新左衛門が、捜し出しましたと刀を持って登場。早速、工藤が検めます。本物と認めたのち、二人には巻狩りの通行手形を与え、再会を約し、めでたく幕となります。

仇討ち話ですから、庶民の御霊《ごりょう》信仰を癒やしたことはいうまでもありまでん。御霊信仰とは、「疫病や天災など非業の死を遂げた人物などの霊魂の祟りを恐れ、御霊を鎮めることによって平穏を願う信仰」(『広辞苑』)で、世情の平穏な元禄時代にとくに盛んになったといいます。

享保年間(一七一六〜三六)あたりから、江戸三座(中村・市村・森田)の正月興業では、必ず「曽我狂言」を吉例としました。庶民は、忠臣蔵のように祝祭性を感じ、十八年の苦難を経て仇討ちのチャンスを掴む『対面』は、正月興業に恰好です。五月二十八日の仇討ち成就日を「曽我祭《そがまつり》」とし、この日まで曽我狂言を打ち続けましたから、正月の『対面』には、とくに趣向を凝らし各座競って、さまざまな演出作品を生みました。それを明治十八年(一八八五)、東京千歳座の柿落《こけらおと》しに、河竹黙阿弥(一八一六〜一八九三)が整理して書き下ろしたのが、今に伝えられている『壽曽我對面』、略して『対面』です。

『対面』は、座頭の工藤祐経が貫禄芸を披露すれば、曽我十郎は和事で、五郎は荒事の芸でこれとよく調和されるばかりか、立女形で虎、二枚目女形で少将、ちょっと道化の舞鶴(役者によっては男役朝比奈で)と、それぞれが歌舞伎の役柄を代表して華やかに演じますから、観客は何度観ても飽きないのです。

その他の役で、工藤祐経の家臣が二人、両側に侍っています。右側(上手)が敵役の二枚目で近江小藤太《おうみのことうた》成家《なりいえ》、左側(下手)がさらに白塗りの二枚目、八幡《やわたの》三郎行氏《さぶろうゆきうじ》です。

ながながと『対面』を書きましたが、ここにも「八幡《やわた》」姓を名乗る人物がいたと触れたかったのです。八幡信仰が全国に浸透すると、地名・姓名に八幡がやたら存在するのはいうまでもありません。この八幡三郎、二枚目(若い色男役)は良しとしても、敵役《かたきやく》であることが気にかかります。

安元二年(一一七六)、八幡三郎は、近江小藤太(史

書には大見小藤太）とともに、工藤祐経《くどうすけつね》（?～一一九三）から、所領争いで伊東祐親《いとうすけすけ》（?～一一八二。河津二郎と称す。工藤の一族、但し平氏に仕え、頼朝に捕らえられ自刃）を討てと命じられました。ところが、討ち損じたばかりか、誤ってその子祐泰《すけやす》を赤沢山（伊東市南部）から遠矢で射殺してしまいます。祐泰の遺児が十郎・五郎ですから、曽我兄弟の仇討ちは、ここから始まったのです。

　このとき祐親の次男祐清に追われた八幡と近江は、大見郷で討ち取られ、祐親が首を確認し、西勝院（現、大見の最勝院）で供養したといいます。とすれば、十八年後の『対面』の場に、両人は存在しないことになります。

　いくら八幡と名乗る武将といえども、弓矢を使えば生身の人間、生死になんの加護などありましょうや。

その五　『双蝶々曲輪日記《ふたつちょうちょうくるわにっき》　引窓《ひきまど》』

　歌舞伎は世話物狂言になると、八幡神の扱いもガラリと変わります。

　『双蝶々曲輪日記　引窓』は、山崎八幡の里に住む庶民の人情話で、それを裏付けるのは、石清水八幡宮の放生会です。

　『双蝶々曲輪日記』は、関取濡髪長五郎と素人相撲の放駒長吉なる二人の「長」を「蝶」に擬えた曲輪《くるわ》の女の身請け話が、八百長相撲《やおちょうずもう》と絡んで描かれる全九段の、二代目竹田出雲ほかの合作した世話狂言です。寛延二年（一七四八）大坂竹本座初演の人形浄瑠璃で、すぐに歌舞伎でも上演されました。なかでも八段目、通称『引窓』は、親子の情愛を引窓の開け閉めにあわせ、その明暗のようにあざやかに表現しており、名作といわれています。

　引窓とは、屋根に開けた明かり窓で、綱を引いて開閉する、藪蔭の八幡の里では、重宝されている、いわゆる天窓です。主な登場人物は四人で、老母お幸《こう》とその実子濡髪長五郎、継子の町人南与兵衛《なんよへえ》（亡父の跡を継いで代官「南方十次兵衛《なんぽうじゅうじへいえい》」）、その女房お早《はや》です。ほかに十次兵衛の同僚、詮議方二人（三原伝造・平岡丹平）が出ますが、もっぱら四人の台詞と情景を伝える浄瑠璃で、派手な動きはなく、地味で、情感の起伏が激しい狂言です。

明日は八月十五日、石清水八幡宮の放生会。放生会は何度か触れてきました。八幡宮の一大神事で、神仏習合の魁神たる八幡神が仏教の殺生戒を巧みに導入したともいわれるほどに、この日ばかりは、捕らえた魚を放って、感謝するのです。いそいそと供物の準備をする母と嫁。夜ともなれば引窓から十五夜の月が、八幡の藪越しに、この賎《しず》ヶ家にも射し込む詩情溢れる情景になるはずですが、そこへ、長五郎が、誤って人を殺《あや》め、追われる身となり、高飛びの前に、事情あって幼い時に里子にだされた実母お幸に、一目会おうと、こっそりやってきます。人気の関取に出世した実子に喜ぶお幸、嫁のお早は、お疲れでしょうと、すこし二階で一睡を勧めます。やがて、この家の跡取り、お幸には継子で、曲輪勤めを引かせた恋女房お早の亭主南与兵衛が、代官となり拝領武家姿をして南方十次兵衛と改名、初仕事は長五郎の詮議だと意気揚々と戻ってきます。しかもこれには同僚二人が同行し、昼はこの二人が詮議し、夜は土地勘のある十次兵衛が担当するといいます。

ここまで書くと、四人の感情の揺れがおおよそ検討つくでしょうが、長五郎が二階にいると知った十次兵衛、義理の母お幸から人相書を売ってくれといわれ、事情を知って渡す十次兵衛は、二階へ聞えよがしに「狐川を左へとり、右へ渡って山越えに・・・」と逃走の抜け道まで教え、詮議のふりをして外へ出ます。こんどは母と実子、嫁の激しく揺れ動く愁嘆場がはじまります。引窓の綱は母が実子を縛る小道具にも使われ、戻ってきた十次兵衛がその縄を切ると、引窓からは朝の光、放生会の当日です。もう十次兵衛担当の夜の詮議時間ではない。長五郎を放生会の功徳さながらに、早々と逃がすというところで幕となります。

引窓と放生会がなくては成り立たない人情劇で、観客に八幡信仰の浸透なくしては理解困難といえましょう。

なお、引窓を活した作品には鶴屋南北にも『当穐《できあき》八幡祭《やわたまつり》』というのがあるといいます。

その六　『八幡《はちまん》祭《まつり》小望月《よみや》賑《にぎわい》』

『八幡祭小望月賑』の望月とは、陰暦八月十五日の名月で、小望月は前日のこと、ここでは深川八幡宮（またの通称富岡八幡宮）の宵宮《よいみや》（夜宮）を指し、「小望月」と書いて「よみや」と読ませたのは、そのせいです。大川の向こう永代島（深川）に鎮座される八幡宮の祭りは、江戸三大祭り（神田・山王・深川）のひとつ、江戸の夏の風物詩です。この社は江戸一番の八幡宮、その由来に触れておきます。

寛永四年（一六二七）、長盛という僧が、砂洲であった永代島の干拓鎮護のために、相模国金沢（横浜市金沢区）の富岡八幡宮（別称「波除八幡」）を勧請したのが始まりといわれています。長盛は同時に、六万坪の境内に永代寺もあわせて創建し、別当寺としました。

金沢の富岡八幡宮は建久年間（一一〇世紀末）、源頼朝が摂津国難波の蛭子神《ひるこのかみ》（日本神話の伊弉諾《いざなぎ》・伊弉冉《いざなみ》二神の最初の子。のちに恵比寿神《えびすかみ》と習合）を勧請しましたが、安貞年間（一三世紀始）には八幡神を合祀、富岡八幡宮と称しました。応長元年（一三一一）五月十八日、大津波に襲われますが、富岡地区で八幡宮の山はその被災を免れ、以来「波除八幡」として信仰がありました。

江戸の干拓地に恰好の神であったことはいうまでもなく、永代寺門前は江戸中期から岡場所（私娼地）として栄えました。富岡八幡宮は、永代寺と一体ですから、この境内で打ち鳴らす「時の鐘」を「八幡鐘」といって、

八幡鐘《はちまんがね》もうわのそら、寝ぐら離れぬ明烏《あけがらす》・・

などと粋な小唄も流行る始末、八幡鐘は後朝《きぬぎぬ》の別れの鐘ってことです。この遊郭、仲町から深川八幡のまわりには、辰巳芸者《たつみげいしゃ》（江戸城の東南、辰巳にいる芸者の意）というのがいて、薄化粧で鼠色《ねずいろ》の地味な身なり、冬でも素足に羽織姿が特徴で、「羽織芸者」ともいわれ、色気よりも気っ風のよさが売り物でした。名前まで男芸者のようで、「音吉」「美代吉」「豆奴」などが目立ちました。ご公儀の目を欺く私娼の逃げ道だったのかもしれませんが、とにかく「意気」と「張り」が看板の粋な芸者衆でした。

さて、『八幡祭小望月賑』は、作者河竹新七が四代目市川小団次のために書き下ろした三幕七場の世話狂言です。

文化四年（一八〇七）、深川八幡宮の祭礼当日、群衆のために付近の永代橋（芝居では花水橋）が崩壊、死者多数（公表四百四十、実数千五百余）を出す事件があ

りました。これに、文政三年（一八二〇）、本郷古着屋の主人に、辰巳芸者が殺された事件を絡めて、創作したのがこの芝居です。通称は、主人公の役名をとり『縮屋《ちぢみや》新助』、または相手の辰巳芸者『美代吉殺し』と呼びます。

　越後からきた縮売りの朴訥な新助が、八幡祭の酒に絡まれている美代吉をふとしたことから助け、さらに翌日花水橋の崩壊現場で美代吉を舟に救い上げる。美代吉は、その恩に報いるため、こころにもない夫婦約束をする。田舎者の新助は真にうけてしまう。この関係はお芝居らしく複雑に絡みますが、愛想づかしされたことを遺恨に美代吉を殺し、新助も自害するというお話です。

　遊里なんてものは夢が買い物、すべて幻にすぎないと、割り切れなかった男女の終着点とは、こういうもの、といささか醒めた託宣をされる八幡神がみえるようです。とにかく、深川八幡と遊郭は歌舞伎の材料に人気があったのでしょう、天保十二年（一八四一）四月の河原崎座にも『八幡鐘如念短夜《はちまんがねうらみのみじかよ》』（並木五瓶作）というのが掛ったようです。外題だけでも、野郎の夢の空しさが髣髴《ほうふつ》します。ただ、昨今、上演されることはおよそありません。

　なお、さきの『引窓』は大坂の関取濡髪長五郎の話ですが、ここ深川八幡も、江戸勧進相撲の発祥地で、明治維新後、幕府や諸大名からの加護を失った相撲界が、神道との係わりを強調して勧進相撲をはじめ、こんにちにその人気を伝えていることはいうまでもありません。境内には相撲に係わる碑が沢山あります。

　歌舞伎が江戸時代以降、大衆娯楽の重要な分野として親しまれていることはいうまでもなく、そのなかで「八幡信仰」の果たす役割を、観客はさほど気付きませんが、台詞などには相当量含まれていると思います。

　最後に、歌舞伎役者の家にも「八幡屋」なる屋号まであることを記しておきます。二代目中村《なかむら》亀《き》鶴《かく》の屋号で、現在は坂田藤十郎一門として活躍し、祖父は四代目中村富十郎、祖母は初代中村雁治郎の娘中村芳子という名門の御曹司でありながら、国立劇場第十期歌舞伎研修生養成所の出身という異色経歴のある役者です。

第十三章　伊予の八幡神

松山八社八幡巡り

時代が下るとともに武家社会の拡大で、八幡神が全国に勧請されていったことは、何度も触れましたから、この辺りで、わたしの郷里愛媛県の八幡宮を辿ってみたいとおもいます。

なかでも愛媛の中央部、松山周辺は古代から九州と大和を結ぶ拠点となっていましたので、八幡神の足跡も少なくはありません。

その一つ、「松山八社八幡」の伝承を拾います。松山城を中心に時計回りで八社の八幡宮を巡る一日巡拝の「八社八幡巡り」という習俗があります。これが、何時頃からはじまったか、定かではありませんが、松山教育委員会編著の『伊予路の文化』（昭和四十年初版）によると、「八社八幡」に、

「国司伊予守源頼義（九九八～一〇七五）の命により河野親経が八所の八幡宮を定めた。

八幡大神は武神として武将はもとより一般の士民も厚く崇敬するところで、国司地頭は社領を寄進し社殿を造築せられた。この八社八幡は特に、河野家が湯月城築城以来代々尊信したもので、正・五・九月には幣帛を奉り、春秋社日には重臣を遣わし、国家の安泰を

祈願し一般の士民にも巡拝を奨励した。
江戸時代になってからは正・五・九月と春秋の社日には、士農工商が打ち連れて必ず参拝することが年中行事となっていたが、現今は昔日の面影はない。松山市教育委員会では先ごろ八社八幡に案内板を設置して参拝者の便を図っている」とあります。

河内源氏の棟梁源頼義が、晩年、剃髪して「伊予入道」といい、河野一族と係わりあったことは、第九章　武家と八幡神の「河内源氏の台頭」でも触れました。伊予の豪族河野一族は、伊予入道頼義の配下である証として、八幡信仰に帰依したことはいうまでもなく、他地方に比べ伊予には、河内源氏の氏神八幡神社と河野の氏神三嶋神社が意外と多いのはこのせいです。

前記「八社八幡」創建由来が、権力者の証であることはいうまでもありませんが、源頼義、河野親経の時代に、八社の八幡宮が創建されたわけではなく、既存の社もあれば、河野家滅亡後の勝山城と拘わる社もあるようで、「八社八幡巡拝」は、江戸幕府以降になる習俗かもしれません。

平成二十四年（二〇一二）盛夏号『松山百点』には、「松山初代藩主加藤嘉明《よしあき》（一五六三〜一六三一）が、松山城固めのためとして八社の八幡宮を定めた」ともあります。ひとつの参考になろうかと思います。

習俗は時の流れで、流行りもすれば、衰退もしますが、昭和の戦争で留守家族が競って戦場での無事を祈った時代とは違い、こんにちでは一日遊山の恰好なコースです。

「八社八幡詣で朱印帳」まであるそうですから、四国遍路の納経帳を真似た巡拝証でしょうか。

松山城を時計回りする「家内安全」「交通安全」「安産祈願」のご利益を願う八社八幡の案内板まであるとか。

①　伊佐爾波《いさにわ》神社　松山市櫻谷町　通称「湯築《ゆずき》（湯月）八幡」　延喜式《えんぎしき》に記載されているが創建不詳（注、「延喜式」とは平安初期の禁中の年中儀式や制度を編集した律令施行細則。康保四年（九六七）施行）　祭神は応神天皇・神功皇后・三比売神で、宇佐八幡宮とかわらないが、ここでは、仲哀天皇が加わり、さらに配神として東照大権現（徳川家康）があるのは、最後の藩主松平家が祖

神として加えたのでしょう。

八幡の呼称なく、神社名は延喜式のままで、格式の高さを感じます。社殿の場所は仲哀・神功が道後温泉に来湯されたときの行宮跡ともいわれます。ひょっとしたら、応神天皇を身ごもられたのはこの地かな。

八幡神が神仏習合神であるとは、なんども述べましたが、伊佐爾波神社の別当寺も隣接する宝厳寺とちょと離れた石手寺でした。

② 桑原《くわばら》八幡神社　松山市畑寺町　創建不詳、五世紀中頃、十七代履中《りちゅう》天皇（仁徳天皇の子）の祈願所であったといわれるようですから、八幡神が十五代応神天皇と習合される以前、すでにこの社があったことになります（第二章　八幡神《やわたのおおかみ》の誕生「八幡神は応神天皇なり」参照）。そのせいか、ここの主祭神には、応神・仲哀・神功・姫大神のほかに、大山積神《おおやまずみのかみ》（三嶋神社の主祭神）・雷神《いかづちのかみ》・高神《たかおがみのかみ》まで合祀されています。もっとも三島神社を併合したのは、一七世紀後半、松山藩主松平定行が祈願所としてからともいわれます。

鎮座の位置で、桑原八幡は「東の宮」、三嶋神社は「西の宮」といい、合祀はなされましたが、神輿は別々で、祭には神輿を鉢合わせし、差し上げて、回転する勇壮な神事が評判です。

③ 日尾《ひお》（日王）八幡神社　松山市南久米町　創建不詳　ご利益は五穀豊穣・勝運・家内安全・交通安全・厄除け・病気平癒・学業成就で、とくに神経痛・脳卒中の神徳を強調しています。

④ 雄郡《ゆうぐん》神社　松山市小栗三丁目　六世紀末宇佐八幡から勧請。社名は「正八幡宮」でしたが、明治以降、現社名に変更されたとか。

神徳は、③の日尾八幡と大同小異で、「技芸上達」「安産発育」が加わるのは祭神筆頭が「天宇受売命《あめのうずめのみこと》」で、肝心の応神天皇（品陀和気命）が最下位のせいでしょうか。神社名に「八幡」のないこととあわせ、八幡神はのちに加わったのかな？　創建年代も、やや疑問です。

実は、貞観年間（九世紀）、松山市福角町北辻に創建され、承平・天慶の乱（九三五〜四一）の戦火で衰微していたのを、延久五年（一〇七三）、伊予守源頼義が伊予介河野親経に命じて、石清水八幡宮から改めて勧請し、社殿を花見山に造営したとか。のち、現在地に遷し、社名を「正八幡神社」としたといいます。

⑤　日招《ひまねき》八幡大神社　松山市保免西　十代崇神天皇二年（五八九）、筑紫の宗像大神を勧請し門嶋宮としました。大同年間（八〇六～九）に天然痘を患った大納言雄友卿が祈願すると平癒したので、「伊予疱瘡宮」として庶民に崇められるようになりました。元暦元年（一一八四）、佐々木高綱が入国の際、砥部城主が荏原城主と合戦になり、勝敗決まらず日没を向かえたが、軍扇で入日を扇ぐとさし昇り勝利したというそうで、以後、「日招八幡宮」と呼ぶとか。

祭神が、宗像大神のうち「市杵島姫命《いちきしまひめのみこと》」と、「応神天皇（品陀和気命《ほむだわけのみこと》）」の二柱というもの珍しい社です。本殿は火災焼失し、いまは仮宮とか。

⑥　朝日八幡神社　松山市南江戸　四十一代持統天皇のとき（七世紀末）、仲哀・神功駐蹕の行宮跡に、足頬地主神を祀って「沼戸明神」としました。のち、京都山崎の離宮八幡宮（石清水八幡宮）から勧請し、元弘三年（一三三三）、河野通綱が神領を献じ、「山崎八幡宮」とも称しました。

貞和年間（一三四五～九）の兵火に罹り、延文六年（一三六一）正月、現在地に遷されました。

⑦　還熊《かえりくま》（帰熊）八幡神社　松山市御幸　貞観年間（八五九）、石清水八幡宮から領主河野氏が勧請しました。慶長六年（一六〇一）、加藤嘉明《よしあき》（一五六三～一六三一）が松山城築城にあたり現在の地に遷しました。還熊とあるように「旅行安全」の神徳があるとか。

⑧　勝山《かつやま》八幡神社　松山市味酒町　元は、阿沼美《あぬみ》神社ともども松山城の山頂にあったが、加藤嘉明が築城のとき、ここに移された由。もっともここは阿沼美神社（勝山の祖神か）の境内で、境内には勝山八幡神社のほかに稲荷神社・伊予（余）夷子《えびす》神社・金比羅神社・味酒天満神社（護穀神社）があります。阿沼美神社は祭神が味耳命《うましみみのみこと》、大山積命《おおやまつみのみこと》で、前者は水を掌る神、後

者は三嶋神社の主神で、河野氏の氏神。

秋祭りにふんどし姿の若者が七体の神輿を担ぎ、約百メートルの参道を駆け抜ける神事「一体走り」で評判の藤岡八幡神社（松山市勝岡町）は、巡拝コースから外れているせいか、「八社八幡」には入っていません。毎年、裸行事が新聞ダネになる奇習です。

松山市にはこのほかにも、高家《こうけ》八幡神社（北斎院町）、清水八幡神社（別府町）、大宮八幡神社（上野町）、生《なま》石《いし》八幡神社（高岡町）と、古来河野一族の拠点であり、つづいて加藤、松平の居城で栄え、その守護が八幡と三嶋両神であったことを裏付けるといえましょう。

南豫の八幡神社

わたしの故郷は、愛媛県といっても、四国の西南端、伊豫の南で俗に南豫といい、むかし高名な文化評論家が「日本の終着駅」と冷やかしました。南豫は、伊達政宗の長男秀宗に付与された宇和郡十万石の藩領で、宇和島はその城下街です。

秀宗は、幼いときから豊臣の人質に出され、秀頼の家来として育てられました。その経歴を徳川が危ぶみ、政宗もまた、奥州の伊達領を秀宗に継がせることを避け、敢えて僻遠の任地を承諾しました。

戦国時代の南豫は、土佐の長曽我部元親や九州豊後の大友宗麟からの侵略激しく、さらに豊臣秀吉の時代になっても、四国攻略に差向けられた凶将戸田勝隆は、暴虐の限りを尽くしました。立間郷から板島（宇和島）を経由、津島への道筋に、七百八十二丁の磔を建て並べたばかりか、逆らう者二千人余をことごとく斬って捨てました。野蛮で残虐な圧政により、たちまち南豫は疲弊の極に達しました。その後、短期間に藤堂高虎、富田信高と為政者が交替し、ようやく伊達秀宗の時代になるのです。

荒廃した人民の掌握には、まずは社寺の整備からはじめるのが、いつの時代も為政者の手法のようで、この時代もその一つとして、戦国期までに武家が統治シンボルとした八幡神社を活用しています。

久保盛丸の『南豫史』など手元のわずかの参考資料

を繰って、宇和郡の八幡神社をみます。

宇和郡は、明治十一年（一八七八）以降、東・西・南・北の四郡に分れ、現在に至っています。

八幡神社は、東・西両宇和郡に多く、南・北はまばらのようです。立地的に前者は、筑紫の宇佐八幡宮とは海一つで、古代には大和への要路であったせいかもしれません。

東宇和郡

①　多田村（西予市宇和町東多田）　八幡神社　創建年不詳、雁浜浦に顕われ坐すという伝承もあるが、文永十一年（一二七四）元寇の際、宇佐八幡から岩野郷民が勧請したともいわれます。

②　高川村（西予市城川町高野子）　八幡神社　正暦元年（九九〇）創建というが、宝暦六年（一七五六）火災で古文書など一切焼失。

③　魚成村（西予市城川町下相）　八幡神社　創建未詳。主祭神神功皇后のみが珍しい。明治五年（一八七二）再建、明治四十一年（一九〇八）境外末社十二社を合祀。

④　古市村（西予市城川町古市）　八幡神社　創建不詳。古市村・伏越村・中津川村合併の際、各村氏神を合併大字古市の村社と定めました。

西宇和郡

⑤　八幡浜町矢野山（八幡浜市かみやま）八幡神社（注、八幡神の宇和郡渡来伝承で重要な神社で、さきに「矢野神山八幡」と呼びました）　応神天皇、神功皇后、比売神（宗像三神）が主祭神。創建年不詳。伝承を拾ってみますと、

i　神功皇后三韓征伐のさい、皇妹豊媛命が当地で兵を募り、軍旅を整えた由緒から八幡神が降霊、四十四代元正天皇の養老元年（七一七）に、清原貞綱が矢野郷三十三ヶ村の総鎮守として創建した。（『愛媛県神社誌』）

ii　養老元年（七一七）、千丈川の洲崎に毎夜霊光のあるものを漁師が発見、引き潮の際に拾ってみると八幡神の像で、早速、須崎八幡（昭和通り）に祀った。（『八幡浜市誌』）

iii　宇佐八幡宮には「行幸会」なる神事があって、奈多八幡宮から海を運ばれた旧験がここ矢野神山の八幡宮に納められたという。（逵日出典著『八幡神と神仏習合』一四六ページ参照）

iv　『宇和旧記』には「創営不詳」。

八幡神社一帯の矢野神山は、古くから紅楓麋鹿《こうふうびろく》の名勝といわれ、『萬葉集』の巻十（秋の雑歌）の二一七八に、天武・持統・文武天皇に仕えた宮廷歌人柿本人麻呂の、

妻隠《つまごも》る矢野《やの》の神山露霜《かみやまつゆしも》ににほいそめたり散《ち》らまく惜《お》しも

（矢野の神山は露で色づきはじめた。散るのが惜しいなあ）

が載っています。百十七代後桜町天皇の明和二年（一七六五）、宇和島五代藩主伊達村候《むらとき》が御歌所司の冷泉為村に、この歌の「矢野の神山」について質したところ、「伊豫国宇和郡八幡浜浦八幡宮である」と確定、明和六年（一七六九）冬、為村他九名の「矢野神山十景和歌」一巻が祝いとして献納あったといいます。

柿本人麻呂は下級官吏で、石見国の役人でもあり大和との往復には讃岐国などにも立ち寄っているので、ひょっとしたら矢野神山にも立寄ったか、噂に聞いたかもしれません。ただ、二〇一四年版岩波文庫『万葉集（三）』の解説では、「妻隠る」は妻とともに「屋」の同音で地名「矢野」の枕詞。「矢野」は所在未詳。「神山」は神の鎮座する山。「露霜」は露の歌語。とあり、村候に回答した為村とは、若干の開きがあります。

この地方では、歴史ある八幡神社といえましょう。宇和郷に権力を張った国守源頼良義もその配下河野親経も、鎌倉八幡宮に準じて社殿を再建、つづく秋森城主宇都宮房綱も社殿を造営し、祭費を寄進しました。これを引き継いだ宇和島伊達藩主の崇敬はいうまでもありません。

⑥　保内町喜木（八幡浜市保内町喜木）　八幡神社

宝亀八年（七七七）、宇佐八幡宮から勧請。川之石楠浦を経て喜木神越に奉斎されたので、「神越八幡神社」といいます。また「喜木八幡」とも呼ぶ。戦国時代、九州豊後の大友宗麟（一五三〇〜一五八七）に、しばしば侵略されたが、宗麟は熱心なクリスチャンで、社寺まで壊すことはせず、武神とされた八幡神社はとくに

崇敬したとか。

　宝暦十二年（一七六二）、神越から現在地に遷ったとき、喜木川土手に参道を造り、堤防を補強、河原は以後「八幡川原」と名付け、参道には欅と松を植えました。すでに大木になり名物参道でしたが、昭和の戦後、松食い虫により殆んど枯死、辛うじて参道入り口の欅の巨木が、面影をとどめています。

⑦　保内町川之石宮浦（八幡浜市保内町川之石宮浦）八幡森《やわたもり》神社
『保内町誌』では創建不詳。ただ、この社にも、喜木八幡と同じ勧請伝承があり、楠浜の古い社は、この社だともいわれます。

　はじめ八幡神社といいましたが、明治四十二年（一九〇九）、楠浜にあった森神社・一宮神社・住吉神社を合併したとき、「八幡森神社」と改めっれました。

⑧　喜須来村（八幡浜市）八幡神社
『南豫史』では、「宝亀八年（七七七）八月、宇佐から勧請、御船が楠濱に上陸、神越に祀る。のち、宝暦二年（一七五二）、現在地に遷す」とありますが、こんにちでは、⑦の「八幡森神社」と合併。

⑨　保内町喜木津（八幡浜市保内町喜木津）八坂神社
　神社名が違うので八幡神と見えないが、祭神には暦とした八幡神三柱（応神天皇・比売神・神功皇后）が含まれていて、ほかに素盞嗚命《すさのおのみこと》・大山積命《おおやまつみのみこと》・雷公命《いかづちのみこと》・高龗命《たかおかみのみこと》と華やかです。もともと「祇園八幡宮」といわれましたが、明治になって改められました。明治四十二年（一九〇九）に三嶋神社（峰）・東照神社（東風脇）・新田神社（里）を合併しています。それでも神紋は、八幡神の「三つ巴」を使っています。

　神社は集落の癒やし機構ですから、集落自体が分裂集合すると、神社も変貌してゆくのは自然の流れです。

⑩　三瓶村（西予市三瓶安土石ノ森）八幡大神宮
『三瓶町誌』では「創建万治元年（一六五八）、由緒不詳。『南豫史』では、流石に久保盛丸の私史だけに、「安土浦に鎮座、神像八体のうち二体は慶長十五年（一六一〇）

十一月二十五日、豊後国へ飛び行くという。明暦二年（一六五六）十二月、加賀城善右衛門が再興にかかる」と伝承（?）的記述がなされています。

しかもこの神社は、金比羅神社と合祀とあるばかりか、八幡大神宮には一宮大明神・太神宮（天照大神）・住吉大明神・恵比寿宮・祇園大明神・荒木神社・愛宕神社・天満宮と多数合祀されていて、神々の集合住宅という壮観さです。

⑪　町見村（伊方町九町字浦安）　八幡神社（通称「九町の八幡神社」）

伝承では、延喜二年（九〇二）、一漁夫が宇佐八幡宮の神霊を受け、村人と計って宇佐八幡宮から奉斎したといいます（『南豫史』）が、天応元年（七八一）の八幡宮札書もあり、あきらかではないようです（『伊方町誌』）。

何度か社殿の再建修復の記録が残されていて、歴代為政者の崇敬篤かったのでしょう。

はじめは、勧請先宇佐八幡宮の呼称を、そのまま使っていたが、明治二十七年（一八九四）からこんにちの呼称に改めました。

⑫　伊方村（伊方町湊浦）　八幡神社（通称「世行八幡宮」、「伊方の八幡神社」）

貞観十四年（八七二）、宇佐八幡宮から勧請。明治維新以降は伊方浦・九町浦・二見浦の郷社となりました。

こんな古文書があるそうです。「文和元年（一三五二）八月十五日、駿河国より八右衛門と申す者来り信心をなし、三尺四方の神輿一基を奉る。金にて包みありし由。人々敬い申せしとぞ。あるとき安芸国の漁船来り盗み取帰るところ、二丁ばかり押し出し三崎の沖にて沈み、今に岩となりてあること神明《しんみょう》の誠なり」。神輿の沈んだ場所には二説あり、ひとつは佐田岬突端の黄金溶《おうごんばえ》で、いまひとつは湊浦白崎沖で神輿瀬と呼ばれていますとか。

⑬　三机村（伊方町三机）　八幡神社（通称「須賀八幡」）

『瀬戸町誌』では、創建天平五年（七三三）とありますが、付記があって、「伝に曰く、宇佐八幡の分霊流れ来る。その順序は、まず神伏鼻に着き、それより御所浜に、さらに小振に着き、最後に須賀に上がり給う」と。さらに「また『愛媛面影』には昔沖より流れ寄せられ給いしを鎮座し奉れりと。よって当浦を御着江《みつくえ》と称す。宇和島藩主は代々崇敬篤く、社殿も藩の管理下にあり、祭典ごとに祭具一切を寄進または貸しだされ、祭礼には堀切下の馬場（小振）にて、流鏑馬が行われた」とあります。後段はともかく、前段の分霊漂着は、宇佐八幡宮の大規模神事「行幸会」の旧薦枕（神体）が、伊予灘の西の浜にあたる筑紫の奈多八幡から流されたとき、同じ伊予灘の東の浜に当たる須賀の浜に漂着したのでしょう。中野幡能の『八幡信仰』では、宇佐八幡の行幸会で奈多八幡から海を運ばれた旧験を、三机八幡で受取り、海へ流したとまで述べています。

須賀八幡のある「須賀」は三机湾に突出した自然の砂嘴で、ウバメガシやビャクシン、ハマボウ、シャリンバイの森を成していて、恰好の神域といえましょう。

宇和島藩主伊達村候に「御着江繋舟遊（御着江《みつくえ》に舟を繋ぎて遊ぶ）」という詩があるそうで、三机の古名は御着江であったばかりか、参勤交替の藩主は、佐田岬の難所を避け、三机の塩成から宇和海側へ僅かな距離を陸行しましたので、ここは恰好の休息所になったといえましょう。

また一説には、神武天皇東征の際、嵐で退避した入江で、「御着江」といわれるのだとか、なにぶん伊予灘の良港であることには間違いありません。

付記。境内に隣接した須賀公園には、昭和の緒戦、ハワイ真珠湾攻撃で大戦果を挙げた「九軍神慰霊碑」があります。三机湾を真珠湾に見立てて、二人乗り特殊潜航艇「甲標的」の極秘猛訓練の基地に使った証です。

⑭　足成《あしなり》（伊方町足成五三二番地）　八幡神社

元治元年（一八六四）、足成浦鎮守として勧請。眺望絶好、清浄の地、旧境内は漁協・集会所とし、現在地には昭和二十八年（一九五三）に移転。境内末社には、金比羅神社・天満宮・和霊神社などあり。

⑮　大久《おおく》（伊方町大久一二四二）　八幡神社

寛延三年（一七五〇）創立。延享（一七四四～七）以前に宇佐八幡宮から勧請し、部落鎮護の神とした。しばしば悪病退散の祈願をした証あり、境内末社には部落各所の神々を集め、西の山頂上は石槌神社や脇明神社の社外末社として祀っています。すなわち大久集落神社の奉斎は、すべて八幡神社が担当という集落の知恵です。

⑯　三崎（伊方町三崎一）　八幡神社
口碑では石清水八幡宮と宇佐八幡宮から勧請し、貞観二年（八六〇）、国守の寄進によって創建したといいます。三崎浦の氏神であり、歴代藩主の崇敬篤かった証が現存奉納品でよくわかります。

南宇和郡
⑰　御庄村《みしょうむら》（愛南町御荘平城）　八幡神社
創建不詳。永仁三年（一二九五）、再興に棟札があるそうです。

北宇和郡
⑱　八幡村《やわたむら》（宇和島市伊吹町）八幡神社
通称は伊吹八幡という。詳細は第十四章。

⑲　高近村《たかちかむら》（宇和島市津島町高田）　八幡神社（通称・高田八幡）
高田釈迦ヶ森城麓得寿の杜に鎮座。祭神は宗像三神、応神天皇、神功皇后。勧請年不詳、はじめ松逢坂《まつをざか》麓の誉田之杜にあり、のち松ヶ崎に遷し、さらに現在の得寿の杜に遷しました。「津島八幡」ともいいます。

⑳　喜佐方村（宇和島市吉田町大字沖村字則永）　八幡神社（通称・喜佐方八幡）
沖の則永に鎮座。祭神は仲哀天皇、神功皇后、応神天皇の三神。比売神が抜け、仲哀天皇が加わっているところが、宇佐八幡などとは違います。元亀三年（一五七二）二月十八日、法華津播磨守範延、奉行左兵衛吉安、神主右馬進延貞が創設したと『吉田古記』にはあるそうです。ただ、この辺りは、古くは社地の下まで海潮が洗ったところで、弥生式土器なども発見されるといいますから、九州とも早くから何らかの交流があったかもしれず、八幡神を祖神とする集団がいたのかもしれません。

㉑　立間村（宇和島市吉田町立間字市田）　八幡神社（通称・立間八幡または南森八幡）

治承年間（一一七七〜八一）、田原又太郎忠綱が勧請した屋敷神が発祥といわれます。

原田又太郎忠綱は、鎮守府将軍藤原秀郷の後裔で、代々足利荘を所領していたが、父の俊綱のとき所領争いから平家に恩義を受け、以来その旗下にありました。宇治川の合戦では平知盛に従って以仁王《もちひとおう》の兵を破って軍功を上げますが、行賞の件で同族間の紛争が起こりました。以後は、源頼朝のもとで富士川の合戦などで勲功に与えられた旧領上野六郷を、小山朝政から取戻さんとしますが、家臣にそむかれて、やむなく故地関東を諦め、西国に逃れます。機運をえず、宇和郡明山《あかうま》（歯長山）に隠棲しました。このとき奉安していた八幡の神鏡で、同人没後、村人が屋敷跡に祠を建て「又太郎殿の八幡」または「忠綱護神」として祀りました。のち、祠を河内谷に移し、さらに現在の南山《みなみのやま》に遷しました。

明暦三年（一六五七）、伊達宗純が宇和島藩支藩として、宇和郡内で三万石に封じられると、この八幡神社を氏神とし、御在館鎮守と仰ぎました。

ご神体も鏡に変えて、享保四年（一七一九）、三代藩主伊達村豊が奉納した三体の木像も現存するそうです。

吉田藩は支藩としての襟度をたかめること少なからず、八幡神社の祭礼練物も親藩に劣らぬ華やかなもので、いまも町おこしの一端として、賑々しく町の発展に寄与する存在感を呈しています。

㉒　泉村（鬼北町上川字林ヶ谷）　八幡神社

上川《かみかわ》・岩谷《いわや》両村それぞれに鎮守神としてあったのを、明治四十四年（一九一一）、合併の際、一社とし、現在の広見川辺の小高い丘に櫻樹を植えて境内とて、遷しました。なお、村落合併の都度、集落に点在していた神社をここの合併社としました。参考までに記録すると、神明神社・天満神社・金比羅神社・恵比須神社・八坂神社・山神神社・恵比須神社・鷺神神社・新道神社・天満神社・水神神社・鎮守神社・森神神社・神明神社・和田津海神社・八龍神社となり、小さな集落でいかに多くの神さまが祀られていたかわかります。

㉓　泉村（鬼北町小倉《こぐわ》川崎サンジ）　八幡神社

大永元年（一五二一）創建。この神社も上川の八幡神社同様、明治四十四年（一九一一）に周辺の神社を合併しました。白王神社・神明神社・大本神社・愛宕神社・八坂神社・大山積神社・神明神社・弥七郎神社・音無神社・中井神社・日村天神社・八坂神社。ここでも集落の神社を統合したことが窺われます。いくら過疎集落になっても、神々はその地に鎮座されつづけるという習俗です。滑稽な表現をすれば神々の大集落が出現したのです。

第十四章　宇和島　伊吹八幡

創建伝承

西南四国、すなわち愛媛県、伊予の南で南予の、中心都市となる宇和島市伊吹町に鎮座される八幡神社（通称、伊吹八幡）は、「序章　産土の神　伊吹八幡」でも触れたように、わたしにとっては、もの心ついた頃からの神さまで、神といえばこの八幡さまのことだと思って育ちましたから、とくにこの章を設けました。

まず、創建について辿ってみます。

幸い平成六年（一九九四）に社務所から出され社記抜書『伊吹木山記《いぶきやまのき》』なる好著がありますので、これを繰ることにします。

冊子の序文によりますと、神主渡部家に伝わる古記録百三十八冊のうちから、二～七代までの日記を、七代渡部大蔵敬粛が抜書きしたものだ、とあります。

和銅五年（七一二）の勧請にはじまる八幡宮の古伝由緒をはじめ、元和元年（一六一五）から百五十年にわたる社家渡部家と藩主伊達家、郷村保、別当寺正覚院、他の社家とのかかわりなどが纏められています。

神仏習合時代のことで、別当の正覚院と悶着を生じ、京都吉田家が和睦に乗り出し、五代目の渡部神主が牛の川村（鬼北町北川）へ、和霊神社の神主和田が曽根村（宇和島市三間町曽根）へ一時蟄居を命じられたこと、明治初頭神仏分離の混乱時に、伊達宗利公改鋳の鐘や衛府の真太刀など社宝が、行方不明になったことなど縷々述べられて、興味ある内容ですが、ここでは冒頭の創建伝承の引用にとどめます。

「大日本南海道伊与国《いよのこく》宇和郡《うわぐん》板島郷《いたしまごう》八幡宮御勧請之義者《は》、人皇三十八代《ママ》斉明《さいめい》天皇（五九四？～六六一）御宇とも、又云《またいう》、（三十八代）天智《てんじ》天皇（六二六～六七一）御宇とも、各勧請年暦《かんじょうねんれき》を詳《つまびらか》にすることかたし。（注、斉明天皇は三十七代ですが、昔、神功皇后を天皇に加えた時代があり、それからすると三十八代ともいえましょう）

当郷大浦御所ケ三崎《おおうらごしょがみさき》におゐて《於い》海中に御出現、馬城《まき》の高根《たかね》を越《こえ》て、中間村麓《なかいだむらふもと》と云所《いうところ》にて鎮《しずま》り座《ま》すとなん。（注、中間村麓とは現在社殿のある場所）

蓋《けだし》、馬城の高根を越給《こえたま》うゆへ（故）に、高越《たかごし》てふ《という》村の名起れり。夫《それ》を今訛《なま》りて高串村《たかぐしむら》とぞ云ける。此村に大神《おおみかみ》の乗《の》らせ給ふ御船、則《すなわち》、石に化《け》しけるとなむ。村民、是を称して「船石《ふないし》」といふ。又、馬城の山に「御輿《みこし》かけの石」てふ石あり。大浦のうちに中村と云所にて古井の跡あり、大神乃御祓《おはらえ》し給ふ井にぞあるらし。今、村民、是を「御垢離取井《おこりとりのい》」といふ。

其側《そのかたわら》に磐石《いわいし》あり、大神の「御腰掛石《みこしかけのいし》」と唱《とな》ふ。よって、不浄をあらたむる事いちしるき。しかれとも女童子の、為にこれを犯《おかさ》ば、忽《たちまち》みとがめありとなん。この大神を迎《むかい》奉《たてまつ》る人の後胤《こういん》、この浦に綿々《めんめん》として由緒《ゆいしょ》、明《あき》らけし」

神の行動ですから、伝承として辿らなければなりません。まず勧請年次が、ここまでに三つ出てきます。

i　三十七代斉明《さいめい》天皇（五九四？～六六一）の時代

ii　三十八代天智《てんじ》天皇（六二六～六七一）の時代

iii　序文では四十三代元明《げんめい》天皇（六六一～七二一）の和銅五年（七一二）

i、iiは、不詳とされ、iiiについては、のちに示す「創建由来碑」に刻記された創建年となっています。

つぎに神の出現の経路です。ここでは後世の人間の介在する勧請とは違って、神が自ら、

i　宇和郡板島郷大浦御所ケ三崎《おおうらごしょがみさき》の海中から現われ、

ii　馬城《まき》の高根《たかね》を越《こえ》て、
iii　中間村麓《なかいだむらふもと》に鎮《しずま》る。

となっています。大変に興味深いことですが、古代の神々の出現は海か、空かのいずれかで、海洋族の神は海底から、狩猟族の神はもっぱら天空から降りてこられます。この神はその二経路とも採られました。宇佐八幡の原始信仰神とされる比咩神《ひめのかみ》は、海の宗像三神と同じようですが、広野に孤立する山を島に見立てて天降られたといいます。ここの八幡神の出現地「大浦御所ヶ三崎」の大浦は、宇和島湾の西北の一画で、現在の宇和島市街地の大半が、砂州であった中世以前から栄えた浦です。ところが肝心の御所ヶ三崎となると何処か判りません。三崎は岬と同じで、海に突き出した陸地だとすれば、リアス海岸の宇和海には、三崎はやたらとあります。

三崎の海中から現われ、馬城《まき》の高根を越えられます。この山は、文字は違いますが、大浦の北に位置する標高四三八メートルとさして高くはない「槙《まき》の山」ではないでしょうか。槙の山には、天保六年（一八三五）、ミニ四国遍路札所が設置され、こんにちでも信仰の山です。この山には、処々に古代人の手を加えた個所があり、常住していたか、修験者がいたのか判りませんが、遺構が散見されます。修験に恰好の山であったのかも知れず、大浦から眺めますと、古代人でなくても、神の降り立つ聖山と看做う美しい山です。

いま一つ、宇佐八幡の祖神が天降ったとされる山も、御許山《おもとやま》といい、別名が馬城山《まきのやま》です（第二章　八幡神の誕生参照）。似過ぎていませんか。馬城が槙に転訛したと思いたくなります。

創建時からおよそ位置の動いていない現在の境内が、中間村麓（宇和島市伊吹町）です。北を山の背にし、南は開けた八幡川原です。こういう場所を古代人は「陽」といい、最も安住の地としました。川原は須賀川の一部で、この辺りだけが不思議と伏流しており、「八幡川原」と呼びます。創建された八世紀は、入江の奥の穏やかな磯辺だったかもしれません。

さらに、鎮座されるまでの行動が書かれています。

i　馬城の山を越えると、高越《たかごし》という村、転訛して高串村《たかぐしむら》という。（なお、クシはアイヌ語で山の「向こう側」の意と、引用本『伊吹木山記』に注釈あり）

ii　高串村では、八幡神の船が石になっていて、村民はこれを「船石《ふないし》」という。（注、船石は高串センスイ谷にあり）

iii　馬城の山（槙の山）に「御輿《みこし》かけの石」がある。

iv　大浦の中村という所に古井戸跡があり、八幡神の禊の井戸だという。今も人々は、「御垢離取井《おこりとりのい》」という。

v　御垢離取井《おこりとりのい》の側に磐石《いわ》があって、八幡神の「御腰掛石《みこしかけのいし》」という。

これら神の依代《よりしろ》に悪戯すると罰が当たる、と大浦では代々子どもを厳しく窘《たしな》めます。

もう一つの創建資料

『伊吹木山記』は伝承ですが、いま一つ創建由来を明記した碑文が境内にあります。

創建由来碑　伊吹八幡神社御由緒

御祭神は、応神天皇《おうじんてんのう》・神功皇后《じんぐうこうごう》・田心姫尊《たごりひめのみこと》・湍津姫尊《たぎつひめのみこと》・市杵島姫尊《いちきしまひめのみこと》の御五柱である。

御由緒は社記によると、九州宇佐八幡より勧請し、和銅五年（七一二）初めて祭祀が行われた。

源義経伊予守補任（一一八〇）のとき、社殿を造営し、家臣鈴木三郎重家に命じて、庭に二本の伊吹木を植えさせた。これが御社頭の国指定天然記念物「いぶき」である。

天正十五年（一五八七）、戸田民部少輔入国の節、参詣し、宇和郡の鎮守と定めた。

慶長十二年（一六〇七）、領主藤堂高虎社殿を再興し、元和元年（一六一五）、伊達秀宗入部の後は、伊達家の祈願所となった。

御社宝には、嘉元三年（一三〇五）の銘のある「舞楽散手面《さんじゅめん》」、藤堂高虎奉納の絵馬「牛若丸と弁慶の五条橋図」「松に鷹図」、伊達秀宗奉納の太刀・薙刀（国徳《くにのり》作）などがある。

なお、元文三年（一七三八）に神主渡部豊前守応曹が「伊予神楽舞歌併次第目録」（全五巻）を著した。この歴史的資料により「伊予神楽」は国の重要無形文化財に指定された。

御祭は、春祭四月十六日、夏越《なごし》祭六月三十日、
秋祭十月十六日です。

昭和五十九年（一九八四）十月吉日

第十五世宮司　渡部　正　謹撰併題

なぜ、この地に八幡神なのか

それにしても、八世紀初頭以前に、誰が八幡神を宇和郡に勧請したのか？　大胆な推測を許していただきたい。

古代の宇和郡には、つぎの四郷がありました。

①　石野《いわの》郷　以波野、または伊波乃とも書き、現在の西予市宇和町東多田の地域

②　石城《いわき》郷　以波岐、または伊波岐とも書き、現在の西予市宇和町岩木と宇和盆地東部という説と、西予市宇和町永長・山田・郷内という説がある。

③　三間《みま》郷　三門、美間、美万、御馬、美沼とも書き、現在の三間盆地鬼北、松野を含む。

④　立間郷　立門、多知末、多知万とも書き、現在の宇和島市吉田町立間付近といわれ、古くは南宇和郡あたりまでその範囲という説もある。

これでは『伊吹木山記』冒頭の「大日本南海道伊与国宇和郡板島郷八幡宮」の板島郷はどうなっているのか？『角川地名大辞典』によると「板道間郷《いたじまごう》」は室町期に出てくる郷名で、板嶋郷と記されるようになるのは、天正年間（一五七三〜一五九一）以降近世初頭、立間《たちま》郷に接頭語「イ」がついて「板嶋《いたじま》郷」となったという説があります。

宇和郡の一つ、立間と隣併せの三間郷にこんな話があります。

『日本書紀』の、四十一代持統天皇（六八七〜六九七）五年（六九一）、吉野宮に行幸された秋七月三日の条に、「伊予国司《いよのくにのみこともち》田中朝臣法麻呂《たなかのあさみのりまろ》等、宇和郡《うわのこおり》の御馬山《みまのやま》の白銀三斤八両《しろかねみはかりやころ》（約二・一キログラム）・鉚一籠献《あらかねひとこたてまつ》る」

岩波文庫版『日本書紀・五』の注釈では、「宇和郡の御馬山《みまのやま》」は「和名抄、伊予国宇和郡の三間《みま》郷。地名辞典は、愛媛県北宇和郡成妙村（宇和島市三間町）成家の金山《かなやま》の地とする」とあります。

これは、宇和郡三間郷が、公的史書に登場する最初

の事件です。たしかに成家には鉱石を採掘した跡といわれるのが存在しています。ということは、七世紀の時点でこのあたりに、鉱山に明るい集団がいたということです。そして、それらの集団を束ねる長《おさ》は、祖神とともに何処かからやってきたと思われます。

つい百年にも満たない昭和時代、南方や北方の資源を求めて日本人が大集団で移住した時にも、さまざまな祖神を祀る社を集落の中心としました。いまだに鳥居などの残骸が残っているといいます。これと同じ習俗が太古からあり、これが人間の本能というものでしょう。

採鉱、精錬、農耕、機織など高度な技術を持つ渡来系の部族（秦族）がいて、その祖神が八幡神であったことは、これまでに何度も述べてきました。まず筑紫を拠点にした彼ら渡来人が、宇和海を経て南予に到達するに、さして歳月はかからなかったはずです。

三間の地名にしても、任那《みまな》の転訛ではないか、といわれます。任那は朝鮮半島南端に存在した日本の勢力圏といわれます。「ミマナ」とは、朝鮮語の「ニムナ」で、「主な国」または「君主の国」の意、君主をあらわす「ｎｉｍ」に助詞の「ｒａ」が付いた、と東洋史学者はいいます。

九州北部を発った彼らの一集団は、リアス海岸の入込んだ浪静かな伊予の大きな浦に漂着したのでしょう。ところが眼前の山は、祖神の坐す筑紫の馬城山とそっくり、思わず神の加護を感謝しました。時が流れ、部族たちは増えてゆき、奥地の台地（彼らが「ミマ」と呼んだ）へ移住する勇者もでてきました。

さきに九州宇佐八幡から和銅五年（七一二）に勧請し、初めて祭祀が行われた、といいましたが、時の国司は、なぜ他神ではなく、八幡神を祀ったのでしょう？すでに宇和郡には八幡神を祖神と崇める集団がいたといいたくなります。そこで改めて和銅五年（七一二）に国司が初めて祭祀した、というのが自然ではないでしょうか。

神前に植樹された「伊吹木《いぶき》」考

さきに示した「創建由来碑」に、

「源義経伊予守補任（一一八〇）のとき、社殿を造営し、家臣鈴木三郎重家に命じて、庭に二本の伊吹木を植えさせた。これが御社頭の国指定天然記念物「いぶき」である」

とあり、また、『伊吹木山記』でも、

「一、当社往古之造営不知《しらず》、源朝臣義経伊豫守輔任の時、依祈願《きがんにより》一宇造営有之《いちうのぞうえいあれあり》、家臣鈴木三郎重氏をして庭上に伊吹木を二本植置しむ。

一、国司より神領寄進ありて、当郡四郷之内立間郷の産神《うぶがみ》（産土神《うぶすなかみ》）と尊敬有る（四十三代）元明《げんめい》天皇（六六一～七二一）御宇《ぎょう》和銅五年（七一二）八月十五日祭礼を行給ふと云々」

と記録されています。

全国に四万四千といわれる同名の八幡神社（八幡宮）では、万事に混乱しかねません。人々はそれぞれに冠詞をつけて、通称「〇〇八幡」と呼び、ときには冠詞だけでその八幡宮を認識します。ここの八幡神社は、「伊吹八幡」といい、その伊吹が町名にまでなってしまいました。

伊吹町は、藩政時代までは宇和郡板島郷・御城下組所属の「中間村《なかいだむら》」でしたが、廃藩後「八幡村中間」となり、宇和島と合併した大正十二年（一九二三）から「宇和島市伊吹町」と改め、こんにちに至っています。

源義経が伊予守に補任されたとき、家臣の鈴木三郎重家が、宇和郡立間郷（のちの板島郷）の八幡神社に代参して、社前に伊吹木を植えたというのです。もちろん義経の伊予守は遥任ですから任地に赴任したわけではありません。ただ、鈴木重家は南予に来ていたようです。重家は、紀州熊野の名門・藤白鈴木《ふじしろすずき》氏の当主で、本姓は穂積といいます。源氏に仕え、一ノ谷、屋島、壇ノ浦では軍功めざましく、義経の股肱の臣でした。

源義経が伊予守に補せられたのは文治元年（一一八五）ですから、伊吹木の寄進と社殿の造営は、その直後でしょう。ところがその四年後、はやくも頼朝・義経は不仲となって、兄の怒りは消えず、義経は奥州へ下る羽目になります。『義経記』によると、重家は、文治五年（一一八九）に奥州衣川の合戦で義経とともに自害したと伝えています。

では、伊予における鈴木重家とはどのような人物か？　幸い、三間郷の土豪土居清良の一代を描いた軍記物『清良記《せいりょうき》』の冒頭「清良根元先祖の事」に鈴木重家について書かれています。

「それ土居氏は、鈴木党（鈴木の血縁的結合集団の意）にて、実名は重氏なり。鈴木三郎重家の来由《らいゆう》は、あまねく人の知られる事なれば、（略）重家、あけくれ（弟の亀井六郎）重清の事を悲しく思われ、奥州下りのこころざし深くして、世間の行く末を案じつづけ、今はかくやと思われけん。三人の若の有《あり》しに、太郎千代松殿を文治五年（一一八九）己酉《つちのえとり》二月はじめに、伊予河野四郎越智通信を頼み、預け下さりける。この通信も、同国新井の紀四郎近清も、重家の従弟なる故なり。

通信も、優れてたのもしき人なれば、重家奥州にて死去の後は、いよいよ太郎殿を馳走《ちそう》ありて、息女のありけるに娶合わせて、河野を継がせんと評議せられける。

されど、通信にも竹若、松若とて二人まで息ありければ、河野数代の被官ども寄り合い、いかでか他家よりかかる事あるべきと、罵りける者多かりし。

また、かたわらには、いやいや、通信言葉を変えられぬ人なれば、なまじいに事をばでかさんより、いずれなりとも家の器量に当たるを、主と頼むべきなどと言いければ、今こそ河野二騎なるべしと、他家までも聞こえしに、太郎殿心深くして、新井の紀四郎に言い合わせ、是非善徳、河野の家に望みなきと申されけれども、なお通信聞きわけられざりしかば、太郎殿太山寺に駆けこもり、出家せんとありしにより、通信、さらば竹若にこそ河野は継がすべき、千代松殿は竹若が後見を頼むとて、多くの所領を分かちてつかわしぬ。

され太郎は、本名紀州牟婁の郡土居を用いて、土居太郎清行と名乗られける。」

すなわち、鈴木三郎重家（実名は重氏）の長男千代松が、三間郷の土豪土居家初代太郎清行となったわけで、つづけて重正→重真→清真→清氏→重氏→清時→重時→重明→重宗→清宗→清貞→清良が、この十三代として栄えることになります。繰返しますと、鈴木三郎重家が、甥にあたる河野通信《みちのぶ》に長子松千代を託した結果、その後裔が、後世、三間豪族の一人土居清良の祖になるのです。これも源頼朝・義経兄弟抗争に起因した命運とはいえ、皮肉な話です。

話を神木「伊吹」に戻します。

この木は、ヒノキ科の常緑高木で、中国、朝鮮をはじめ、西日本の海岸などに自生し、高さ一〇〜二〇メートル、樹皮は赤茶色で縦裂し、葉は杉葉状と小鱗片状の二形があり、単性花が四月頃鱗片葉の枝に咲き、球果は紫黒色で、変種が多い。庭木、垣根などに栽培、材は器具、薪などにする。イブキビシャクシン、カマクライブキ、ヒノキカシワともいう、というのが『広辞苑』の説明です。

古来、自生する木々にも、神がやどるというのは、人間の本能で、巨木、古木は信仰の対象になり、ちなみに手元にあった『新・日本名木百選』（読売新聞社一九九〇年版）で捜しますと、

① 神奈川県鎌倉市　建長寺のビャクシン（柏槙）
② 和歌山県御坊市　光専寺のイブキ
③ 山口県下関市　恩徳寺の結びイブキ
④ 愛媛県四国中央市　下柏《しもがしわ》の大柏《おおはく》
⑤ 三重県南牟婁郡御浜町　市木《いちき》のイブキ

いずれも国や県の指定天然記念物になって保護されています。なかでも④の下柏の大柏は樹齢千二百年余の巨木で、主幹の東側に空洞があり、天明三年（一七八三）に地蔵菩薩を祀って以来、その信仰が増しているとか。

成長は鈍いが、自生力逞しい樹木です。古代は、潮風の曝された海浜に群生していたのかもしれません。

それにしても社前に二本、いかにも依代然として伊吹を選んだのは、なぜでしょう？　鈴木重家が熊野の藤《ふじ》白鈴木《しろすずき》氏の当主であることを思い起こすと、紀州の浜に自生するちょっと幹の風変わりなイブキが、幼児の印象に刷込まれていて、これを植えるに、なんの躊躇もなかったのではないでしょうか。

いま一つ、さきにここの八幡神は、探鉱精錬の業を持った先住人の祖神信仰に起因するかもしれない、と穿ちましたが、精錬には火は欠かせません。これに従事する「火男《ひおとこ》」が転訛して、口を尖らせた「ひょっと

こ」となったといわれます。「伊吹」も、はじめは「息吹き」のことで、この木を薪にした彼らの智慧があるのではないでしょうか。ならば、伊吹を神前に供えることに、なんら抵抗はありません。

発想の飛躍ついでに、宇佐に居られた八幡神が、大和へ旅（神幸）をされたことがあります。そのとき、まず「大和のイブキ山」に降りたたれました。これはすでに述べましたが、三重県の伊吹山ではなさそうで、所在は不明です。ともかく、八幡神にイブキなることばが妙に繋がります。さきに列記した名木でも、イブキとはいわず、ビャクシンとか、カシワというところがありますのに、ここでは終始「伊吹」を使い、町名まで「中間」を「伊吹」に変えて、人々は神の息吹きに安住しています。

宇和島伊達藩と伊吹八幡

南予も、戦国期の混乱を避けることは出来ませんでした。ようやく三間郷の覇者になりえた鈴木重家の後裔土居清良も、豊臣秀吉子飼いの旗下《きか》として南予に乗り込んできた戸田勝隆（?～一五九四）によって徹底的に荒らされました。土居清良はかれら新たな権力者とは付かず離れずの距離を置いて、最後は隠棲してしまいます。戸田勝隆は、地蔵ヶ岳城（大洲城）を居城とし、宇和の黒瀬城、板島の丸串城を支城とし暴政の限りを尽くします。

やがて秀吉の朝鮮出兵がはじまると、勝隆は率先して四千の兵力を徴発、軍船建造に社寺の神木を容赦なく伐採、用材としました。奈良の等妙寺や三間の仏木寺は、被害が大きかったといいます。幸い、伊吹八幡の神木は対象外であったらしく、天正十五年（一五八七）、入国時に勝隆は参詣し、珍しく社歴を尋ねた上で、「宇和郡の鎮守」とするとまでいいます。しかし、彼に加護はなく、朝鮮巨済島で戦病死しました。

つぎの領主藤堂高虎（一五五六～一六三〇）は、如在《じょさい》無《な》い武将で、参詣はいうまでもなく、慶長十二年（一六〇七）には正殿を造営し、その証に絵馬三枚（五条橋の牛若、同弁慶、鷹の絵）を奉納しました。つづく藩主富田信高（?～一六三三）も入国時の慶長十二年（一六〇八）に参拝しています。

元和元年（一六一五）、弱冠二十五歳の仙台伊達政宗の御曹司秀宗が入国すると、伊吹八幡神社は、直ちに「伊達家の祈祷所」になりました。

宇和島城からみると、伊吹八幡の鎮座される中間村麓は、鬼門（東北）であって、この同じ方向に龍光院を設け、鎮護の社寺とするのです。

なお、裏鬼門（南西）には、城郭内に日枝神社、少し離れた古城の南に三嶋神社があります。なお、日枝神社は、現在は丸の内和霊神社の末社となり、神社跡は一時「鶴島神社」でしたが、今は「南豫護国神社」になっています。

宇和島伊達藩は以来四百年、伊吹八幡神社は、ときには社頭の、注連柱《しめばしら》に「仁慈普及」「勇武無敵」なる宍戸玄愷《ししどげんがい》の雄筆がしめされるような武神一辺倒の時代もありますが、これは大勢の流れで、昭和の戦争が終焉すると、他の八幡神社のように神仏習合魁神の寺院に見まがう華やかな朱塗社殿に化粧替えされ、奉納石灯籠が両側に並ぶ参道も、なんとなく明るく、境内の雰囲気が一新されました。もちろん神木「伊吹」は、その巨木ぶりが、ますます神域を圧しています。

そればかりか、ちょっと社殿から離れた場所に、さきの戦争慰霊碑ができ、その傍らに、大きな「八幡大菩薩」の尊像が現われ、彼ら霊魂を見ておられます。

しかもその脇が、社務所経営の幼稚園ですから、八幡大菩薩とて、子供たちの行く末豊かなれとお目を放せられないことでしょう。

伊達家と八幡神

宇和島伊達初代秀宗が、戦国の奥州覇者政宗の長男であるにもかかわらず、あえて遠く離れた四国の僻地の十万石に入府したのは、徳川家康と政宗の微妙な権力バランスの結果です。徳川は、長く秀吉の膝下に置いて豊臣家の次代の棋布とし（実質は人質ですが）育てられた秀宗に、奥州大藩を継がせることは、いつ反旗を翻す玉に使われるか警戒しました。だからといって、秀宗を軽く扱うと、これまた不穏のタネになります。いちはやく徳川方に啀え込むため、徳川第一の家臣彦根藩主井伊直政の娘を秀宗の正室にします。

一方、政宗とて、徳川の読みは判ります。徳川に従属した以上、豊臣に染められた秀宗を手元においては危険、あえて遠くの小藩主にでもさせ、徳川旋風の航海を安全ならしめ、さりげなく面倒をみるしかない。豊臣政権下の伊達家存続策として人質に使ってきた秀宗には申し訳ないが、これも家あってのこと、家の犠牲と諦めさせるしかない。せめて五万石程度でも与えられれば、と願った。ところが、十万石という、しかも「準国主」の格式まで与えられました。

ちなみに、広大な所領の、仙台、鹿児島、金沢、熊本、佐賀、長州、広島などは「国主大名」と称し、それに次ぐ準国主は、宇和島伊達、筑後柳川立花、陸奥二本松丹羽のわずか三家（外様大名）です。あとは、「城主」、「準城主」、「陣屋」、「居館」と格式があります。徳川幕府の大名は、石高の多寡もさることながら、譜代と外様、江戸城における国主以下の格式にガッチリ組み込まれて、運営されていました。

実は、伊達政宗は仙台藩主初代の武将ですが、鎌倉時代以降東北南部に本拠を持つ一族の十七代当主なのです。九代にも同名の当主がいて、九代儀山政宗、十七代貞山政宗と史学者は区別します。

本姓は藤原北家山蔭流といわれ、鎌倉時代↓南北朝時代↓室町時代↓戦国時代↓豊臣時代↓徳川時代と身内まで敵に回す波乱の時代に耐えています。

とくに十七代政宗の生きざまは抜群で、ときには、秀吉を単身で小田原陣営に訪ねるほどの、大きな賭けまでやってのける胆力ある武将でした。また、河内源氏とは結束あり、八幡神を氏神としますが、その信仰もまた特異でした。

現在、仙台には、つぎの二つの八幡神社があり、双方とも政宗に関係があります。この八幡神は先にも触れ若干重複しますが、

その一　大崎八幡宮

仙台市青葉区八幡にあって、創建不詳、室町時代奥州管領であった大崎氏の本拠地の守護神で「大崎八幡」とよびます。

政宗は、それまでの所領、山形長井荘（置賜地方）を、秀吉によって岩出山に移されました。長井には八代伊

達宗遠が造営した「成島八幡神社」がありました。

やがて、仙台の大崎氏が改易になり、政宗が入府すると、重臣の片倉景綱が成島八幡神社の神官の子であったのを利用して、新任地仙台の大崎八幡宮に、成島八幡神社も遷座、合祀してしまいました。

このとき、慶長十二年（一六〇七）、本殿・石の間・拝殿を権現造の桃山建築の粋を凝らした豪華絢爛たる社殿にしました。いうまでもなく政宗の権力誇示ですが、こんにち国宝に指定されています。

では、米沢市広幡の成島八幡神社はどうなったか？

境内は中世の城郭の跡といわれていまも崇敬されています。

その二　亀岡八幡宮

仙台市青葉区川内亀岡町にあって、創建は文治五年（一一八九）、初代伊達朝宗（念西）が鶴岡八幡宮から勧請、伊達郡高子村（伊達市梁川）に祀りました。そのとき霊亀が現われたので「亀岡八幡」と通称しました。（注、「亀岡八幡」なる呼称は逗子・市ヶ谷など各所にあり）

十七代政宗が仙台に移ると、現在、滝澤神社のある場所に仮社殿を造り奉祀しました。

文治五年（一六八三）には、二十代伊達綱村の代に、現在の地に遷しました。

では、ここでも最初の八幡宮はどうなったか？「梁川八幡宮」としていまに伝えられています。

八幡神は、ひとたび鎮座されると、その場の地主神として、なかなかに威信を貫かれるようです。

仙台六十二万石の伊達政宗が、家のためにあえて遠くへ旅ださせた秀宗に、神についてどう諭したのは、詞には残さなくても、氏神の八幡神を祀れ、だったことでしょう。

第十五章　昭和の八幡特攻

神風特別攻撃隊（通称　神風特攻隊）

いきなり昭和の戦争時代に飛びます。

『広辞苑』で「特攻隊」を捜すと「特別攻撃隊の略で、特に太平洋戦争中、体当たりの攻撃を行った日本陸海軍の部隊」とあります。しかし、特攻の若者たちは、一人として「太平洋戦争」を知りません。ひたすら、「大東亜戦争」なるアジアの自立平和を願って、散って逝きました。ですから、これではやや不十分です。「特別攻撃隊の略で、特に大東亜戦争（敗戦後、太平洋戦争と改める）中、（戦乱の激流に巻き込まれ）体当たり攻撃を行った日本陸海軍の部隊」と書きたいくらいです。アメリカ兵に自殺攻撃と怖れさせはしましたが、敗戦を予期しながら担当将官は、「外道作戦」といい放ち、みすみす無意味に若者を殺したのです。

勝てないと知って戦いつづけるほど無謀な戦はありません。しかも下命する権力者は、部下の犠牲を「大義」とか、「正義」とか舌触りのいい言葉で駆り立てました。たしかに人は、言葉を知ったが故に、その魔法に酔いしれ、一時的に死ぬことを肯定するのです。

今更、なんとぼやいてもはじまらないことです。日本国開闢以来、一つの戦で三百万という空前の犠牲者を出して、それでもまだ「一億玉砕」などと嘯く指導層がいたのです。

中でも、特攻隊ほど、無謀な戦いはありません。しかも、この作戦に、やたら八幡神まで担ぎ出し、その神慮に縋ろうとしました。当事者は死んでも、指揮官は真に神慮があるとでも思ったのでしょうか。狂気の指揮官といいたくなります。

大仏に金箔を貼れたのは八幡神の加護だと狂喜したのとは、雲泥の差です。

台風一過を天皇はじめ国を挙げて八幡神に祈祷したお蔭といいながら、武士集団はひたすら恩賞を狙い、やがては政事体制への崩壊を早めてしまいました。

何時の時代も、得て勝手の神の加護などあろうはずはないのに、やれ「神風」だ、「我が国は、戦えば必ず八幡神の加護により神風が吹く、神の国だ」と、幼児にまで刷込んでしまいました。「それこそ、亡国の絵空ごとだ」といえば、特高（思想犯対処の特別高等警察）や憲兵（軍事警察）に拉致される時代へと急転直下したのが、昭和の戦争でした。

最後の足掻きで、溺れながら掴んだ藁が特攻だったのです。部隊名も「カミカゼ」などと和やかな訓読みはせず、わざわざ「神風《しんぷう》」と硬骨な音読み冠詞をつけて気負いたち、頼めるのはもう神さまだけだったのです。決戦に臨む宮本武蔵が、「神に頼るな」と戒めたのとは、まさに月とスッポンでした。

宇佐の海軍特攻基地

昭和五年（一九三〇）のロンドン軍縮の期限切れとともに、海軍は、主力を航空機増強に移しました。その一つ。搭乗員の訓練部隊で、昭和十四年（一九三九）十月、大分県宇佐郡柳ヶ浦村（宇佐市）に建設されたのが、呉鎮守府所属第十二聯合航空隊宇佐海軍航空隊（爆撃機・攻撃機専用）でした。要員には、ひとまず霞ヶ浦海軍航空隊の操縦練習生を転入しました。

周防灘《すおうなだ》に面し、洋上爆撃や雷撃訓練に加え、航空母艦からの発着訓練も可能で、千数百メートルの滑走路と付帯用地の取得も容易、という好条件でしたから、短期間に竣工しました。

いうまでもなく、武神である宇佐八幡宮のお膝元とあっては、鬼に金棒。これぞ八幡大菩薩のご加護とばかりに、将官たちは兵を引き連れてしばしば参拝しました。

　昭和二十年（一九四五）三月、甲種飛行予科練習生の訓練基地であった松山海軍航空隊宇和島分遣隊が、突如、第二一連合航空隊宇和島海軍航空隊と改められ、生徒は飛行訓練が早まったとばかり喜んだのも束の間、約半数の千二百名が、九州宇佐海軍航空隊の防備強化のために派遣と決まりました。宇佐空の歴戦勇士を憧れていただけに、派遣と決まった生徒には、戦場に征《ゆ》かんばかりの気負いがありました。

　ところが、実戦機は遥か彼方に見えるものの、予科練生はそれに近寄れず、連日、掩体壕や滑走路の拡充土方工事ばかりで、「おい、ドカ練」と実戦要員に冷やかされる始末です。

　四月二十一日朝、突除飛来したＢ29三十機が宇佐空を狙い、宇和島空のまだ二十歳にもならない少年予科練生も十五名が、作業壕で銃撃されました。

　死者総計三百、使える飛行機僅か四機、滑走路は時限爆弾が投下され、しばらくは使用不能です。

　以後、訓練は中止され、実施部隊の退避基地程度となり、敗戦まで空襲が絶えませんでした。しかも基地の有無にかかわらず、松根油のような代替アルコールでは、九七式艦上攻撃機の訓練は不能です。

　言い落としましたが、宇佐空の主力訓練機は、「九六式艦上爆撃機」「九九式艦上爆撃機」「艦上爆撃機彗星（Ｄ４Ｙ／航空技術廠）」「九七式艦上攻撃機」「艦上攻撃機　天山（Ｂ６Ｎ／中島）」でした。

「八幡」を冠した特攻隊

特攻隊は、出撃部隊毎に勇壮な名前をつけました。

昭和十九年（一九四四）十月、フィリピン奪回を狙うアメリカを阻止するために、大西滝治朗海軍中将が提唱した「神風特別攻撃隊《しんぷうとくべつこうげきたい》」、俗に「神風特攻隊《かみかぜとっこうたい》」といわれるのが最初ですが、こういう外道作戦は、はじめると収集つかなくなってゆくものです。

　宇佐空で訓練された隊員の神風特攻隊には、出撃編成隊毎に「八幡《はちまん》」を冠しました。作戦の無謀さに、八幡神は絶句されたことでしょう。どんな場合でも人間自ら死ぬという行為を、神は憮然と眺められるばかり、生死は神の領分です。

①「**八幡隊**」

昭和二十年（一九四五）一月六日と八日の両日、フィリピン　ルソン島北部のリンガエン湾に集結していたアメリカ艦船へ、「艦上攻撃機　天山」二機が、「八幡隊」と称して、フィリピンのクラーク基地から特攻突入しました。これまでに既に第一〜五神風特攻隊が出撃していて、これは内地教育航空隊で編成、フィリピン基地に進出した「増援神風特攻隊」の一群でした。八幡隊の天山二機には、各三名（操縦・偵察・通信担当）計六名が搭乗していました。

フィリッピン攻防戦のこの時期には、本土基地から現地の出撃基地までどうやら移動できる防衛航空力が、まだありました。

②「**第一　八幡護皇隊　艦攻隊**」

沖縄防衛の「菊水一号作戦」が発動され、四月六日、「九七式艦上攻撃機」十四機が宮崎県串良《くしら》基地から特攻突入。

③「**第一　八幡護皇隊　艦爆隊**」

同じ「菊水一号作戦」の四月六日、「九九式艦上爆撃機」十五機が、第二国分基地から特攻突入。

②と③は機種と出動基地を異にし、同時に出撃した作戦です。もっとも、他航空隊からも参加していますので、その特攻機数たるや、のちに示すように膨大なものでした。

菊水作戦とは、沖縄周辺の敵艦隊に対する海軍特攻をはじめとする航空総攻撃作戦の名称で、四月一日にアメリカ四ヶ師団が並列して沖縄本島中部西海岸に上陸したのを受けて、四日、第一機動基地航空部隊が、菊水一号作戦の細部実施要領を下令。六日から十一日までの僅か六日間に投入された海陸両軍部隊名、機種、機数、戦死者数を上げますと、

部隊名	機種	機数	戦死者数
菊水部隊天山隊	天山	九機	二七名

第三御盾天山隊	天山	一機	三名
第四銀河隊	銀河	四機	一一名
第五銀河隊	銀河	五機	一五名
第一八幡護皇隊	九七艦攻	一四機	三九名
第一護皇白鷺隊	九七艦攻	一三機	三九名
第一正統隊	九九艦爆	一〇機	二〇名
第一草薙隊	九九艦爆	一三機	二六名
第一八幡護皇隊	九九艦爆	一五機	一九名
第二一〇部隊彗星隊	彗星	九機	一七名
第二一〇部隊零戦隊	零戦	三機	三名
第三御盾隊二五二部隊	爆戦	六機	六名
第三御盾隊二五二部隊	彗星	七機	一二名
第三御盾隊二五二部隊	零戦	五機	五名
第三御盾隊六〇一部隊	彗星	一三機	一二名
第三御盾隊六〇一部隊	爆戦	二機	二名
第一神剣隊	爆戦	一六機	一六名
第一筑波隊	爆戦	一七機	一六《ママ》名
第一七生隊	爆戦	一二機	一二名
第三建武隊	爆戦	一八機	一八名
第四建武隊	爆戦	九機	九名
第五建武隊	爆戦	一三機	一三名
第三御盾隊七〇六部隊	銀河	五機	一五名
計		一九二機	三五五名

これらは突入した特攻機数であって、出撃したがエンジン不調で目的地に到達できず不時着や引き返したものは含みません。

つづく特攻作戦となると、特攻専用兵器「桜花」や、偵察・通信要員訓練用の二枚翼の、駆逐艦にも追い抜かれるノロノロ飛行機「白菊」まで投入されたのですから、「必勝」はお題目、士気旺盛な若者を添えて、使えるものなら何でも戦場に曝すという有様です。

特攻作戦は、アメリカ艦船の実害よりも、狂気の日本軍が眼前で散ってゆく姿を繰返し見せ付けられて、錯乱するアメリカ兵の影響が大きかったといわれます。

続く本土決戦での極端な恐怖感を煽り、戦意喪失を狙ったのかもしれない、と彼らは脅《おび》えました。小さな沖縄ですら、あらん限りの物量を投入しても、容易に占領できないのだから、本土決戦は文字通り『一億玉砕」「一億神風」の恐怖が、アメリカ兵に襲いかかったことでしょう。

ついに「菊水十号作戦」まで繰返されました。菊水とは、いうまでもなく南朝の武将楠木正成の旗印で、正成は負けるを知って湊川の合戦へ出陣しました。その悲運が日本人の琴線に触れ、初手から悲劇のネーミングを使ったのです。「建武」にしても、「七生」にしても、「御盾」すら「菊水」と思考は同じで、緒戦から南朝の悲劇を覚悟し、それを避けようなどという融通無碍《ゆうずうむげ》の発想は皆無でした。

④「第二 八幡護皇隊 艦攻隊」

四月十二日には、「九七式艦上攻撃機」十機が、串良基地から特攻出撃しました。九七艦攻は操縦・偵察・通信の三人乗りで、戦死者は三十名です。

⑤「第二 八幡護皇隊 艦爆隊」

同じ四月十二日、同じ串良基地から「九九式艦上爆撃機」十七機が特攻出撃しました。九九艦爆は操縦・偵察の二人で飛行しますが、特攻には帰投がなく標的艦船を発見すればそれに突入すればよく、操縦員のみで充分です。偵察員とともに玉砕しなくても、といいたくなります。この頃になると、戦闘機零戦のように一人で突入するケースが多くなりました。

この出撃で九九艦爆は、二十四機出撃したのですが、途中七機も不調で、帰投。うち一機は伊江島に不時着、戦死しました。

⑥「第三 八幡護皇隊 艦攻隊」

四月十六日には、「九七式艦上攻撃機」二機が嘉手那沖へ串良基地から特攻しました。

出撃したのは四機ですが、エンジン不調で二機帰投。戦死の六名には、十八歳の少年兵まで含まれていました。

⑦「第三 八幡護皇隊 艦爆隊」

同じ四月十六日、嘉手那沖へ「九九式艦上爆撃機」十七機が、第二国分基地から特攻出撃しました。戦死者には十八歳の乙種飛行予科練習生十八期生という優秀な二等飛行兵曹の操縦員が、偵察も通信も同乗させず単身で突入しています。

⑧「**八幡神忠隊**」

同じ「菊水三号作戦」でも、四月二十八日、那覇沖で突入した「九七式艦上攻撃機」三機が、串良基地から出撃しました。このときの三機は、操縦・偵察・通信と訓練をともにした戦友で、計九名が散華していきす。他にエンジン不調で種子島に不時着した一機がありました。

⑨「**八幡振武隊**」

五月四日、沖縄周辺へ「九七式艦上攻撃機」三機が串良基地から特攻出撃しました。他にも一機、エンジン不調で宝島に不時着しています。戦死者九名の年長は二十四歳、最年少は十七歳の少年兵。甲種飛行予科練習の十三期生が操縦員でした。同乗の偵察は予備学生十三期の士官、電信は甲飛十二期で先輩というのですから、惜しい少年の散華でした。

わたしは、特攻に投入された人々と同世代で、特攻並みの戦友の死もみてきました。その瞬間は、いかに毅然とみえても、なぜ死札を掴んだのか、狂乱状態は否めなかったでしょう。繰返します、自死などとは、神の領分に手を伸ばした行為です。

彼らが、自ら死札に賭けるなど、神は許しません。ただ、あの頃の、わたしも含めた兵役年齢の若者は、神仏に縋らず、頼らずとも、大義とか、正義とか、詞に酔ってしまたのです。

外見では、神社の前で必ず手を合わすよう、躾けられ育ってきました。昭和初期、路面電車が唯一格安な市内交通機関だった頃、東京では、車中にいても靖国神社や明治神宮、宮城前では、脱帽し手を合わすことに、何の躊躇《ためら》いもありませんでした。

そんな環境で、出征時には氏神に参りました。陸軍に徴兵され徳島の聯隊が編成部隊だったわたしは、大陸の戦場へ渡るとき、駅裏の城山にあった護国神社に参拝させられ、「やがては、お前たちもこの社に祀られるだろう、しっかり頼んでおけ」と隊長から訓示を受けました。

宇佐海軍航空隊の特攻に指名（いや断ってもよかった

のだ、志願だった、と詭弁されますが）の若者は、発進基地へ移動の直前、決まって宇佐八幡神宮に詣で、参拝者記名簿に所属部隊名と隊長外何名なる記入を遺しました。

わたしはこうして耄寿のこんにちまで、七十年を生きてきましたが、一日としてあのときの戦友が頭から離れません。

八幡特攻の戦友へささやかな鎮魂の歌を捧げます。

神の加護あるやあらずや
　八幡を背負いて雲の果《はて》へと急ぐ
神慮《しんりょ》など夢のかけらか
　ひたすらに八幡の子ら果《はたて》へと消ゆ
八幡の加護を願いて果てし君
　蒼天の神となりて久しき

ことばに酔った軍隊

沖縄の攻防を天空から挑んだ「菊水作戦」は十回で打ち切られます。投入された特攻機、標的に到達するのが精一杯の使いふるされた飛行機でしたが、二千八百六十七機が沖縄の海に消えました。

なんと無情なことか。その無情、無念を裏打ちしたのは名称だけ、華やかで、瞬時に消える空しい鬨《かちどき》でした。あの時代、ことばにだけ酔いしれた若者だったという証を、いくつか拾ってみます。

非常時　昭和初期、「非常時日本の歌」がラジオから繰返しながれていました。なにが非常時なのか子供たちは分からぬままによく歌いました。

英霊　戦死者の遺骨をこうよんだのはシナ事変の起こって半年くらい経ってからでした。

名誉の家　英霊を出した家をそう呼んで、何かというと讃え、表札までつけましたから家族は泣くに泣けず、敗戦と同時に手のひらを返す仕打ちにあいました。

反転　陸軍に退却などない、と妙な詞を考えました。

玉砕　右に同じく、全滅のこと。

大義・正義　日本為政者のやることは、すべて正しく、それに反するものは不義・不正と決め付けました。

鬼畜米英　敗戦と同時に口を噤《つぐ》みました。

終戦　完敗なのに、こんにちでもなぜか「敗戦」とはあまりいいません。敗戦を国民に訴えた勅語にも「負けた」とはありません。

復員　軍隊が戦時体制から平和体制に復する時、召集した兵員を戻すことを復員というのですが、わたしたちの場合、解かれると同時に肝心の軍がさっさと消えたので、割り切れない気持ちでした。本来ならば、「凱旋」といいたいところですが、敗戦国でわたしたちは、「日俘（中国における日本軍捕虜）」になって釈放されたのです。俘虜帰還とはいえず、二度と召集されない兵員として、字面だけは恰好よく、「復員」を借りて放たれたのです。

そういえば、「八幡」も「八幡大菩薩」も、あの戦争では、勝利の神託や加護ではなく、単なる酔詞にすぎませんでした。

終章　八幡神、争わず

八幡神は武神か

長い八幡神の旅が、ようやく終りました。

八幡神が、その時代、時代を凝視されながら、こんにちにあられますことに、改めて崇敬の気持ちが湧きました。

「力」なるものは、時の流れとともに劣化し、変質します。とくに権力や武力、財力は、短期間に沈滞し、腐蝕する代物ですが、八幡神には有形の力などなにもお持ちではありません。

平和も、戦争も、「力」だけでは、ねじ伏せられません。今日の平和が、明日も平和だとはいえません。口先で、「平和、平和」と叫ぶばかりでは、変化する平和の流れに押し流されかねません。

なんら歴史を学ぼうともせぬ似非平和論者には、今の平和になにが必要か、的確に掴めず、やたら吠え立てるばかりです。

ならば、的確に現状認識する手立ては？「情報」の収集と分析、その冷静な判断です。

武力というよりも、より稠密な情報の把握こそが、これからの戦争と平和社会の最大の贈り物です。

一概に、「八幡神は武神」といいますが、こうしてこの神を辿ってきますと、むしろ「情報神」というべきではなかったかと気付きます。

八幡神が、率先して隼人征伐にむかわれたとき、武器を振りかざされたでしょうか？　まるで華麗な羽を広げた孔雀のように八流《やなが》れの幡《はた》を翻し、神輿周りにはわずかの行者が付き従って、毅然と、しかも粛々と、隼人の陣営に向かわれたに過ぎません。その奇異にして威容な陣立てに、隼人族はたちまち戦意を喪失しました。殺戮の具、弓矢に頼らぬ意表を突いた行動に動転したのです。

精悍な隼人は、以後、倭《やまと》の重要な藩屏に変身するのですから、これぞ獰猛な隼人を手玉に取った武力のなせる技と早合点し、八幡神を武神と崇め伝えたようです。八幡神を担いだ行者の面々は、隼人族がいかに個々では腕力に長けていたとしても、幡を翳《かざ》す非常にして異次元な世界を見せれば、必ずや神の脅威を覚え、慄くと分析しました。それこそが、巧妙な「情報」操作です。

それまでひたすら、刀や弓など殺戮具を使い、敵の首級の多寡で勝利を決めていたのですから、情報が刀に勝るとは気付かなかったのです。

八幡神は異文化習合魁神だから情報に長けていた

武神「八幡神」をいきなり「情報神」といって面食らわれたかもしれません。では武神の武の本来の意味は何でしょう。

異論もありますが、「戈《ほこ》を止《と》む」かたちが、「武」という文字です。『左傳』に「止戈為武《しかいぶ》」とあり、戦争しないことが武であり、戈は使わず、ひたすら防衛と威嚇する姿が武だといいます。

隼人征伐の八幡神集団は、機を逸せず、率先して、しかも戈でも弓でもなく、幡を仰々《ぎょうぎょう》しくなびかせ、異様な神輿《みこし》を先頭に、敵地に向かいました。説得する知者が従っていたにすぎません。知者の所持していたのは、情報収集力と状況分析力、そして八幡神を押し立てた外交力（説得力）だったのです。

いちはやく他宗教の利点を咥え込む習合同化の八幡

神だからこそ、調和、融合、共同、平和を訴えた神の精髄が、巧みに活かされ、発揮されたわけです。

のちの時代になって、もっぱら干戈を専業とする武家が、八幡神を守護神としたために、武神とか、弓矢の神とか、派手な部分が目立ちすぎ、戦乱時には、敵味方双方から頼られる「戦う神」に仕立てあげられました。神さまにとって勝敗は別次元、時の流れというものです。

くどいようですが、八幡神は、「吾は辛国《からくに》からこの国の神になる」と神託され、威厳と融和の神として、この国に来られたのだということを、忘れてはなりません。

それにしても、わたしたちは、時代と共に、神との共存意識をやたら変化させてしまいました。神は、癒やしの時空間で、じっとこちらを見ておられるだけですのに。

外界の変貌を意識しない自己満足は、許されません。地球上で権勢を振るった恐竜が、絶滅したのは、外界に自己変容できなかった酬いです。情報不足とその分析力の劣化が、絶滅を招来したのです。

八幡神が神風を伴って戦局を有利に展開してくれると神頼みしてしまった昔、情報収集と分析、冷静な判断、そして人々の団結を示唆された筈なのに、さきの昭和の戦争では言葉に酔ってしまいました。

こんにちも同じです。不戦とは、武力の行使ではなく、抑止力強固な盾がなければなりません。盾すら備えようとせず、裸の経済王気取りになって闊歩するほど滑稽なことはありません。

些細な現象も見落とさない情報の先取り、細密な分析と誠実な対処があってこそ、平穏な社会が築けるので、それこそが、先人の苦労で掴みえた八幡信仰の真髄です。

神頼みに甘え、前進しか知らず、単純にして不毛な桃源郷に活きようなどとは、もう懲り懲りです。柔軟にして伸縮自在な苦労の集積の、そのずっとずっと彼方に神の示される理想郷があるのではないでしょうか。

祈りの万華鏡

日本古代からの信仰を、後世「神道」と名付けましたが、これは確たる教義のないインドのヒンズー教に似ているようでなりません。聖なるガンジス河で身を洗い清め、罪を拭う習俗には、神道の「垢離《こり》」神事を思い出します。

また日本には、「死」を「隠れ」（『源氏物語』、光源氏の死を象徴した章は「雲隠れ」で、本文がありません）とか、「穏《おん》」、「鬼《おに》」、「オニ」と称し、再び「現れ」ることを願います。「岩戸神話」もそれです。ちょうどヒンズー教の「輪廻《りんね》」や「流転《るてん》」の思想と同じで、仏教もこれに倣ったのです。

中国人は巨石をみれば文字を書きたがり、日本人は巨石には神が宿ると、注連縄《しめなわ》を張って崇めます。

八幡神は自然信仰として発達した祭神で、その名ははっきりしません。

延喜式式内社（神名帳にしるされている神社）では、一応祭神が明文化されていますが、あらゆる森羅万象を崇める自然信仰、祖神信仰がはじまりです。

そこで、八幡神は祈る人によってさまざまに姿を変えたことを、いま一度纏めておきます。

記紀神話にない八幡神は、「続日本紀《しょくにほんぎ》」天平九年（七三七）一月の条、「新羅に使節を拒まれた朝廷は、伊勢神宮、大神《おおみわ》神社、筑紫の住吉と香椎宮《かしいぐう》、そして八幡神の五社に幣帛《へいはく》を奉り、その旨を報告した」とあり、八世紀になってようやく、歴史の舞台に登場しました。にもかかわらず、八幡神が何時頃、十五代応神天皇と習合し、天照大神に次ぐ皇祖神になられたか、肝心な点がはっきりしていません。

やがて、東大寺大仏建立に使用された国産金の発見を、いちはやく予言されたばかりか、天平勝宝元年（七四九）には、その鎮護のため、東大寺鏡池（八幡池）東側に宇佐から勧請され、国家鎮護の神となられます。

しかも八幡の神託が、法王道鏡に皇位を譲らんとする大事件に発展するのですから、その張本人称徳天皇の夢枕も、八幡神の宣託には叶いません。

このように八幡神は、祈る人によって、さまざまな姿となる化身仏のような変化神《へんげしん》にもみえ、まさに万人の心を写す万華鏡です。

八幡神の機知と祈り

謡曲「弓八幡《ゆみやわた》」の高良《こおら》の神は、武器は所持しても「弓は袋に、太刀は鞘」と錦の袋に収め、決して抜き身では登場されません。

歌舞伎「勧進帳」の弁慶は、武器といえば、巻物一巻を空読みした勧進帳と、主君を激しく打擲《ちょうちゃく》して、義経でないと訴えた咄嗟の機知のみ。義経も然《さ》るのも、「これぞ正八幡大菩薩のご加護」と主従ともに感涙します。

那須与一は、扇の的を馬上から射落とすとき、「南無八幡大菩薩」と祈りました。戦《いくさ》さ中の敵味方が、ともに讃える射的という束の間《つかのま》の癒やしに、八幡神はさりげなく主役を演じるのです。これこそ、「勝」も「敗」もない平和への祈り、矛を納めた無空の静謐というものでしょう。

元寇では「八幡神と神風」がセットで伝承されてしまいました。それよりも日本は、国論団結の祈禱役（天皇公家庶民）と、戦闘一途の武士団がそれぞれ身分を弁え、国を乱すことなく対応したのに対し、元側は、情報不足と団結不備が敗因であったといえましょう。台風時期に、彼らの処置不十分で招いた結果を、日本は「神風、神風」と騒ぎたてて伝承したために、後世、神風依存体質が増幅し、特攻という悲劇にまで転落、国を滅ぼしてしまいました。

大内先生の一言

序章で「寺坂君の災難、ゴカゴってなに」で触れた大内先生の一言「神のご加護」を思い返しました。伊吹八幡の橋から、危うく落ちそうになった寺坂君が助かったのを、神のご加護と先生はいわれました。あれから八十数年、戦乱と敗戦、復興を経てわたしは余命僅かになりました。

神さまから頂戴した名前も使わず、戦場では死寸前の経験を繰返し、きょうまでどうやら生きてきました。時には、真剣に神頼みした滑稽なときもありました。それを繰返すうちに「神頼みこそ愚の骨頂」と後悔するようになりました。

そうだ、大内先生のご加護もこれだと、やっと判った気がします。

「八幡神は、抜身の武器を忌避されるだけの武神ではなく、慎重な情報の守護神だ。神は、崇めるべし、頼むは大愚。危険に近寄らず、さっさと逃げろ。猪突猛進せず、精神力だけの特攻を繰返さず、慎重に、慎重に、生きろ、生きろ、生きぬくことこそ、ご加護だ。さらに進めれば、加護は『祈り』、『癒やし』『安らぎ』『感謝』だ」

そんな大内先生の声が聞こえます。

大内先生は、あれから十年ほどのちに、教え子たちの出征もご存じなく、逝かれました。まだ幼児だったお子さんは、滋賀県長浜に住まわれ、もうご隠居だとか。

寺坂君は、活発な少年だったから戦場で苦労したかもしれません。伊吹八幡は、いつまでも君を護ってくれていますよ。

むすび

昭和二十年（一九四五）七月三十日と八月二日に、天皇は宇佐神宮と香椎宮に勅使を派遣し、「敵国撃破」の祈念をされたそうです。

既に天皇は、六月二十二日の最高戦争指導懇談会で、「早期終戦の意志を表示」されていますから、これはどういう意味でしょう？　勝利を神頼みされたとはおもわれません。時の流れるまま、勝利に拘られた母・貞明皇后の気持ちを配慮された行為だったのでしょうか？　空しい話です。

諸刃の剣ならぬ「神もまた諸刃の託宣」をなされたことがあります。

加護も、こちらに都合よいことばかりとはかぎりません。時には残酷で、頼み甲斐なしと神を恨みたくなることもあります。神には縋る手など、初手からお持ちではありません。それに気付くのが無空の神たる所以です。

八幡信仰の浸透、愛国、国の誇りを堅持して、隣国がいかに罵倒しようとも、毅然として糺すことは糺し、徒に屈辱せぬことです。

自然に逆らわぬことを、故人は「神慮（神のみこころ）」といいました。たとえ科学が進んでも、自然に逆らわない人生は、幸せです。

異文化との習合に柔軟であった八幡神を、逸早く勧請した南予古代人の因子が、いまもわたしにはあると信じています。

（二〇一五・六・二〇）

追記

拙稿には三年ばかりかかりました。終末になって体調を崩し、肝臓癌を宣告されました。わたしの癌はこれが四度目です。左腎臓癌、悪性リンパ腫、大腸癌と腹を二度開き、一度は抗癌剤投与で頭髪もすっかり抜けましたが、今度は「高齢だから手術よりも何も治療せず、静かに末期到来を待つ方法もある、三度腹を捌くと高齢者全身麻酔には、どんなアクシデントが起きるか、医者にもまだ確たるデーターがない」と敬遠されました。

わたしには、拙稿をなんとか仕上げたい気持ちもあって、手術に賭けました。幸い、手術は成功し、若干の術後余病（譫妄《せんもう》と肺水腫）はありましたが、生還できました。

これこそ、こうして八幡神を辿りつづけてきたご加護だったのかもしれません。

（二〇一五・八・三）

ところが、越年早々、肺炎で緊急入院、つづいて肝癌が再発。医者の敬遠した四度目の手術に強引挑戦、校正の出来るまでに体調が回復しました。ただ、もはや何が起きるか、明日がわからないのが老人の宿命です。八幡神のご加護で、拙稿をご覧頂く皆さんの多幸を念じられれば、わたしは果報者です。

（二〇一六・七・二五）

参考文献

『八幡神の正体』 林順治著 彩流社発行 二〇一三年四月刊
『大仏開眼と宇佐八幡神』 清輔道生著 彩流社刊 二〇〇二年六月刊
『八幡神と神仏習合』 逵日出典著 講談社現代新書 二〇〇七年八月刊
『八幡信仰』 中野幡能著 塙新書 一九九三年七月刷
『孝謙・称徳天皇』 勝浦令子著 ミネルヴァ書房刊 二〇一四年一〇月発行
『八幡大菩薩愚童記』 五葉道全訳注 近代文芸社発行 一九九七年八月刊
『八幡本宮宇佐神宮と大神氏』 小川進著 ㈱文芸社刊 二〇〇七年八月発行
『日本人の神』 大野晋著 河出文庫 二〇一三年一二月発行
『古事記と日本の神々』 吉田敦彦著 青春出版社発行 二〇一二年五月刊
『なぜ八幡神社が日本でいちばん多いのか』 島田裕巳著 幻冬舎新書 二〇一三年一一月発行
『歴代天皇総覧』 笠原英彦著 中公新書 二〇〇一年一一月発行
『日本書紀』全五巻 坂本太郎他三名校注 岩波文庫 二〇一一年一月刊
『続日本紀』全三巻 宇治谷孟訳 講談社学術文庫 一九九七年刊
『日本後紀』全三巻 森田悌訳 講談社学術文庫 二〇〇七年刊
『京都発見 一、四、六、七』 梅原猛著 新潮社 二〇〇二年刊
『宇和島の自然と文化(二)』 編集委員会編 市教育委員会発行 二〇一五年刊

木下 博民（きのした　ひろたみ）**経歴**　2016・7・24 現在

1922 年　愛媛県宇和島市で生まれる。
1940 年　市立宇和島商業学校卒業。住友鉱業株式会社入社。
1942 年　出征　中国・湖北省、湖南省、東北ハルビンなど大陸を彷徨。
1945 年　実家は宇和島空爆により、吉野生村（現、松野町）へ疎開。
1946 年　復員後、井華鉱業株式会社（住友鉱業株式会社の後身）に復職。
1960 年　日本電気株式会社（ＮＥＣ）に移籍。
1970 年　NEC 分身会社・日電厚生サービス株式会社（現、株式会社ＮＥＣライベックス）設立と同時に出向。
1981 年　同社専務取締役。
1983 年　NEC 分身会社・株式会社日本電気文化センター（現、ＮＥＣメディアプロダクツ株式会社）社長。
1989 年　退任。
現在　余命充実のため、「戦争と平和」と「郷里の先人から学ぶ」をテーマに書き残したいと念願。

住所　東京都世田谷区赤堤 5-15-7（〒 156-0044）
電話・FAX　(03) 3328-7915
E-mail　h-kinoshita@muh.biglobe.ne.jp

八幡神《やわたのおおかみ》 万華鏡《まんげきょう》

神託とはなにか　加護とはなにか

2016年12月20日発行　定価＊本体2200円＋税

著　者　木 下 博 民
発行者　大 早 友 章
発行所　創 風 社 出 版

〒 791-8068 愛媛県松山市みどりヶ丘９－８
TEL.089-953-3153　FAX.089-953-3103
振替 01630-7-14660　http://www.soufusha.jp/
印刷　㈱松栄印刷所　製本　㈱永木製本

ISBN978-4-86037-234-7

一般

『サービス修行』（日本電気文化センター刊）
『尖兵気どり』（日本電気文化センター刊）
『アメリカ・小売業の原点を捜す旅』（第三書館刊）
『住友石炭鑛業株式会社　わが社のあゆみ』（共著）
『宝塚　最後の予科練－鳴門事件と少年兵』（第三書館刊）
『回想映画館』（第三書館刊）

中国

『戦場彷徨』（ヒューマン・ドキュメント社刊）／『上海タイムスリップ』（第三書館刊）同上中国版『悠悠長江行』（安徽人民出版社刊）／『忘れない中国、忘れたい日本』『中国看看古都訪問術』『中国大陸戦痕紀行』（以上　第三書館刊）

一幕戯曲　発表期間（1951 ～ 1961 年）

昭和 26 年（1951）悲劇喜劇 2 月号「逃亡」、昭和 27 年（1952）悲劇喜劇 11 月号「暗い海」、昭和 28 年（1953）テアトロ臨時増刊 5 月「ある陣地にて」、昭和 29 年（1954）悲劇喜劇 3 月号「墓標の谷間にて」、昭和 30 年（1955）悲劇喜劇 2 月号「犯人物語」7 月号「虚飾」、昭和 31 年（1956）悲劇喜劇 3 月号「友情の仮面」、5 月号「あざけり」、10 月「学生演劇戯曲集Ｖ」に「鯉」、昭和 32 年（1957）悲劇喜劇 6 月号「子を迎える話」、昭和 34 年（1959）悲劇喜劇 11 月号「ベテランであるということ」昭和 35 年（1960）悲劇喜劇 8 月号「毒」、昭和 36 年（1961）悲劇喜劇 6 月号「養育」

私家版

『北満匪賊に襲撃された池田有實先生』、『後期高齢者、悪性リンパ腫に慌てる』
『米寿、三度目の癌と闘う』、『九十三歳、肝臓癌手術に賭ける』『宇和島の慰霊碑考』

木下博民著作一覧（2016.8.24 現在）

郷里

『私の昭和史　宇和島ふるさと交友録』（創風社出版刊）
『板島橋－宇和島の予科練と平和への軌跡』（創風社出版刊）（愛媛出版文化賞受賞）
『通天閣　大阪商業会議所会頭・土居通夫の生涯』（創風社出版刊）
『南豫明倫館　僻遠の宇和島は在京教育環境をいかに構築したか』（創風社出版刊）
『信念一路　丸島清（市立宇和島商業学校校長）の生涯』（創風社出版刊）
『芝義太郎　幸運を手綱した男の物語』（創風社出版刊）
『青年・松浦武四郎の四国遍路　宇和島伊達藩領内の見聞』（創風社出版刊・風ブック）
『お国自慢お練話　八つ鹿踊りと牛鬼』（創風社出版刊）
『評伝　森岡天涯　日振島の自力更生にかかわった社会教育者の生涯』(創風社出版刊)
『岡本家の矜恃　西南四国一庄屋の五百年』（創風社出版刊）

南豫明倫館文庫

『伊達宗禮理事長のご逝去を悼む』『郷土文庫を考える』、『ふるさとの先人を、現代に生かそう』、『ふるさとの文化遺産が語りかける』『南予をこよなく愛した歌人吉井勇』、『宇和島鉄道と山村豊次郎』『回想のお練・宇和島「凱旋桃太郎踊り」』、『大和田建樹ノート』『作家吉村昭を魅了した「歴史と味の町・宇和島」』、『敢為の小説家司馬遼太郎「宇和島へゆきたい」』『文豪獅子文六先生の南国宇和島滑稽譚』、『南予の文化を先人に学ぼう』

西南四国歴史文化論叢『よど』掲載

１号「福井春水の青山」／２号「取材メモ　情報受信型経営者・土居通夫」３号「取材メモ　『藍山公記』のなかの土居通夫」／４号「続取材メモ　『藍山公記』のなかの土居通夫」／５号「芝直照の上京日記」／６号「芝直照の上京日記（続）」／７号「取材メモ　堂々と、自らを広告塔に」／８号「戦犯徳本大佐処刑の真実」／９号「取材メモ　郷土文庫を考える」／10 号「三間・仏木寺『日露戦役忠魂碑』考」／11 号「北満匪賊に襲撃された池田有實先生」／12 号「滑床『萬年橋の碑』が訴えるもの」13 号「昭和初期　宇和島の郷土教育」／14 号「大村益次郎というよりも村田蔵六」／15 号「評伝 林玖十郎というよりも得能亜斯登」／16 号「靖国桜の同級生」／17 号「無言館　郷土の画学生」／18 号「成仁碑考　西南戦争と南豫人」

宇和島タウン誌『きずな』

20 号「英国の樹」／21 号「宇和島藩士　村田蔵六」／22 号「明治宇和島の月刊雑誌『鶴城青年』」／23 号「穂積橋、博士の本意」／24 号「牛鬼考」／25 号「黒船歓迎・宇和町の気風」／26 号「竹筋プールで育ったオリンピック少年」／27 号「大和田建樹の軍歌碑」／28 号「高橋是清と城山静一」／29 号「伊達宗城の奇貨となった松尾臣善」／30 号「宇和島の最も輝いた日」／31 号「宇和島・哲学の庭」／32 号「宇和島の禅僧　その一　誠拙」／33 号「佐田の岬に沈みゆく」／34 号「通天閣を建てた土居通夫」／35 号「客船埠頭『宇和島・樺崎港』懐古／36 号「後日譚　英国の樹」／37 号「宇和島の禅僧　その二　默伝」

人名索引

お

か

き

く

け

こ

さ

し

な

に

ぬ

の

は

ひ

ま

み

む

め

も